U0096229

古典文獻研究輯刊

三十編

潘美月・杜潔祥　主編

第 16 冊

《論語》新說補輯（上）

張亞朋 編著

國家圖書館出版品預行編目資料

《論語》新説補輯（上）／張亞朋 編著 — 初版 — 新北市：花木
蘭文化事業有限公司，2020 〔民 109〕

目 2+182 面；19×26 公分

（古典文獻研究輯刊 三十編；第 16 冊）

ISBN 978-986-518-101-7（精裝）

1. 論語 2. 研究考訂

011.08 109000666

ISBN-978-986-518-101-7

9 789865 181017

古典文獻研究輯刊

三十編 第十六冊 ISBN：978-986-518-101-7

《論語》新說補輯（上）

編　　著	張亞朋
主　　編	潘美月　杜潔祥
總 編 輯	杜潔祥
副總編輯	楊嘉樂
編　　輯	許郁翎、張雅淋　美術編輯　陳逸婷
出　　版	花木蘭文化事業有限公司
發 行 人	高小娟
聯絡地址	235 新北市中和區中安街七二號十三樓
	電話：02-2923-1455／傳眞：02-2923-1452
網　　址	http://www.huamulan.tw 信箱 hml 810518@gmail.com
印　　刷	普羅文化出版廣告事業
初　　版	2020 年 3 月
全書字數	508736 字
定　　價	三十編 18 冊（精裝）新台幣 40,000 元

《論語》新說補輯（上）

張亞朋 編著

作者簡介

張亞朋，女，1992 年生，河南鶴壁人，曲阜師範大學歷史文化學院歷史文獻學方向碩士，攻讀碩士研究生期間跟隨導師侯乃峰老師學習先秦史和出土文獻學。

提　　要

　　《論語》作爲一部記載孔子言行的重要儒學元典，無論是對研究孔子個人，抑或是對研究儒家學說來說，均具有極爲重要的參考價值。及時地對《論語》相關研究成果進行整理、匯輯，爲《論語》研究提供便利，是十分必要的。

　　伴隨著程樹德《論語集釋》、黃懷信《論語彙校集釋》以及高尚榘《論語歧解輯錄》三部集釋類著作的出版，《論語》古注方面的整理可以說已經相當完善，而對新說（「新說」與「古注」相對，二者以 1911 年爲界）的整理則相對較少，只有高尚榘《論語歧解輯錄》一書中有部分的收集。故本書主要是在高書的基礎上，對 1911 年以來學界涌現的《論語》新說進行補輯整理。

緒　論

（一）選題的理由或意義

本書主要對 1911 年以來諸家有關《論語》的新說作一補輯，選擇該題目主要是基於以下兩個方面的考慮：

首先，學術界有關《論語》的新說不斷涌現，研究成果頗豐。《論語》作為一部記載孔子言行的重要儒學典籍，學界對其的關注度一直較高，在《論語》研究方面，歷代學者都曾為之做出努力和貢獻。但由於《論語》產生年代較早，在後世的輾轉傳抄過程中難免出現錯訛，加之語境的缺少，使得《論語》本身仍存在很大的研究空間；另一方面，新材料的出現，為《論語》研究提供了新的契機。自二十世紀初以來，大量戰國秦漢時期的簡牘帛書文字材料陸續出土，尤其 20 世紀 70 年代至本世紀初所出土的簡帛文獻資料更為引人注目。定州八角廊漢墓竹簡、郭店楚墓竹簡、上海博物館藏戰國楚竹書、清華大學藏戰國竹簡以及海昏侯墓竹簡等出土簡牘材料的發現，無疑為《論語》的進一步研究提供了新契機。

其次，將有關《論語》的各家之說進行匯輯整理的工作有進一步做下去的必要。距今較近的相關方面的著作有黃懷信《論語彙校集釋》、高尚榘《論語歧解輯錄》二書，其中《論語彙校集釋》一書主要是古代《論語》研究著作的集釋；《論語歧解輯錄》一書既包括古代的，也包括現代的，但側重於有歧解的章節，收錄新說不全，加之著作出版後又涌現了大量新說，因此有必要接著做下去，對這方面的研究成果進行匯輯整理，以便於後來學者的進一步研究。

（二）研究現狀

伴隨著幾部集釋類著作如程樹德《論語集釋》、黃懷信《論語彙校集釋》及高尚榘《論語歧解輯錄》的出版，《論語》古注的整理已較為全面，故本文主要是對 1911 年之後的，且幾套集釋類著作之外的新說作一匯輯。現對其研究現狀做如下總結：

1. 集釋性成果

這一時期的集釋性著作主要有程樹德《論語集釋》、黃懷信《論語彙校集釋》、高尚榘《論語歧解輯錄》等。其中程樹德《論語集釋》一書，四十卷，引書 680 種，共計 140 萬言，內容分考異、音讀等十類。該書為《論語》研究者提供了自漢至清的詳盡資料；黃懷信《論語彙校集釋》一書，廣泛搜集舊本，輯錄前人對《論語》的校勘及注釋成果，按斷精審，創獲頗多；高尚榘《論語歧解輯錄》一書，從數百種《論語》注釋專著、數百篇《論語》研究文章中摘取歧解材料，將其進行比較選擇、整理編次，匯集歧解材料百餘萬字，建立了一個豐實的《論語》歧解資料庫，是一部關於《論語》歧解的集大成之作。

2. 新說方面的成果

對《論語》一書書名進行研究的著作主要有：劉義欽《〈論語〉書名意義之我見》（《信陽師範學院學報（哲學社會科學版）》1995 年第 3 期）、李雁《〈論語〉書名釋義》（《齊魯學刊》1996 年第 6 期）、敖晶《論語釋名》（《浙江大學學報（人文社科版）》2002 年第 2 期）、余群《〈論語〉書名新解——兼與敖晶先生商榷》（《孔子研究》2006 年第 3 期）、劉斌《〈論語〉名義和簡稱問題》（《孔子研究》2010 年第 2 期）、宮雲維《〈論語〉書名辨證》（《教育文化論壇》2013 年第 4 期）、栗振風《〈論語〉多種稱謂與書名問題》（《孔子研究》2017 年第 3 期）等文。

對《論語》的成書時間、輯錄者、編纂體例及其版本源流情況進行研究的論著主要有：朱維錚《論語結集脞說》（《孔子研究》1986 年創刊號）、黃立振《〈論語〉的源流及其注釋版本初探》（《孔子研究》1987 年第 2 期）、王鐵《試論〈論語〉的結集與版本變遷諸問題》（《孔子研究》1989 年第 3 期）、郭沂《論語源流再考察》（《孔子研究》1996 年第 4 期）、單承彬《論語源流考述》（吉林人民出版社，2002 年版）、梁濤《定縣竹簡〈論語〉與〈論語〉的成書

問題》（「簡帛研究網」2002 年 11 月 4 日）、梁濤《〈論語〉的結集與早期儒學的價值觀》（「簡帛研究網」2002 年 11 月 20 日）、賈慶超《曾子領纂〈論語〉說》（《東嶽論叢》2003 年第 1 期）、楊朝明《新出竹書與〈論語〉成書問題再認識》（《中國哲學史》2003 年第 3 期）、黃懷信《今本〈論語〉傳本由來考》（《文獻季刊》2007 年第 2 期）、楊朝明《〈論語〉成書及其文本特徵》（《理論學刊》2009 年第 2 期）、黃瑞雲《〈論語〉的編纂及其特點》（《湖北理工學院學報（人文社會科學版）》2016 年第 6 期）等。

這一時期《論語》注譯專著類著作主要有：楊樹達《論語疏證》（上海古籍出版社，2013 年版）、陳大齊《論語臆解》（臺灣商務印書館，1968 年版）、武內義雄《論語之研究》（岩波書店，1972 年版）、毛子水《論語今注今譯》（臺灣商務印書館，1979 年版）、錢穆《論語新解》（三聯書店，2002 年版）、趙紀彬《論語新探》（人民出版社，1976 年版）、潘重規《論語今注》（里仁書局，2000 年版）、楊伯峻《論語譯注》（中華書局，1980 年版）、程石泉《論語讀訓》（上海古籍出版社，2005 年版）、杜道生《論語新注新譯》（中華書局，2011 年版）、南懷瑾《論語別裁》（復旦大學出版社，1990 年版）、蔣沛昌《論語今釋》（嶽麓書社，1999 年版）、李澤厚《論語今讀》（三聯書店，2004 年版）、孫欽善《論語注譯》（巴蜀書社，1990 年版）（在此基礎上增訂完善而成《論語本解》一書）、劉兆偉《論語通要》，（人民教育出版社，2008 年版）、楊樹增《論語導讀》（中華書局，2002 年版）、李零《喪家狗——我讀〈論語〉》（山西人民出版社，2007 年版）、李零《去聖乃得真孔子》（三聯書店，2008 年版）、金良年《論語譯注》（上海古籍出版社，2004 年版）、黃懷信《論語新校釋》（三秦出版社，2006 年版）、安德義《論語解讀》（中華書局，2007 年版）、楊朝明《論語詮解》（廣陵書社，2008 年版）、汪淳《論語疑義探釋》（文史哲出版社，2003 年版）、丁紀《論語讀詮》（巴蜀書社，2005 年版）、金池《論語新譯》（人民日報出版社，2005 年版）、楊逢彬《論語新注新譯》（北京大學出版社，2016 年版）等。這些著作為後來學者的進一步研究提供了重要的參考。

從文字學尤其是古文字學的角度系統考證《論語》中疑難詞句的論著有：李亞明《〈論語〉劄記二則》（《古漢語研究》2003 年第 4 期）、陸信禮《〈論語〉「學」字解》（《孔子研究》2009 年第 5 期）、廖名春《〈論語〉「朝聞道，夕死可矣」章新釋》（《清華大學學報（哲學社會科學版）》2009 年第 6 期）、畢寶魁《〈論語〉「忠」「恕」本義考》（《清華大學學報（哲學社會科學版）》2009 年第

6 期）、張世珍《〈論語〉「窬」字考辨》（《莆田學院學報》2016 年第 3 期）、張
涵蕾《〈論語·為政〉中「有恥且格」之「格」字新解》（《宿州學院學報》2016
年第 5 期）、湯洪《〈論語〉中的「學」「習」觀》（《中華文化論壇》2016 年第 6
期）、張同勝《〈論語〉「寢不尸」新釋》（《西部學刊》2016 年第 9 期）等。

關於《論語》章節語境還原的論文有：畢寶魁《〈論語〉「唯女子與小人為
難養」本義辨析》（《遼寧大學學報（哲學社會科學版）》2010 年第 1 期）、侯乃
峰《〈論語·公冶長〉篇「雍也仁而不佞」章發微》（《孔子研究》2016 年第 6
期）、郭睿康《〈論語〉中的語境還原與文意理解——以「樊遲請學稼」章為例》
（《北方文學》2017 年第 4 期）等。

根據新出簡牘材料校讀《論語》的論文有：陳劍《據戰國竹簡文字校讀古
書兩則》（張光裕主編《第四屆國際中國古文字研討會論文集》，2003 年）、廖
名春《〈論語〉「民可使由之」章新釋》（《學習時報》2007 年 7 月 16 日第 009
版）、侯乃峰《據新出楚簡校讀〈論語〉一則》（《中國史研究》2014 年第 4 期）、
張詒三《〈論語〉「固窮」「屢空」索解》（《孔子研究》2016 年第 6 期）等。

對《論語》的讀音或斷句進行研究的論文有：張詒三《「好德」、「好色」
辯》（《麗水學院學報》第 27 卷第 1 期）、《〈論語·子路篇〉校點兩則》（《古
籍整理研究學刊》2005 年第 3 期）及其《〈論語〉訓解釋疑兩則》（《孔子研究》
2010 年第 2 期）、崔海東《楊伯峻〈論語譯注〉句讀商榷》（《江蘇科技大學學
報（社會科學版）》2013 年第 3 期）等。

上述有些研究成果的分類亦不是十分絕對的，大多數研究文章往往是包
含多方面的論證。如張詒三《「君子喻於義，小人喻於利」探詁》（《孔子研究》
2004 年第 3 期）一文就從出土文獻記載、《論語》本身用語習慣及先秦典籍文
例等多個方面論證「君子喻於義，小人喻於利」一句未必是《論語》的原貌，
主張「喻」的本字當為「愉」，意思是「勤苦、勞苦」，並在此基礎上解釋這
句話的意思，以避免先前解釋中出現的牽強之處。類似的文章很多，張詒三
《「道之」、「齊之」與「矜而不爭」新解》（《中國文化研究》2005 年秋之卷）、
廖名春《〈論語〉「朝聞道，夕死可矣」章新釋》（《清華大學學報（哲學社會
科學版）》2009 年第 6 期）、楊朝明《經典新讀與孔子思想再認識》（《黃河文
明與可持續發展》第 1 卷第 1 期）等文均是從多個方面如訓詁、上下文義、
孔子思想的一貫性等對相關問題進行了研究。

凡　例

　　一、本書旨在匯輯 1911 年以來學界關於《論語》一書的新說，其他集釋類著作中已經出現的新說，如黃懷信《論語彙校集釋》、高尚榘《論語歧解輯錄》等，不再予以收錄，以期起到相應的補充作用，為《論語》研究者提供研究資料的便利。

　　二、關於本書所收新說，有四點需要說明：首先，本書主要收集有關《論語》章句解讀的新說，義理闡發類新說附帶收錄，然不作為主要收錄對象。其次，匯輯的新說，不僅是指關於某一問題的新觀點，也包括能夠證明之前某種觀點正確可信的新論據。不同作者發表論著或者同一作者不同時間發表論著，前後觀點有細微差異者亦酌情錄入，以見學術研究之進展。再者，新說收錄以論文為主。最後，新說收錄至 2018 年年底，之後發表的新說不再進行收錄。

　　三、《論語》原文及章句順序以影響較大的楊伯峻《論語譯注》一書為準加標序號，以清眉目。原文章節，有新說者則錄，無則不錄。

　　四、新說材料按注解者生活時代及論著刊發時間的先後次序排列。

　　五、新說材料的摘取，若論證文字較為簡略，則全文錄入；若論證文字頗豐，於論述過程中提出新觀點者，則酌情收錄相應部分，以期準確完整呈現作者觀點，同時省卻讀者翻查原文之工夫。

　　六、新說嚴格依據原論著摘錄，一般不作文字方面的修改。遇到原論著標點存在問題的，直接改正；若遇到原論著疑有文字錯誤之處，則以頁下注的形式予以說明；另外行文中若遇到論述文字過於繁瑣，需要刪減者，則刪減部分用「……」代替。

　　七、為便於讀者使用，本書保留了部分原註。關於這部分原註，有三點需要說明：首先，對於常見古籍的引用及已經說明出處的引文，不再添加原註。其次，原註或繁或簡，格式不一，不做統一調整，亦不列於書後的「參考文獻」中，以別於書中所加腳註及所引用的參考文獻。最後，遇有作者原文夾註與尾註並用的情況，整合到一起之後仍以「原註」標示。

一、《學而篇》新說匯輯

1.1 子曰:「學而時習之,不亦說乎?有朋自遠方來,不亦樂乎?人不知,而不慍,不亦君子乎?」

（1）學

劉家齊:學,固然可作學習解,但也可作學問、學說、學派、學術成就解。《莊子·天下》篇:「百家之學,時或稱而道之。」這裏的「學」,便屬學說或學術成就;時,指當時、時代,可引申為社會。《莊子》與《論語》成書時間差不多,字的用法不會有較大差異。

……學,是學術成就,指學者在前人基礎上取得的個人學術成就;而不是小學生的啟蒙教學,也不是大學生的死啃書本。〔註1〕

梁偉民:我認為「學」在這裏宜解釋為「學習經藝」。因為孔子的教學內容本身就包含著經和藝兩個部分。孔子對經和藝是並重的,因為經可以使學生掌握為人之道,增長文化知識,藝可以使學生掌握立足於社會的實際本領。《史記·孔子世家》曾有記載:「孔子去曹適宋,與弟子習禮大樹下。」在《八佾篇》第二十三章、二十五章中,我們可以看出孔子對音樂有濃厚的興趣和高深的造詣,在二十六章中,孔子對統治階級行禮時的不嚴肅認真,參加喪禮時的不悲哀情況提出了嚴肅的尖銳的批評。這些都說明孔子對禮樂射御這些「藝」是十分重視的,為此,我們解釋時必須尊重孔子經藝並重的客觀事實,不能偏執一端。加上了「經藝」兩字,使「學」的外延明確了,這裏的

〔註1〕劉家齊:《「學而時習之」章新解》,《齊魯學刊》1986年第6期,第55頁。

「學」不是指學習目的，學習方法，而是學習內容，這樣就能與下文的「時習之」前後貫通了。〔註2〕

陳曉強：《論語》中「學」共出現 64 次，不同語境中「學」的詞性確有名、動之分，但「學而時習之」中「學」與「習」通過「而」連接，「而」作為連詞，連接詞性相同的詞，「習」在此句中作動詞，這規定了「學」的詞性也應為動詞。……

「學而時習」中「學」與「習」相對而言，在諸多見解中，要判斷「學」的確解，當結合與之並列的「習」的意義。「習」在先秦文獻中有「實習」、「講習」的意思，孔子十分重視禮樂的學習，禮樂的學習必須通過「實習」、「講習」來進行；同時，有人評價孔子一生是「博學而無所成名」（《論語·子罕》），「博學」包括射、御等的學習，這些也必須通過「實習」、「講習」進行；結合《論語》具體章句，如「傳不習乎」（《學而》）、「學之不講……是吾憂也」（《述而》）等也可以看出孔子所講的「習」是「實習」、「講習」的意思。「習」既為「實習」、「講習」，則「學」不僅包括「讀書」、「修身」、「刪定六經」這樣一些狹義的活動，而且還包括禮樂、射御等與當時社會生活、政治生活有關的方方面面的內容。〔註3〕

廖名春：邢昺疏引《白虎通》：「學者，覺也，覺悟所未知也。」朱熹《集注》：「學之為言，效也。人性皆善，而覺有先後，後覺者必效先覺之所為，乃可以明善而復其初也。」皆以「學」為動詞。毛奇齡《四書改錯》則認為：「學有虛字，有實字。如學《禮》、學《詩》、學射御，此虛字也。若志於學、可與共學、念始終典與學，則實字也。此開卷一學字，自實有所指而言。乃注作『效』，則訓實作虛。」不同意朱說，則以「學」為名詞矣。程樹德贊成毛說：「『學』字係名辭，《集注》解作動辭，毛氏譏之是也。」李啟謙將「學」解釋為學問、學說、學派〔註4〕，也當從毛、程說來。但注家一般都不取名詞說，為什麼？因為「學」字後有順承連詞「而」，表示「學」和「習」在動作

〔註2〕梁偉民：《〈論語·學而〉首章異解新說》，《紹興師專學報（哲學社會科學版）》1995 年第 4 期，第 25 頁。另：下文中凡梁文中出現的楊先生、錢先生、董教授均為楊伯峻、錢穆、董季棠三位先生。作者文中所引均出自三位對應的著作《論語譯注》、《論語新解》、《論語異解集說》。
〔註3〕陳曉強：《〈論語〉「學而」章辨義》，《甘肅教育學院學報（社會科學版）》2004 年第 2 期，第 52 頁。
〔註4〕原註：李啟謙：《關於「學而時習之」章的解釋及其所反映的孔子精神》，《孔子研究》，1996 年第 4 期。

發生的時間上有先後之分。用皇侃的話說：「『而』猶因仍也。」如以「學」為名詞，「而」字就不辭了。〔註5〕

「學」的內涵也有一般和特指之分。邢昺訓「覺」和朱熹訓「效」，也還是傾向於一般義。楊伯峻《譯注》、陳大齊《臆解》皆本之。黃式三《後案》「學謂讀書」、劉逢祿《述何》「學謂刪定六經」、錢穆《新解》「誦習義」，則皆取特指義。平心而論，孔子之「學」，主要指的是學「六經」（《詩》、《書》、《禮》、《樂》、《易》、《春秋》）或「六藝」（禮、樂、射、御、書、數），但也不能說僅限於此。人稱孔子「博學」（《論語・子罕》），所謂「博」，應該不止限於「讀書」、「誦習」、「六經」，說是「廣義的學」〔註6〕，應該是可信的。〔註7〕

王瑞來：先說「學」字。「學而時習之」的「學」，應當不是泛指，而是有著具體內容的。一部《論語》，使用「學」字凡 43 次。通過考察分析用到「學」字段落的前後文義，應該可以窺得孔子所說的「學」的原始意義。……

綜上考察可知，《論語》中的「學」字，大多是指為了干政「復禮」而進行的學習，並非是指對一般文化知識學習的泛泛而論。孔子的教育目標，可以說是為了實現「克己復禮」，而培育更多的符合自己理想的政治人才。

……根據前面的考證，可知「學而時習之」一句「學」的內涵是《詩》與禮等政治知識。〔註8〕

楊朝明：學：有時作動詞用為「學習」，有時作名詞用為「學說」等解釋，這裏應為後者，指思想主張，指對社會、人生的總體認識。朱熹以前者作解，認為「學」即學習，清人毛奇齡提出異議，他在《四書改錯》中說：「學者，道術之總名。」程樹德《論語集釋・學而上》表示贊同，他指出：「『學』字係名辭，《集注》解作動辭，毛氏譏之是也。」我們認為，這裏的「學」與「道」意義相同，《論語・為政》「志於學」與《論語・里仁》篇「志於道」同義。此處的「學」亦即《莊子・天下》「百家之學」的「學」。〔註9〕

〔註5〕原註：已經有學者指出了這一點，如陳曉強《〈論語〉「學而」章辨義》（《甘肅教育學院學報》社會科學版，2004 年 2 期）。

〔註6〕原註：陳大齊：《論語臆解》。

〔註7〕廖名春：《〈論語〉「學而時習之」章新探》，《儒學與二十一世紀文化建設：首善文化的價值闡釋與世界傳播》，2007 年 11 月 30 日，第 449～450 頁。

〔註8〕王瑞來：《〈論語〉開篇發覆》，《現代哲學》2008 年第 5 期，第 106、108 頁。

〔註9〕楊朝明：《經典新讀與孔子思想再認識》，《黃河文明與可持續發展》2008 年第 1 期，第 55 頁。

　　黎紅雷：按孔子當年收徒教學，弟子要「學」的內容是相當豐富的。例如，「小子何莫學夫《詩》？《詩》可以興，可以觀，可以群，可以怨；邇之事父，遠之事君；多識於鳥、獸、草、木之名。」(《論語・陽貨》)在孔子看來，從《詩經》裏既可以學到「興、觀、群」之類的文學方面的學問，也可以學到「事父、事君」之類的人際交往方面的學問，還可以學到「鳥、獸、草、木」之類的自然知識方面的學問。而在這諸多的學問品類中，儒家更看重的還是做人方面的學問，所以子夏才說：「賢賢易色；事父母，能竭其力；事君，能致其身；與朋友交，言而有信。雖曰未學，吾必謂之學矣。」(《論語・學而》)在一般人看來，「賢賢、事父母、事君、交友」之類的行為，算不上什麼「學問」；而在子夏看來，這才是不折不扣的真正的學問。如此看來，這裏所「學」的不僅僅是狹義的文化知識，而是為人做事識物的道理。〔註10〕

　　王晶：首先，從字義上闡釋，「學」有做動詞講，亦有做名詞講，做動詞就是我們一般說法的「學習」，做名詞則可謂「學術」「學說」。〔註11〕清人毛奇齡在《四書改錯》中說：「學者，道術之總名。」程樹德《論語集釋・學而上》指出：「『學』字係名辭。」〔註12〕關於「學」字的訓詁，我們也可以從先秦典籍中發現類似的解說，如：《莊子・天下》篇中「百家之學，時或稱而道之」。這裏「學」就是做名詞「學術」。「吾十有五而志於學」，在這裏，孔子的「志於學」就是「志於道」。《莊子・天下》篇亦有「道術將為天下裂」，在這裏的「道」就是指學術、學說的演變過程，亦是與「志於學」同義。《論語》中的「德之不修，學之不講」，也是此義。

　　其次，從孔子畢生目標來理解，可以作如下解釋：孔子周遊列國，最渴望的是自己的思想學說能被君王接受，得到實施以此實現天下太平，孔子希望有人來理解自己，這是孔子胸懷天下的政治抱負，單純地解釋為「學習」與孔子的政治理想明顯不符。

　　最後，從《論語》的整體來看，《論語・堯曰》章談及「堯舜之道」，孔子奔走列國，一生的理想就是實現「堯舜之道」的盛世。……而《論語・學而》作為開篇，主要論述由孝而忠的修身做人的問題，這亦是整部《論語》

〔註10〕黎紅雷：《孔子「君子學」的三種境界──〈論語〉首章集譯》，《孔子研究》2014 年第 3 期，第 5 頁。本文所錄乃作者對該章的看法，黎先生文中另有對楊朝明先生所提新解的一些看法，作者論之甚詳，不贅引。
〔註11〕原註：楊朝明. 論語詮解〔M〕. 山東：山東友誼出版社，2015：2.
〔註12〕原註：楊朝明. 論語詮解〔M〕. 山東：山東友誼出版社，2015：2.

的核心主旨。將「學」解釋為「學術」，體現文章的首章與末章的意思相通、相互照應不無道理。

⋯⋯本文從關鍵字詞考定入手，結合孔子的政治主張、畢生的目標以及新的出土文獻，審視傳統注解存在的限制，通過綜合文獻分析，認為「學」應釋為「學術」「學說」，才能真正理解孔子周遊列國的初衷與「救世」之迫切。〔註13〕

（2）時

劉家齊：時，固然可作時常解，⋯⋯其實古人多用作時代解，幾乎每本春秋戰國時代的著作裏，都能找到很多例子。相反，在當時用作時常解的，還真罕見。

⋯⋯時，指時代、當時，引申為社會，而不是時間性質的時常之意。〔註14〕

崔積寶：這句中的「學而時」的「時」我們以為不是時常、經常的意思。如果放在這一則的三句話中來理解，這個「時」就是和「人不知」相反的為人所知之時。〔註15〕

梁偉民：我認為「時時」之解是不確切的。這是用後代的詞義去解釋古書。據楊先生《論語詞典》統計，《論語》中「時」用了十次，分別是：① 時候（1次）；② 曆法（1次）；③ 時機，機會（1次）；④ 一定的時候，適當的時候（6次）；⑤ 動詞，窺伺，探聽（1次），沒有一次作「時時」之解，為此，將「時」解為「時時」是不符合《論語》用詞特點的。再說，「時時」習之也不可能，也沒必要，更沒有快樂可言，只有「適時」習之，才有可能，才有必要，才有快樂可言。楊先生選擇了「按一定的時間」，而捨棄了「在適當的時候」，這是十分遺憾的，他還以為這兩者是沒有區別的，所以任意選了一種，其實細究起來，區別還不小呢。在這裏「按一定的時間」是不確切的，而「在適當的時候」是確切的。因為「按一定的時間」這樣的解釋是不符合孔子對教學活動認識的實際情況的，孔子的認識不可能達到如此深刻的地步，以至於能知道「習」的「一定的時間」，況且，學的情況的複雜性勢必帶

〔註13〕王晶：《〈論語〉「學而」章探微》，《湖北職業技術學院學報》2017年第1期，第64～65頁。

〔註14〕劉家齊：《「學而時習之」章新解》，《齊魯學刊》1986年第6期，第55頁。

〔註15〕崔積寶：《〈論語〉首章新解》，《學術交流》1988年第5期，第133頁。

來「習」的情況的複雜性，又怎麼去對「習」規定一個「一定的時間」呢？要在適當的時候「習」這點道理孔子倒是知道的，可以從生活經驗中體會總結出來。孔子是十分強調「適時」的，這符合他的中庸觀。〔註16〕

陳曉強：除「學」字之外，此句中「時」字也有歧解。許多人將「時」解釋為「時時」，這種理解不符合先秦語言實際和《論語》用詞特點。《說文》：「時，四時也」，先秦語言中，「時」多作「季節」或「按一定季節（時間）」解，如《左傳·桓公六年》「謂其三時不害，而民和年豐也」、《莊子·秋水》「秋水時至，百川灌河」。至於「時常」、「時時」，先秦文獻中「時」很少有這樣的意思。《論語》中「時」共出現十次，據楊伯俊〔註17〕《論語詞典》統計，其中六次作「一定的時候，適當的時候」解，而沒有一次作「時時」解。孔子一生的目標是「克己復禮」，「禮」在社會生活和政治生活中表現為一種制度規定性，不同的制度需要在不同的時間執行，因此對「禮」的講習就需要根據不同的內容在不同的時間進行。「習」既然包括禮樂、射御等方面的內容，「時習」自然就得「按一定的時間進行」。不同的時間學習不同的內容，古人有明文規定，如《禮記》「春秋教以禮樂，冬夏教以詩書」、「春夏學干戈，秋冬學羽籥」。因此，將「學而時習之」中的「時」翻譯為「按一定的時間」，符合先秦語言實際和《論語》用詞特點，也符合古人教學實情。〔註18〕

廖名春：不過，無論是「以時」說，還是「時時」說，都沒有突出「習」的重要性，對於「學」而言，「習」只是連類而及。朱熹所謂：「習，鳥數飛也。學之不已，如鳥數飛也。……既學而又時時習之，則所學者熟。」這種「習」，與皇侃的「修故」說一樣，不過是「學」的重複而已。楊伯峻認為：「一般人把習解為『溫習』，但在古書中，它還有『實習』、『演習』的意義，如《禮記·射義》的『習禮樂』、『習射』。《史記·孔子世家》『孔子去曹適宋，與弟子習禮大樹下。』這一『習』字，更是演習的意思。孔子所講的功課，一般都和當時的社會生活和政治生活密切結合。像禮（包括各種儀節）、樂（音

〔註16〕梁偉民：《〈論語·學而〉首章異解新說》，《紹興師專學報（哲學社會科學版）》1995 年第 4 期，第 25～26 頁。

〔註17〕原文作此，然當為「楊伯峻」。

〔註18〕陳曉強：《〈論語〉「學而」章辨義》，《甘肅教育學院學報（社會科學版）》2004年第 2 期，第 53 頁。

樂）、射（射箭）、御（駕車）這些，尤其非演習、實習不可。所以這『習』字以講為實習為好。」這一意見是有道理的。由此看，「習」較之「學」，是一更高的階段，是一種進步。由「學」到「習」，說不含有一點從理論學習到社會實踐的意思，恐怕難以說得過去。懂得這一關節，就會發現，「以時」說或「時時」說，都過於一般化，得另求新解。

《韓非子‧說林下》：「鄭人有一子將宦，謂其家曰：『必築壞牆，是不善人將竊。』其巷人亦云。不時築，而人果竊之。」陳奇猷《集釋》：「不時築，猶言未及時築之也。」《孟子‧盡心上》「有如時雨化之者」，朱熹《集注》：「時雨，及時之雨也。」「學而時習之」之「時」，用法與「不時築」之「時」同，因此，也可訓為「及時」。「學而時習之」，是說學了知識或理論之後，就要及時地去實習。這樣，就凸顯出了「習」對於「學」的迫切，而非「以時」說或「時時」說所能比。〔註19〕

王瑞來：這裏的「時」，儘管通常解釋為時常或時時，按時亦可講得通，但如果展開一些，不拘泥於書本學習，聯繫到上述對「學」與「習」字的理解，我以為還是應當解釋為「適時」為妥。這樣的解釋，從《論語》中是可以找到旁證的。有名的「使民以時」（《學而》）的「時」便是「適時」之意。〔註20〕

楊朝明：有時機、經常、時代等意思，這裏應該是時代、社會。如《易‧彖辭》「時止則止，時行則行」，《孟子‧公孫丑上》「當今之時」，《墨子‧兼愛下》「吾非與之並世同時，親聞其聲，見其色也。」〔註21〕

欒貴川：而「時」字在《禮記‧學記》中恰恰有解釋，其記，「大學之法：禁於未發之謂豫，當其可之謂時，……時過然後學，則勤苦而難成。」朱熹的理解是：「禁於未發，謂豫為之防。當其可，為適當其可告之時也。」（孫希旦《禮記集解》卷36）《學記》的這句話是說，大學的教育方法是：師者在施教時要把握時機，弟子不端的念頭尚未出現的時候就加以禁止，這叫預防。當弟子適合接受教育的時候施教，這才是合乎時宜。這個時機一旦錯過，再

〔註19〕廖名春：《〈論語〉「學而時習之」章新探》，《儒學與二十一世紀文化建設：首善文化的價值闡釋與世界傳播》，2007年11月30日，第451～452頁。

〔註20〕王瑞來：《〈論語〉開篇發覆》，《現代哲學》2008年第5期，第108頁。

〔註21〕楊朝明：《經典新讀與孔子思想再認識》，《黃河文明與可持續發展》2008年第1期，第55頁。

怎麼補救也難以有所成就了。這個「時」字與本章的「時」應是同義：時宜、適宜。在孔子看來，「時」與「權」統屬於「義」，而「義者，宜也」（《禮記・中庸》）。《論語・憲問》記載，衛國的公明賈對孔子說，公叔文子能夠「時然後言」「義然後取」，孔子深表懷疑，認為這是很難做到的。〔註22〕

黎紅雷：如上所述，這裏的「學」是為人做事識物的道理。對於這種特別注重人與人之間打交道的「學問」，每天按時去做那就未免太機械了，正確的做法應該是隨時隨地反復實踐才對。〔註23〕

王晶：「時」應釋為「時機」「時代」等意思，同孟子所說的「此一時彼一時」，與《孟子・公孫丑》中的「當今之時」等同。在《周易・彖辭》中有：「時止則止，時行則行」，「時」作「當下」「時下」，如：《大過・彖》曰：「《大過》之時大矣哉！」〔註24〕對於孔子本人來說，「時」的觀念格外重要。孔子一生致力於三代禮樂盛世的追求，周遊列國，希望能夠被當政者採納，他的思想主張無疑就是以「仁」作為學說的核心，對社會、對人生的總體認識與把握。孔子學說未被統治者接受，非常苦悶，充滿「朝聞道，夕死可矣」的迫切心情，「如有用我者，其為東周乎？」這從側面體現了孔子不得其「時」。〔註25〕

（3）習

劉家齊：習，通常解為練習，與溫習詞意相近。但練習的涵意是做，如習武、習禮，溫習便只有溫習書本的意思。習慣、習以為常等詞的習，都有做、相因襲而做之意。《書・金縢》：「乃卜三龜，一習吉。」《傳》：「習，因也。以三三王之龜卜，一相因而吉。」所謂習吉、相因而吉，含意都是按照原有的方式辦就好。可見，習，不全是溫習，也可解為做、行、用、相因而行等等。馬融就作如是解。

……習，指使用、相因，而不是溫習。〔註26〕

〔註22〕樂貴川：《〈論語〉第一章正解》，《光明日報》，2014年4月29日國學版。

〔註23〕黎紅雷：《孔子「君子學」的三種境界——〈論語〉首章集譯》，《孔子研究》2014年第3期，第6頁。

〔註24〕原註：劉彬. 論《周易》中「時」的哲學〔J〕. 理論學刊. 2003（2）：38.

〔註25〕王晶：《〈論語〉「學而」章探微》，《湖北職業技術學院學報》2017年第1期，第65頁。

〔註26〕劉家齊：《「學而時習之」章新解》，《齊魯學刊》1986年第6期，第55頁。

　　崔積寶：這其中的「習」字有「行」和「做」的意思。朱熹《詩集注》講這一句時引程子的話說：「學者將以行之也。」江希張的《新注四書白話解說》中則直接講為「由人道踏實行去」。可見這個「習」字不能簡單理解為今天意義上的課後對書本知識的案頭復習。〔註27〕

　　梁偉民：「習」字也有兩解。一、一般人都解為「溫習」、「復習」，如錢先生就作此解。二、楊先生解為「實習」。他的理由是：「在古書中，它還有『實習』、『演習』的意義，如《禮記・射義》的『習禮樂』、『習射』。《史記・孔子世家》：『孔子去曹適宋，與弟子習禮大樹下。』這一『習』字，更是演習的意思。孔子所講的功課，一般都和當時的社會生活和政治生活密切結合。象禮（包括各種儀節）、樂（音樂）、射（射箭）、御（駕車）這些，尤其非演習、實習不可。所以這『習』字以講為實習為好。」

　　我認為楊先生對「習」的解釋是十分確切的，他的論據也是有說服力的。我還可以從另外的角度進一步說明其正確性。第一、考察孔子用「習」字的特點，也能說明這一觀點。孔子在《論語》中共使用了三次「習」，分別是「學而時習之」、「傳不習乎」、「性相近，習相遠也」，前兩個「習」都作「實習」解，後一個「習」作「習染」解，也包含著「實習」的意思。孔子共使用了五次「溫」，其中四次都作「溫和」解，一次作「溫習」解，見「溫故而知新」。顯而易見，孔子在表達「實習」、「演習」時用「習」，在表達「溫習」、「復習」時用「溫」，「溫」與「習」分工是明確的。第二、禮樂射御要實際練習這是無疑的，對於書詩，孔子也是主張要將書詩中學到的知識運用到實際中去，也是主張實際練習的。他曾要求學生學習《詩》後，要實際練習：「邇之事父，遠之事君」，這就是一個例子。〔註28〕

　　王瑞來：《論語》用到的「習」字不多，包括「學而時習之」在內只有三處。另外兩處為：「曾子曰：吾日三省吾身：為人謀而不忠乎？與朋友交而不信乎？傳不習乎？」（《學而》）「子曰：性相近也，習相遠也。」（《陽貨》）後者之「習」並非動詞，乃習性之義的名詞，與我們的探討無關，可以不加考慮。曾子每日三省之一的「傳不習乎」則值得重視。聯繫到前面考證的「學」

〔註27〕崔積寶：《〈論語〉首章新解》，《學術交流》1988年第5期，第133頁。

〔註28〕梁偉民：《〈論語・學而〉首章異解新說》，《紹興師專學報（哲學社會科學版）》1995年第4期，第26頁。

字主要是學禮，則「傳」當是指由老師也就是由孔子傳授的禮儀知識、文武之道，而「習」便是演習與實踐之意。《史記‧孔子世家》「孔子去曹適宋，與弟子習禮大樹下」的記載，可以說正是日常「傳習」的一個特寫鏡頭。所以說，「習」並不是通常所理解的溫習或復習之意。〔註29〕

楊朝明：習：應用、實踐。如《左傳》隱公元年「習威儀也」，《禮記‧射義》「以習禮樂」、「習射於澤」，《孟子‧盡心上》「行之而不著焉，習矣而不察焉」。其實這裏的「習」也有「通曉、熟悉」的意思，及「讓人們都瞭解」的意思，如《戰國策‧秦策》「不習於誦」等等。〔註30〕

欒貴川：「習」的本義是鳥兒練習飛翔。《說文解字》：「習，數飛也。」段玉裁注引《禮記‧月令》：「鷹乃學習。」他認為，習字的引申之義為習熟。實際上，「習」與「學」是緊密相連的，兩者同為一個完整的學習過程，所以，古人也認為，「習，學也」（《呂氏春秋‧審己》注）。只不過，「學」的重點在於理論傳授，「習」的關鍵是實踐習練。……

《禮記‧雜記下》記：「君子有三患：未之聞，患弗得聞也；既聞之，患弗得學也；既學之，患弗能行也。」這就是說，聽聞、學習的最終目的在於應用，在於實踐，在於落實到自己具體的行動上。《論語‧公冶長》也記載說：「子路有聞，未之能行，唯恐有（又）聞。」是說子路在學到知識之後，急於付諸實踐，如果還沒來得及實踐，就恐怕再學到新的知識。《論語》中還記載孔子積極鼓勵動員其弟子出仕，還曾向當政者推薦他的弟子從政，而為政本身即是「習」。孔子自己也是這樣做的，漢代徐幹《中論》卷上《修本》記載：「孔子謂子張曰：『師，吾欲聞彼將以改此也。聞彼而不改此，雖聞何益？』」學習就是為了完善自己，這與孔子所倡導的「古之學者為己」正相契合。〔註31〕

黎紅雷：比較起來，楊伯峻的解釋是合情合理的：「孔子所講的功課，一般都同當時的社會生活和政治生活密切結合，尤其非演習、實習不可。所以這『習』字以講為實習為好。」就一般讀書人的經驗來說，「復習」功課說不

〔註29〕王瑞來：《〈論語〉開篇發覆》，《現代哲學》2008 年第 5 期，第 108 頁。
〔註30〕楊朝明：《經典新讀與孔子思想再認識》，《黃河文明與可持續發展》2008 年第 1 期，第 55 頁。
〔註31〕欒貴川：《〈論語〉第一章正解》，《光明日報》，2014 年 4 月 29 日國學版。

上是一件令人愉悅的事，但將書本中學到的道理運用到實踐中並取得成效，確實是可以令人感到喜悅的。〔註32〕

王晶：「習」應釋為「應用、實踐」，古籍中常有「習禮樂」「習射」等。〔註33〕

（4）有朋

李占德：在古代，「朋」與「友」是兩個含義不同的詞。《周禮・大司徒》：「五日聯朋友。」鄭玄注云：「同師曰朋，同志曰友？鄭注云：「同師曰朋，同志曰友。」《論語》本章集解云「包曰『同門曰朋』」，疏云：「同門者，同在師門以授學者也，朋即群黨之謂……同志謂同其心意所趣向也。」可見，「朋」是指在同一個老師門下讀書受業的人，相當於今天的「同學」；「友」則是指志同道合的同群或同黨之人，相當於現代的「同志」（而且是狹義的）。它們都不等於今天的「朋友」，故此句話應譯為：有老同學從遠方來，不也是令人高興的嗎？只有如此才符合彼時的語意，也才符合孔子講此話時的特定場合。〔註34〕

梁偉民：「朋自遠方來」已經表示了「來」的客觀可能性，不必再畫蛇添足地用「有」再表示客觀可能性，為此，將「有」解為「無之反」是重複多餘的。再從句式看，「學而時習之」與「人不知而不慍」這兩個句子，和「有朋自遠方來」按理說應該是結構相同的，因為它們的下文結構是一致的。將「有」解為動詞，這樣就會使三個句子結構不一致了，如此，解為動詞是不正確的，解為「友」字也是沒有道理的。《論語》中有「朋友」這個詞，而且用了很多次，為何不用「朋友」？而單單在這裏用「有朋」來表示「朋友」？為此，此解也是臆測的。我認為這個「有」字應該解釋為「語首助詞」，無義，加於名詞之前，是古代構詞法的一種形態。類似的情況在《為政篇》中也出現過，第二十二章上說：「孝乎惟孝，友於兄弟，施於有政。」「有政」與「有朋」之「有」是同一種情況。〔註35〕

〔註32〕黎紅雷：《孔子「君子學」的三種境界——〈論語〉首章集譯》，《孔子研究》2014年第3期，第6頁。

〔註33〕王晶：《〈論語〉「學而」章探微》，《湖北職業技術學院學報》2017年第1期，第65頁。

〔註34〕李占德：《〈論語・學而時習之〉新探》，《曲靖師專學報》1987年第1期，第58頁。

〔註35〕梁偉民：《〈論語・學而〉首章異解新說》，《紹興師專學報（哲學社會科學版）》1995年第4期，第26頁。

陳曉強：此句存在歧義的關鍵地方在「朋」。鄭玄、包咸等人認為「同門曰朋」，後人對此觀點進一步發揮，如宋翔鳳《樸學齋札記》「『朋』即弟子」，陸宗達先生也繼承這一觀點。細究文意，此觀點不妥：同學之間相互稱「朋」，但「有朋自遠方來」出自孔子之口，孔子作為老師怎會稱其弟子為「朋」呢？「朋」在先秦文獻中經常指志同道合之人，如《易・坤》「西南得朋，東北喪朋」。孔子十分重視同道之間的相互切磋和交流，這可在《論語》和其他儒家經典中得到證明：《顏淵》「君子以文會友，以友輔仁」、《易・象傳》「麗澤兌，君子以朋友講習」、《禮記・學記》「獨學而無友，則孤陋而寡聞」。進一步而言，孔子的學說在當時禮崩樂壞的社會現實中很難被世人接受、理解，同道之人自千里之外來切磋道藝，孔子自然是欣喜萬分了。因此，「有朋自遠方來」中的「朋」應翻譯為「志同道合的朋友」。〔註36〕

廖名春：在「有朋」、「友朋」、「朋友」這三種異文中，陸德明《音義》、盧文弨《釋文考證》以「有朋」為是、以「友朋」為非，今天的大多數注本皆本之。而洪頤煊《讀書叢錄》、俞樾《群經平議》、程石泉《讀訓》則以「友朋」為是。阮元《校勘記》：「舊本皆作『友』字。」武億《群經義證》：「或作『友』，與古傳本合，未可云非。」也傾向於肯定「友朋」。臧庸《拜經日記》：「『友』字當在『朋』下。」則又是以「朋友」為是。陳大齊《臆解》、黃懷信說同〔註37〕。

筆者認為以上這三種異文當以「友朋」為是。因為「友朋」與「朋友」意義相同，只是「友」、「朋」兩字互換了一下位置而已。早期文獻裏「友朋」、「朋友」互見的現象比比皆是，「友朋」寫作「朋友」，一點也不奇怪。如果以「朋友」為是的話，《魯論》一系「有朋」「有」字的來源就費解了。必須是先「朋友」誤為「友朋」，再由「友朋」誤為「朋友」。如果以「有朋」為是，《白虎通》引文的「朋友」也不好解釋。必須是先由「有朋」誤為「友朋」，再由「友朋」誤為「朋友」。而以「友朋」為是，一方面，「友」能通假為「有」，能直接說明「有朋」之「有」的來源；另一方面，「友朋」與「朋友」同義可以互換，能直接說明「朋友」這一異文的來源。因此，三種異文相互關係比較的結果，故書作「友朋」當是最合理的。

〔註36〕陳曉強：《〈論語〉「學而」章辨義》，《甘肅教育學院學報（社會科學版）》2004年第2期，第53頁。

〔註37〕原註：黃懷信：《〈論語・學而〉篇校釋獻疑》，成均館大學校東亞學術院儒教文化研究所：《儒教文化研究》第五輯。

解決了異文問題，再來看關於「朋」字釋義的爭論，是非也就了然了。此句「朋」字有三解。一是作同學解。包咸、鄭玄注：「同門曰朋。」皇侃《義疏》云：「同處師門曰朋。」可知「同門」即同處師門，也就是同學。二是作朋友解。朱熹《集注》：「朋，同類也。」錢穆《新解》本之。三是作弟子解。宋翔鳳《樸學齋札記》：「《史記・孔子世家》：定公五年，『魯自大夫以下皆僭離於正道。故孔子不仕，退而修《詩》、《書》、《禮》、《樂》，弟子彌眾，至自遠方，莫不受業焉。』『弟子……至自遠方』，即『有朋自遠方來』也。『朋』即指弟子。」潘氏《集箋》同，楊伯峻《譯注》本之。

筆者認為此三說中，當以朱熹說為是。「友朋」當為互文，「友」固然是「同志」，「朋」亦為「同類」，不應刻意區別。「弟子」說非但說不清「朋」字，更說不清「友」字。「同學」說也有問題。說「友朋自遠方來，不亦樂乎」的是孔子，孔子的「友朋」不一定就是「同處師門」之人。子貢說孔子無「常師」（《論語・子張》），既無「常師」，又何有「同處師門」之「同學」？所以，「弟子」說與「同學」說都是不能成立的。〔註38〕

王瑞來：一般都把「朋」理解為「朋友」。…… 然而，我讀孔子的「近者說，遠者來」，對「有朋自遠方來」的「朋」，一種慕其教化從遠方成群結隊而來的直覺意象，在我心中揮之不去。這正是朱熹所說「被其澤則說，聞其風則來」。我的這種直感理解，與將「朋」理解為「朋友」或「弟子」實在是毫不搭界。其實，「朋」的確有「眾」的意思。《山海經・北山經》云：「有鳥焉，群居而朋飛。」進一步翻檢文獻，對《論語》「有朋自遠方來」的「朋」，居然還真讓我找到了與眾說不同的訓解。劉敞《七經小傳》卷下解釋「有朋自遠方來不亦樂乎」云：「朋，眾也。可以為師而眾歸之。」劉敞也是開北宋疑經風氣之先的重要學者之一，他的意見往往與前人以及眾說不同，值得注意。〔註39〕

楊朝明：「有朋自遠方來」的「有朋」，相當於「朋友」。這裏的所謂「朋友」不是一般意義上的朋友，其所指應當是志同道合的人。《易・象辭》有「君子以朋友講習」的說法，可為旁證。〔註40〕

〔註38〕廖名春：《〈論語〉「學而時習之」章新探》，《儒學與二十一世紀文化建設：首善文化的價值闡釋與世界傳播》，2007 年 11 月 30 日，第 453、454 頁。

〔註39〕王瑞來：《〈論語〉開篇發覆》，《現代哲學》2008 年第 5 期，第 109～110 頁。

〔註40〕楊朝明：《經典新讀與孔子思想再認識》，《黃河文明與可持續發展》2008 年第 1 期，第 55～56 頁。

　　王向東：「朋」的本義，並不完全等同於今天的「弟子」。專門談弟子的時候，《論語》並不用「朋」字表述。《左傳》襄公十四年，師曠說：「天子有公，諸侯有卿，卿置側室，大夫有貳宗，士有朋友，……皆有親昵，以相輔佐也。善則賞之，過則匡之，患則救之，失則革之。自王以下，各有父兄子弟，以補察其政。」師曠說的「善則賞之，過則匡之，患則救之，失則革之」，才是「朋友」之間的行為準則。方苞《與翁止園書》說得好：「古人之有朋友，其患難而相恤，通顯而相致，皆末務也。察其本義，蓋以勸善規過為先。」方苞說的「勸善規過為先」，才是「朋友」的「本義」。可見，這個「朋」，指「勸善規過為先」之人。這樣的朋友，或來求學，或來切磋，孔子最期盼的，還是「勸善規過為先」。〔註41〕

　　黎紅雷：毛子水譯為「弟子」，貝塚茂樹譯為「朋友」（友だちが）。《史記‧孔子世家》有記載：「故孔子不仕，退而修詩書禮樂，弟子彌眾，至自遠方。」據此，毛子水將這裏的「朋」譯為「弟子」，似乎有一定的歷史依據。但聯繫本章上下文，「學而時習之」和「人不知而不慍」，都不一定指向某一個具體的事件，既然如此，「有朋自遠方來」為何又一定要拘泥於某個歷史事實呢？考慮到有的《論語》古本中，這裏的「有朋」也有寫作「友朋」的，所以貝塚茂樹譯為「朋友」（友だちが）也不是沒有根據的。劉殿爵譯為「志同道合的朋友」（like-minded friends），屬於同義反復。《禮記》上說：「同門曰朋，同志曰友。」楊伯峻譯為「志同道合的人」，既使用了「朋友」的抽象內涵，又不排除「弟子」的歷史事實，似乎更為可取。〔註42〕

　　（5）遠方

　　梁偉民：「方」有二解：一、遠方。錢先生、楊先生、董教授皆主此說。二、并，一起。俞樾持此說。他以《說文解字》、《淮南》、《尚書》為論據進行了論證。董教授對俞說的批駁十分中肯：「俞氏之說，固有所據。然本經《里仁篇》云：『父母在，不遠遊，遊必有方。』《先進篇》云：『方六七十。』方皆為地方之意。其他如『子貢方人』，『可使有勇，且知方也』等，皆不作并字解。不以《論語》證《論語》，而以《尚書》、《淮南》證《論語》，終覺周

〔註41〕王向東：《〈論語〉首章初探》，《泰州職業技術學院學報》2011年第4期，第2頁。

〔註42〕黎紅雷：《孔子「君子學」的三種境界——〈論語〉首章集譯》，《孔子研究》2014年第3期，第6頁。

折。」俞氏之所以將「方」解為「并」字，是因為將「有」解為「友」了，如前所述，「有」不能解作「友」，為此，建立在錯誤基礎上的解釋，自然也是錯誤的。〔註43〕

廖名春：「遠方」前人皆無異議，即是視其為偏正結構，解為遙遠的地方。而俞樾卻云：「《說文・方部》：『方，併船也。象兩舟省總頭形。』故方即有并義。《淮南・泛論篇》曰『乃為窬木方版』，高誘注曰：『方，并也。』《尚書・微子篇》曰：『小民方興。』《史記・宋世家》作『并興』，是『方』、『并』同義。友朋自遠方來，猶云友朋自遠并來。曰友曰朋，明非一人，故曰并來。……今學者以『遠方』二字連文，非是。凡經言『方來』者，如《周易》『不寧方來』，《尚書》作『兄弟方來』，義皆同。」……問題是，「遠方」為成詞，早期文獻中習見。如《孟子・滕文公上》：「有為神農之言者許行，自楚之滕，踵門而告文公曰：『遠方之人，聞君行仁政，願受一廛而為氓。』」《荀子・富國》：「如是，則近者競親，遠方致願，上下一心，三軍同力。」又《君道》：「故人主必將有足使喻志決疑於遠方者，然後可。」又《議兵》：「故近者親其善，遠方慕其德，兵不血刃，遠邇來服，德盛於此，施及四極。」又《解蔽》：「遠方莫不致其珍。」又《正名》：「遠方異俗之鄉，則因之而為通。」……特別是《呂氏春秋・異用》：「孔子之弟子從遠方來者，子荷杖而問之曰：『子之公不有恙乎？』」《論人》：「豪士時之，遠方來賓，不可塞也。」「遠方來賓」不能解作「遠并來賓」。「從遠方來」更與「自遠方來」同。以上可謂鐵證如山，俞樾說顯不可信。〔註44〕

（6）有朋自遠方來，不亦樂乎？

劉家齊：「有朋自遠方來，不亦樂乎？」指學者雖已取得重大學術成就，卻還沒有引起貴族們重視，沒有用於社會；但已引起知識界重視，廣為傳播，於是有朋自遠方來共同探討這個理論，遲早會達到「時習之」的境界。學者沒白費精力，品格也受尊重，便也應當快樂。孔子實際處於這個境界。〔註45〕

〔註43〕梁偉民：《〈論語・學而〉首章異解新說》，《紹興師專學報（哲學社會科學版）》1995年第4期，第26～27頁。

〔註44〕廖名春：《〈論語〉「學而時習之」章新探》，《儒學與二十一世紀文化建設：首善文化的價值闡釋與世界傳播》，2007年11月30日，第454～455頁。

〔註45〕劉家齊：《「學而時習之」章新解》，《齊魯學刊》1986年第6期，第55頁。

李占德：這句話的實際含義應當是：「畢業」之後，老同學們各居一方了，有的同學離自己還很遙遠。但由於自己有所成就，因而就連他們也都不遠千里地跑來找我切磋學業了。這能集思廣益，有助於析疑解難，有助於學問道德及事業的共同提高。這怎麼能不「樂」呢？我以為只有如此理解才切合孔子的原意。

因此「有朋自遠方來，不亦樂乎」的主要內涵是指同學之間共同學習之樂、相互促進之樂。雖然，這朋來之樂中也確實包含有久別重逢後的喜悅等類的「人之常情」在內，但必須指出：它畢竟只是次要的非本質的「樂」，只不過是前者「附產品」罷了。〔註46〕

欒貴川：本章的時限大致可以確定，當在魯定公五年（公元前505年）前後，是年，孔子48歲。《史記‧孔子世家》記載，這一年魯國發生內亂，「季氏亦僭於公室，……故孔子不仕，退而修詩書禮樂，弟子彌眾，至自遠方，莫不受業焉」。「遠方」，指較遠的諸侯國。此前，孔子的弟子皆為魯國人（如孟懿子、南宮括、顏無繇、曾皙、冉耕、仲由、漆雕開、閔損等），從此以後，來自其他諸侯國的弟子逐漸多了起來。孔子歡迎這些遠道而來求學的弟子，他曾稱道端木賜（字子貢）為他招致不少遠方的弟子，說：「自吾得賜也，遠方之士日至。」（《孔叢子‧論書》）但是，由於身份的差異、成長環境以及價值觀念的不同等因素的影響，在弟子之間甚至部分弟子與孔子之間，產生諸多猜忌排斥，見解常相枘鑿，以至於孔子不得不向他們表白：「二三子以我為隱乎？吾無隱乎爾。吾無行而不與二三子者，是丘也。」（《論語‧述而》）

此事曾長期困擾著孔子，據《史記‧仲尼弟子列傳》記載，顏回死後，孔子十分悲痛，他說的第一句話就是：「自吾有回，門人益親。」南朝宋代裴駰《集解》引王肅曰：「顏回為孔子胥附之友，能使門人日親孔子。」是說顏回與孔子原本無親無故，但入門之後，能夠讓眾多的弟子逐漸親近孔子。對此，孔子當然感觸頗深，因為，弟子是否親近其師，不僅是個人間的問題，更是攸關教育成敗的大問題，正如《禮記‧學記》所說的那樣，「安其學而親其師，樂其友而信其道，是以雖離師輔而不反（返）也」。

〔註46〕李占德：《〈論語‧學而時習之〉新探》，《曲靖師專學報》1987年第1期，第58、59頁。

孔子對於他的不少弟子並不滿意，他直言訓斥他們，弟子之間也曾相互指責，這在《論語》中都有記載。可見，孔子「有朋自遠方來，不亦樂乎」這句話，具有十分明確的針對性。〔註47〕

（7）人不知而不慍，不亦君子乎？

劉家齊：「人不知而不慍，不亦君之乎〔註48〕？」是比較難以達到的境界。學者的學術成就，確屬真理，用之必可造福於天下。但是，或因人微言輕，無從上達；或因陽春白雪，世俗一時不能理解；或逢邪說橫行之時，真理反被誣為謬論；或遇世道衰微，當權者無知而多欲，無人問津。總之，學者默默無聞，潦倒終生，或略有所聞而備受壓力。在這種情況下，學者能做到不怒，不迎合世俗放棄真理，而是養氣保節，著書傳世，為天下樹榜樣，力爭得志以兼善天下，終不得志則盡我天職，而寄希望於後人。這種人是真正的君子啊！〔註49〕

李占德：我認為，這兒的「人」首先是指上文的「朋」，同時也兼指與自己有關的其它人——但這是決要的。所謂「不知」包含了這樣兩層含義：一是自己個人的「學習」情況成就不為「人」所瞭解；二是自己在與「朋」講習學業時自己的正確見解，主張還不能被對方理解、接受。所謂「不慍」也就是要經得起暫時的不被理解乃至於暫時的誤會、委屈等。也就是要對「人」採取寬容的態度，不去斤斤計較。「不慍」就不煩惱，這樣才能保持「學習」、「講習」之「樂」。這是一個什麼性質的問題呢？我以為這是一個學風問題，也即「學習」、「講習」的態度問題。

綜上所述，可知「人不知而不慍」是孔子所主張的一種學風、所倡導的一項治學原則，也是孔子用於衡量一個人之是否為「君子」的一項具體標準。這學風、這標準是由其整個道德觀及處世哲學所決定了的。其目的在於首先促成弟子們學問道德的共同進步提高，進而使人們皆遠怨樂善，並最終達到人與人之間的「和」。〔註50〕

〔註47〕樂貴川：《〈論語〉第一章正解》，《光明日報》，2014年4月29日國學版。

〔註48〕原文作此，疑當為「不亦君子乎」。

〔註49〕劉家齊：《「學而時習之」章新解》，《齊魯學刊》1986年第6期，第55頁。

〔註50〕李占德：《〈論語·學而時習之〉新探》，《曲靖師專學報》1987年第1期，第59、60頁。

王浩然、曾光平：《詩經・大雅・緜》：「肆不殄厥慍。」孔疏：「以大王立社有用眾之義，故今文王不絕其怨恚。」這裏，慍、怨同源，文元旁轉。《論語・里仁》：「勞而不怨。」邢昺疏：「『勞而不怨』者，父母使己以勞辱之事，己當盡力服其勤，不得怨父母也。」這裏，怨為埋怨之意，而無「恨」意。「怨恨」，今天的意思是「強烈的不滿或仇恨」（見《現代漢語詞典》第 1426 頁），古無「怨恨」複音詞，而單音詞「怨」或「恨」在先秦時代皆無「痛恨」、「仇恨」之義。故曰以今天普通話「怨恨」釋先秦的「慍」或「怨」都是不妥當的。

從事理上講，「知」與「不知」並不會直接導致「怨恨」或「不怨恨」，即「人不知」與「不怨恨」並沒有必然的聯繫。……

我們認為：《學而》篇裏的「慍」是「鬱」的意思，「慍」與「鬱」是陽入對轉的同源詞，「人不知，而不慍」，是說「人家不瞭解我，我也不憂鬱。」〔註51〕

梁偉民：「人不知而不慍，不亦君子乎」本句有二解：一、解為求學之人有所不知，君子不怒。何晏《集解》、皇侃《義疏》、焦循《補疏》，均主此說。二、解為我學已成德，而他人不知，我不慍怒，是為君子。邢窩〔註52〕《論語注疏》、朱熹《論語集注》、錢先生、董教授、楊先生均主此說。我是贊成第二解的，因為第二解與孔子的一貫思想相合，孔子一貫主張自己要有真才實學，而不在乎別人是否瞭解自己。他在《學而篇》十六章上說：「不患人之不己知，患不知人也。」在《里仁篇》十四章上說：「不患無位，患所以立。不患莫己知，求為可知也。」在《憲問篇》三十章上說：「不患人之不己知，患其不能也。」在《衛靈公篇》上也說：「君子病無能焉，不病人之不己知也。」第二解與整章的意思是相合的，這一章是孔子對學生學習和為人之道總的勸勉，第一解則不合此章旨，故非。〔註53〕

陳曉強：理解這句話的關鍵在「不知」。《先進》二十六章記載，孔子問其弟子：「居則曰：『不吾知，如或知爾，則何以哉？』」其弟子所答皆為為政之事，由此可看出孔子所講的「知」指為人所知、為世所用。「知」指為人所

〔註51〕王浩然、曾光平：《〈論語譯注〉詞語訓釋札記》，《古籍整理研究學刊》1987年第 3 期，第 13～14 頁。

〔註52〕原文作此，然當為「邢昺」。

〔註53〕梁偉民：《〈論語・學而〉首章異解新說》，《紹興師專學報（哲學社會科學版）》1995 年第 4 期，第 27 頁。

知、為世所用，則「不知」指不為人所知，不為世所用。孔子學說，不被當世所知、所用，但孔子一生「知其不可而為之」（《憲問》），從未放棄過自己的理想，「人不知而不慍，不亦君子乎」正是從反面、從更深層次上強調孔子入世的觀點。《論語》「不患人之不己知，患不知人也」（《學而》）、「不患人之不己知，患其不能也」（《衛靈公》）、「不患莫己知，求可知也」（《里仁》）「君子病無能焉，不病人之不己知也」（《衛靈公》）則是對這句話的一個側面補充。陸宗達先生將「不知」講成「不仕」，也是從不為人所知、不為世所用的角度而言的〔註 54〕。〔註 55〕

廖名春：一通、李充、皇侃、邢昺皆以「人不知」為人「不能知解」，故訓「慍」為「怒」。何晏將「人不知」解為「凡人有所不知」，實質也是取人「不能知解」說，故也訓「慍」為「怒」。但陸德明《經典釋文》此句卻載：「鄭云：怨也。」是鄭玄注訓「慍」為「怨」。按：《公冶長》篇「令尹子文三仕為令尹，無喜色；三已之，無慍色。」吐魯番阿斯塔那三六三號墓出土的「孔氏本鄭氏注」云：「慍之言怨。」《衛靈公》篇：「在陳絕糧，從者病，莫能興。子路慍見曰：『君子亦有窮乎？』《史記·孔子世家》引此下文緊接云：「孔子知弟子有慍心。」「慍心」即「怨心」。由《史記·孔子世家》「慍心」可知「慍見」之「慍」也當解為「怨」。《論語》「慍」字僅三見，其他兩處皆解為「怨」，「人不知而不慍」之「慍」亦應如此。因此，鄭玄注訓「慍」為「怨」，較之何晏、一通、李充、皇侃、邢昺訓「怒」，應該更為貼切。今人的注解和楊伯峻、錢穆、程石泉等，多解「慍」為「怨」，當屬有見。

懂得「慍」當解為「怨」，「人不知」就只能解作「他人不見知」，而不能解作人「不能知解」。因為「怨」一般是下對上，弱勢者對強勢者而言的。孔子教學生，學生魯鈍，「不能知解」，孔子豈能「怨」？而「人不知而不慍」作「他人不見知而不怨」，則與《學而》、《憲問》篇的「不患人之不己知」、《里仁》篇的「不患莫己知」、《衛靈公》篇的「不病人之不己知也」若合符節〔註 56〕。〔註 57〕

〔註 54〕原註：陸宗達. 訓詁簡論〔M〕. 北京：師範大學出版社，1996.
〔註 55〕陳曉強：《〈論語〉「學而」章辨義》，《甘肅教育學院學報（社會科學版）》2004年第 2 期，第 53 頁。
〔註 56〕原註：陳大齊《論語臆解》。
〔註 57〕廖名春：《〈論語〉「學而時習之」章新探》，《儒學與二十一世紀文化建設：首善文化的價值闡釋與世界傳播》，2007 年 11 月 30 日，第 457 頁。

黎紅雷：總的來看，《論語》中的「君子」，其定位是「政治精英＋道德楷模」，其影響在於「民眾表率＋社會典範」。我們在翻譯時，則可統一使用「君子」一詞並有所補充，以保留《論語》中「君子」一詞的上述雙重內涵。〔註58〕

殷守艷：總之，「慍」和「怨」是同源詞的關係，而與「怒」則在音、義兩方面都有很大差別，「怨」所表示的不滿情緒屈曲、鬱積的狀態遠不如「怒」所表示的不滿情緒激烈爆發的狀態強烈。雖然在語言文字的不斷使用過程中，由於語言交際模糊性的需要，其詞義所指範圍會有所擴大，彼此可以形成近義詞的關係，並可聯合成詞，如「慍怒」「怨怒」，而且在一般的注疏訓詁中也可以互相訓釋，但這並不等於它們的意義完全相同，也不意味著在任何情況下都無需對其意義加以詳細區分。因此，《論語》中的這三個「慍」〔註59〕無論是從具體語境還是從詞義辨析的角度來看，都應該解釋為「怨」，而不是「怒」。〔註60〕

（8）對整章的理解

劉家齊：誠然，迄今尚無充足資料可以確證孔子的原意，但根據孔子的一生活動，本章處於《論語》全書首篇首章的重要位置，全章三節應當有個統一性，等等，忖情度理，孔子的原意還可以推斷出來：這分明是孔子提倡的做學問的基本態度。在這裏，孔子概括了學者經常遇到的三種境界：第一種是學而時習之型，第二種是有朋自遠方來型，第三種是人不知型。指出第一、二種境界，當然可悅、可樂；不幸而處於第三種境界，也不應悲觀失望，喪氣失節，而要做一個堅持真理的君子。〔註61〕

李占德：我以為：本章是孔子向其弟子們傳授學習之道。並勸勉他們努力做品學兼優的「君子」的。首句談的是個人學習之道。次句談的是與「朋」共同學習之道。末句談的是學風問題，這仍然是一種學習之道。三句話雖各

〔註58〕黎紅雷：《孔子「君子學」的三種境界——〈論語〉首章集譯》，《孔子研究》2014年第3期，第6頁。

〔註59〕除「人不知而不慍」的「慍」之外，另外兩個分別見於「令尹子文三仕為令尹，……無慍色。（《論語・公冶長》）」及「子路慍見曰（《論語・衛靈公》）」兩句。

〔註60〕殷守艷：《〈論語〉中的「慍」，是「怨」還是「怒」？》，《文史知識》2018年第9期，第114～115頁。

〔註61〕劉家齊：《「學而時習之」章新解》，《齊魯學刊》1986年第6期，第55頁。

有其側重之點,有其相對的獨立性,但卻又都是從不同的側面來論學習之道的,都未離學習之道,並且是以一個「樂」字貫穿始終的。因此,總的來說,它們又是一個有機的統一體。〔註62〕

崔積寶:以往對這一則的解釋大都沒有把三句話聯繫起來,而是隔斷開來,認為這則中的三句話各句意思是獨立的,分別講的是「學」、「有朋來」、「人不知」三方面的事情。他們看不到這三句話的聯繫,甚至有的人說孔子這三句話不是說於同時,三句話放在一起是後學整理編輯的結果。第一則這三句話在字面上確實很難看出聯繫,頭兩句雖然看不出聯繫,但語義尚且平行,而第三句「人不知」的轉折實在是突兀,字面上難以與上兩句勾聯。這大概是人們隔斷講解的主要原因吧?

然而仔細分析揣摩一下就可以發現:恰恰是這「人不知」三個字的轉折才把前後三句聯繫起來。有了這「人不知」我們才可以斷言前面的兩句說的是「人知」。稍為〔註63〕完整點說:這一則的中心是「學」,前兩句說的是學而為人所知的結果,後一句說的是學而為人所不知的結果。包括《論語》在內的先秦散文,而且不僅是先秦散文大都有一個特點,就是在行文上不大注意形式邏輯及其關聯詞語的完整運用;相反,文章的辯證邏輯、內在聯繫卻是相當嚴密的。《論語》這第一則在內容上的密切相關暫且不論,單就形式上的表達來說,有了第三句的開頭「人不知」的轉折,前面兩句內容講的就是「人知」了,不必要再標示出來。這雖然和今天的語文習慣不大一樣,但卻是古代散文精練而又明確的地方。從內容上看就更加清楚了。孔子的《論語》開篇就說到「學」,他提倡「學」,這裏就有一個學了幹什麼,為什麼要學的問題。孔子做為教育家,他辦的教育我們體會是成人教育,不是啟蒙教育。成人教育的一個特點是學生學習的目的性很強,實用性很強。就是「學了幹什麼?為什麼要學?」孔子教學不能不注意到這一特點,他不能不一開始就講清這個問題,《論語》把這一則放在最前面大概也不是沒有原因的。

……簡言之,「學而時習之」就是學習達到了為人知之時,就能夠為世所用。孔子說一個人學了,又為世所用了,那麼「不亦悅乎?」孔子用反詰的語氣表達了肯定的意思,語氣是委婉的,態度是明確的。

〔註62〕李占德:《〈論語・學而時習之〉新探》,《曲靖師專學報》1987年第1期,第61頁。
〔註63〕原文作此。

現在說第二句「有朋自遠方來，不亦樂乎？」這一句和頭一句語義是平行的，就是說其前提是相同的，都是學而為人所知。然而所知之人是不同的，第一句為人所知是為執政者所知，第二句是沒有為執政者所知，所以沒有為世所用，沒有走上仕途。但是學得很有成績，名聲在外，以至遠近聞名，雖不能為執政者所用，實行自己的學說、主張，卻為許多遠近同道之朋所知，同道之朋和求學的弟子都前來交流請教。……學習好了，當然很可能為世所用，不能為世所用做官為宦，也可能成為人師，成為學者名流。這都是為人所知。可是也會有另外一種情況，就是雖然你學好了，但是「人不知」，有如「荊山之玉」不被人識。這樣情況應怎麼看呢？孔子特別鄭重地指出：「人不知而不慍，不亦君子乎？」這裏出現了「人」。這個「人」是廣泛指自己之外的人，但聯繫前面兩句可以看出這裏的「人」主要指的是「執政者」和「朋」。在第一句中這個省略了的「人知」的「人」是指「執政者」。……在第二句中這個省略了的「人知」的「人」是指「朋」，這是顯而易見的。既不能為「執政者」所知，也不能為「朋」所知，那就是「人不知」。由於學習好了，即使「人不知」不能為世所用，沒有人來拜訪，但卻可以使自己的心理達到平衡，做到「不慍」，不怨憤，不生氣，「不亦君子乎？」不也是一個堂堂正正的君子嗎？內心不也很充實嗎？〔註64〕

陳曉強：結合上文分析，可看出《學而》章三句話次第極分明、聯繫極緊密：學而時習，學者自修之事；朋自遠來，以友輔學之事；不知不慍，學以致用之事。全章以「學」為核心，學、行結合，將其置於《論語》首章首篇是有深意可尋的。〔註65〕

廖名春：根據上文的考證，將「學而」章譯為現代漢語就是：孔子說：「學了之後就及時地實習，不也是很高興的事嗎？朋友從很遠的地方趕來，不也是很快樂的事嗎？人家不瞭解而我卻不怨恨，不也是君子嗎？」這種嚴格忠實於原文的翻譯，揭示的只是「學而」章的表層義，似乎看不出三句之間有何內在聯繫。

但循此再追究其深層義，我們就會發現孔子這是在宣示其為學的宗旨。

〔註64〕崔積寶：《〈論語〉首章新解》，《學術交流》1988年第5期，第133、134頁。
〔註65〕陳曉強：《〈論語〉「學而」章辨義》，《甘肅教育學院學報（社會科學版）》2004年第2期，第53～54頁。

　　先來看「學而時習之，不亦說乎」。…… 我們固然可以說孔子樂在「學」、「習」中，但這種解釋太一般化了。「不亦說乎」，不是一般的「悅」，而是很「悅」，非常的「悅」。這樣的「悅」，恐怕不在於「學」、「習」這樣的過程，而應該是「學」、「習」所產生的結果導致的。孔子說：「溫故而知新，可以為師矣。」（《論語·為政》）「學而時習之」之所以能「不亦說乎」，應該是「學而時習之」以「知新」所致。孔子「祖述堯、舜，憲章文、武」（《禮記·中庸》），由此發展出自己的仁學。有此貢獻，怎能「不亦說乎」？因此，此句的深層義當是指學了理論而及時實習獲得新知，是最令人喜悅的。……

　　而「有朋自遠方來，不亦樂乎？人不知而不慍，不亦君子乎」兩句的深層義則是講對待「窮」、「達」兩種境遇的態度。

　　「有朋自遠方來」，自古至今，人們都認為是「朋友講習」，但這也只是表層義。其深層義則是指其新知為人們普遍接受，是「達」的表現。《周易·繫辭傳》：「子曰：『君子居其室，出其言善，則千里之外應之，況其邇者乎？』」朱熹《集注》：「自遠方來，則近者可知。」所以，「有朋自遠方來」是舉「遠」以賅「近」，實質是指其說廣為人知，人們趨之若鶩。種瓜得瓜，種豆得豆，辛勤耕耘而獲豐收，孔子也是凡人，怎能「不亦樂乎」？

　　「人不知而不慍」的深層義前人已經道出。阮元《揅經室集》：「『人不知』者，世之天子諸侯皆不知孔子，而道不行也。」「人不知」「而道不行」，孔子為什麼不怨恨呢？皇侃《義疏》指出：「一言古之學者為己，己學得先王之道，含章內映而他人不見知而我不怒，此是君子之德也。」就是因為「古之學者為己」（《論語·憲問》）。「為己者因心以會道」（《後漢書·桓榮傳》），「得一善言，以附其身」（《北堂書鈔》引《新序》），「君子之學也，以美其身」（《荀子·勸學》）。既是修身內求，「世之天子諸侯皆不知」「而道不行」，又有何怨？……

　　由此可知，「學而」章三句是一義理連貫的整體。「學而時習之，不亦說乎」，是說學了理論而及時實習獲得新知，是最令人喜悅的。「有朋自遠方來，不亦說乎」，是說其新知為人們普遍接受，令人快樂。「人不知而不慍，不亦君子乎」，是說別人不瞭解其新知，作為君子也不應該怨恨。為什麼呢？因為尋求「新知」是為了修身，是「為己」之學，而不是「為人」之學。這就是「學而」章三句的深層義，是孔子真正想要宣示的為學的宗旨。

　　由此來看「《學而》何以第一」的問題，〔註66〕答案非常清楚：這是《論語》的編者傾向於內聖之學而精心編輯的結果。柳宗元認為《論語》「卒成其書者，曾氏之徒也」。〔註67〕曾參一系，偏向於內聖一途，其弟子編輯《論語》，將孔子宣示「為己」之學的「學而」一章，置於篇首，又以「不患人之不己知，患不知人也」殿後，精心構成《學而》篇。再將《學而》篇冠於全書之首。這樣，實質定義了《論語》與孔子之學的性質，確立了其學派在儒學諸派中的正統地位。這種編排，儘管不排除有功利的成分，但也基本符合孔子思想和學說的實際。……〔註68〕

　　王瑞來：歷來，人們解釋「子曰：學而時習之，不亦說乎？有朋自遠方來，不亦樂乎？人不知而不慍，不亦君子乎」這三句話時，似乎都沒注意到在《論語》中孔子還有如下的言論：「葉公問政，子曰：近者說，遠者來。」（《子路》）

　　葉公向孔子問政以及孔子的回答在《墨子・耕柱》也可以找到記錄：

　　　　葉公子高問政於仲尼曰：「善為政者若之何？」仲尼對曰：「善
　　為政者，遠者近之，而舊者新之。」

　　劉寶楠比較了《論語》與《墨子・耕柱》後，說兩者「語異義同」。如果僅僅是單獨考察這句話本身，似乎完全與學習無關。然而，當我們把「學而時習之，不亦說乎？有朋自遠方來，不亦樂乎」這句話與「近者說，遠者來」放在一起加以比較時，可以發現兩句話竟然有著驚人的相似。宋人邢昺《論語注疏》解釋「近者說，遠者來」云：「此章楚葉縣尹問為政之法於孔子也。子曰當施惠於近者，使之喜說，則遠者當慕化而來也。」與《論語》的這句話相映成趣，《禮記・學記篇》在講到通過教育來「化民易俗」時也說：「近者說服，而遠者懷之，此大學之道也。」北宋人陳祥道《論語全解》卷 7 在比較了《禮記》和《論語》的這兩句話之後說：「自我論之，蓋孔子所言者，政也；《學記》所言者，教也。」其實，《禮記・學記篇》的話可以理解為是對孔子「學而時習之」與「有朋自遠方來」的轉述與發揮。政與教相通，不

〔註66〕原註：陳科華：《〈學而〉何以第一——〈論語〉的文本結構與孔子的思想關聯》，《船山學刊》，1997 年第 1 期。

〔註67〕原註：柳宗元：《論語辨》，《柳河東集》卷四，上海人民出版社，1974 年版。

〔註68〕廖名春：《〈論語〉「學而時習之」章新探》，《儒學與二十一世紀文化建設：首善文化的價值闡釋與世界傳播》，2007 年 11 月 30 日，第 458～460 頁。

能截然分開。還是朱熹在《四書集注》卷 7 對孔子這句話的解釋於義為近：「被其澤則說，聞其風則來。然必近者說，而後遠者來也。」由此可見，孔子所說的「學」，正是《禮記》所闡述的具有政治教化之意的「大學之道」。

孔子所言，無論是「學而時習之」與「有朋自遠方來」，還是「近者說，遠者來」，我覺得對於春秋時期的人來說，都是不會發生歧義的並非深奧的普通言說。這不僅有上面引述的墨子的復述，在《管子‧版法解》中，我們還可以看到這樣的言論：

> 凡眾者，愛之則親，利之則至，是故明君設利以致之，明愛以親之；徒利而不愛，則眾至而不親；徒愛而不利，則眾親而不至；愛施俱行，則說君臣，說朋友，說兄弟，說父子。愛施所設。四固不能守。故曰：「說在愛施。」

> 凡君所以有眾者，愛施之德也。愛有所移，利有所並，則不能盡有。故曰：「有眾在廢私。」

> 愛施之德，雖行而無私。內行不修，則不能朝遠方之君。是故正君臣上下之義，飾父子兄弟夫妻之義，飾男女之別，別疏數之差，使君德臣忠，父慈子孝，兄愛弟敬，禮義章明。如此，則近者親之，遠者歸之。故曰：「召遠在修近。」

管子早於孔子，但《管子》被整理成書則或許要晚於《論語》。上述的《管子》正可以看作是孔子「學而時習之」、「有朋自遠方來」和「近者說，遠者來」兩段話的展開。其實，在先秦，許多言論所體現出來的思想並不專屬一家。同樣言論多家互見，既反映了當時思想家輾轉引述的事實，也反映了互相認同的共同思考。……因此，就孔子的這兩段話來說，《管子》的展開與《墨子》的復述，都反映當時人的共同認識，也清楚地顯示著這一言說的內容。春秋戰國時期，諸侯爭霸，社會動蕩，不僅士人處於流動狀態，普通百姓也處於流動狀態。因此，如何得民是當時的各國君主及其謀士所共同思考的課題。

……前面考證過「學而時習之」是說將通過學習掌握的《詩》與禮等政治知識在得到適當的機會時進行實踐的意思，「近者說，遠者來」則是施行教化善政的實踐讓近者被其澤喜悅、遠者聞其風湧來。可以這樣說，「近者說，遠者來」是「學而時習之，不亦說乎？有朋自遠方來，不亦樂乎」的抽象，而「學而時習之，不亦說乎？有朋自遠方來，不亦樂乎」則是「近者說，遠者來」的具象。

通過前面的考證，溝通了「近者說，遠者來」與「學而時習之，不亦說乎？有朋自遠方來，不亦樂乎」之間的內在聯繫，這就為我們解讀「學而時習之，不亦說乎？有朋自遠方來，不亦樂乎」打開了一扇門。不止如此，「近者說，遠者來」的具體語境，更是隱含著理解「學而時習之，不亦說乎？有朋自遠方來，不亦樂乎」這句話的語境密碼。這個密碼就是「近者說，遠者來」前面的「葉公問政」。這是孔子說這句話的語境。孔子說這句話也不是無的放矢，是對為政者言為政。既然「學而時習之，不亦說乎？有朋自遠方來，不亦樂乎」與「近者說，遠者來」說的是同樣的內容，那麼語境也應當相同，也當是對為政者言為政。……「人不知而不慍，不亦君子乎」便可以理解為當實施教化善政的實踐時，不為人所理解也不惱怒，這才是為政者所應有的修養。〔註69〕

楊朝明：按照傳統的理解，本章分別講學習、交友、人不知的問題。我們研究後認為，這樣的看法可能並不符合孔子的本義。我們認為，本章中的三節應該概括了學者的思想主張與社會實際關係可能遇到的三種不同情況，勉勵學者端正態度，樹立堅持真理的君子精神，〔註70〕表現的其實是孔子本人的人生態度。

全章的意思應該是：

孔子說：「如果我的學說被時代（或社會）所採用，那不就太值得高興了嗎？（退一步說，如果時代沒採用）可是有很多贊同我的學說的人從遠方而來（和我一同討論問題），不也很快樂嗎？（再退一步說，不但社會沒採用，而且人們也不理解我的學說）我也不惱怒，不也是一位具有道德修養的君子嗎？」

我們這樣理解《論語》首章，不僅與孔子一生的出處進退完全符合，也與其他文獻記載相印證。孔子的弟子門人當然瞭解孔子的苦悶，孔子與弟子門人常常談論世道人生，也一定較多地談論能否用世的問題，因此流傳下來的材料定然不少。孔子的孫子子思更為瞭解孔子，他編排《論語》材料〔註71〕，

〔註69〕王瑞來：《〈論語〉開篇發覆》，《現代哲學》2008年第5期，第109～110頁。
〔註70〕原註：劉家齊先生最早明確提出這種新解釋，見其文《「學而時習之」章新解》，《齊魯學刊》1986年第6期；後來，李啟謙先生系統論述了自己的看法，見其文《關於「學而時習之」章的解釋及其所反映的孔子精神》，《孔子研究》，1996年第4期。
〔註71〕原註：我們認為《論語》出自子思的編撰，詳見楊朝明：《新出竹書與〈論語〉成書問題再認識》，《中國哲學史》，2003年第3期。

綜合孔子的人生態度與政治命運，自然會將能夠貫穿和概括孔子政治生命的重要言論放在突出位置。〔註72〕

王向東：在我看來，《論語》首章這三句話其實是理解《論語》的一把總鑰匙。這三句話提出了學者治學的總則，作出了孔子一生的總結，形成了《論語》一書的總綱。

《論語》首章三句話，實質上提出了治學的「三境界」。這「三境界」，應該是學者治學的總則。……

第一境界，「學而時習之，不亦說乎」，即能夠感受辛勤學習溫故知新之樂。……

第二境界，「有朋自遠方來，不亦樂乎」，即能夠感受朋友之間切磋批評之樂。……

第三境界，「人不知而不慍，不亦君子乎」，即能夠感受只問耕耘不問收穫之樂。……〔註73〕

欒貴川：綜上可以得知，本章是孔子在誘導其弟子學習、勉勵他們刻苦學習，友愛寬容，進德修業，最後成就為君子之人。那麼，本章的文意就十分清晰了，孔子說：在適當的時候，通過實踐檢驗自己所學的書本知識，豈不也很愉悅嗎？遠方的同學前來和你們共同學習，豈不也很快樂嗎？別的同學不理解自己也不怨恨，豈不也不失為君子嗎？〔註74〕

黎紅雷：筆者試將《論語》首章「子曰」全文新譯如下：「學了道理而隨時實踐它，不也令人喜悅嗎？有志同道合的人從遠方來共同切磋，不也令人快樂嗎？即使有人不理解，我卻不抱怨，不也是有氣度的君子嗎？」

《論語》首章可視為孔子「君子學」的開篇。開宗明義，孔子向弟子們提出君子學習的三種境界：一是學習實踐，二是相互切磋，三是求之於己。首先，君子學習要反復實踐。孔子所理解的「學問」，不僅是關於各種事物的知識，更重要的是做人做事的道理。所謂「世事洞明皆學問，人情練達即文章」。對於這樣的「學問」，不但要「學」，更要「習」。……其次，君子學習

〔註72〕楊朝明：《經典新讀與孔子思想再認識》，《黃河文明與可持續發展》2008年第1期，第55頁。

〔註73〕王向東：《〈論語〉首章初探》，《泰州職業技術學院學報》2011年第4期，第1～2頁。

〔註74〕欒貴川：《〈論語〉第一章正解》，《光明日報》，2014年4月29日國學版。

要相互切磋。「同門曰朋」，這裏的「朋」指的是一起求學問道的「同門」。孔子號稱「弟子三千」，這些弟子有先進來的，也有後進來的，學成之後則遍佈四方，平時難得一見。如果有機會聚集在一起，同門之間相互切磋學問，交流體會，從而更深入地把握人生，把握世界，這不是很開心的事嗎？最後是求之於己。同門即是同道，同道在一起有共同語言，能夠相互切磋，共同進步。而其他既非同門、又非同道之人，與自己沒有共同語言，對自己的言行作為不瞭解，可能還有非議，又應該如何對待他們呢？正確的態度是：做好你自己的事，而不要去抱怨他人。……

……這樣就從學習方法、學習形式和學習態度入手，揭開了孔子「君子學」的恢宏篇章。就此而言，《論語》首章在整部《論語》中，開的是「君子學」之宗，明的是「學習三境界」之義。〔註75〕

陸衛明、曹宏、林靜選：其實，這三句話是連貫的，統一於君子之樂——求道。其所體現的正是中國傳統的樂感文化的特色。君子因何而樂？學道。正所謂「朝聞道，夕死可也」。本句子合理的解釋應為：每天學道有新的心得，並把它付諸實踐，這是快樂的事情；有志同道合的朋友來一起論道，這也是快樂的事情；他人對自己求道行為並不理解也不以為意，這照樣是君子。〔註76〕

王晶：結合以上觀點，可以這樣理解《論語》首篇首章：如果我的學說被社會（當時、當代）接受，在社會實踐中加以應用，那不是令人感到愉悅嗎？有贊同我學說的朋友從遠方而來，不是很快樂嗎？就算別人不理解我，我也不惱怒，堅持自己的思想主張，不是位君子嗎？〔註77〕孔子希望有人來理解自己，亦渴望有志同道合的朋友能與自己一起論仁、論德、論政。孔子困於陳、蔡兩國七日，仍用樂觀堅毅支撐著自己的信念。孔子希望自己的學說用世，為追求政治理想而矢志不渝，但他所處非「時」，處處碰壁，這是時勢使然，儘管別人不瞭解自己，但仍堅持自己的學說，堅持自己的政治主張。〔註78〕

〔註75〕黎紅雷：《孔子「君子學」的三種境界——〈論語〉首章集譯》，《孔子研究》2014 年第 3 期，第 9～10 頁。

〔註76〕陸衛明、曹宏、林靜選：《關於〈論語〉的若干疑難問題闡析》，《西安交通大學學報（社會科學版）》2016 年第 4 期，第 120 頁。

〔註77〕原註：李啟謙. 關於「學而時習之」章的解釋及其所反映的孔子精神〔J〕. 孔子研究，1996（4）：34～38.

〔註78〕王晶：《〈論語〉「學而」章探微》，《湖北職業技術學院學報》2017 年第 1 期，第 65 頁。

陳來：整部《論語》把「學而時習之，不亦說乎」置於全書之首，應非偶然。因為孔子對「學」、對「好學」的重視，確實非同一般。〔註79〕

1.2 有子曰：「其為人也孝弟，而好犯上者，鮮矣；不好犯上，而好作亂者，未之有也。君子務本，本立而道生。孝弟也者，其為仁之本與！」

梁偉民：董教授指出，「犯」字有二解：一、解為犯顏諫爭。何晏、皇侃持此說。二、陵犯、干犯。邢昺、皇侃持此說。一解指犯上級，二解指犯長輩。董教授認為，本章為有子言孝弟，且下有「作亂」字，必當解為陵犯、干犯。楊先生解釋為「觸犯」，指上級，但未說明理由。錢先生解釋為「干犯」，指上級。我贊成楊先生的解釋。「犯顏諫爭」講的是言語的「觸犯」，並不包括行動的「觸犯」，因此是片面的。「陵犯長輩」之說更不能成立，本章並非是有子言孝弟，而是有子言孝弟與道之間的聯繫。在有子看來，孝弟就不大會觸犯上級，不喜歡觸犯上級，就不會喜歡造反，不造反就是有道，為此，孝弟是道的根本，要立道就要先立孝弟之本，立了孝弟之本，道就會產生。若將「犯」理解為「陵犯長輩」，那麼「犯上」句成了對孝弟作具體說明，這與章旨不合，與下文的結論也聯繫不上了。這樣對孝弟作說明也是不行的，因為孝弟不僅要求不觸犯，而且還要孝敬父母、尊重兄長，僅僅不觸犯是不能算孝弟的；這樣的說明與前文是矛盾的：既然「其為人也孝弟」，那麼應該是「而好犯上者，未之有也」，怎麼是「而好犯上者，鮮矣」呢？孝就不會陵犯長輩了，凡陵犯長輩的就算不上孝了！而孝而觸犯上級倒是有可能的，儘管孝敬長輩與尊敬上級有一定的聯繫，但畢竟是兩件事，為此將「犯」解釋為「觸犯上級」就能成立，解釋為「陵犯長輩」就不能成立。根據楊先生《論語詞典》統計，《論語》用了四次「犯」，均作「對上級的人有所抵觸，有所違反」解，為此，這裏解作「觸犯上級」是比較可信的。

「孝弟也者，其為仁之本與！」「為仁」兩字，董教授指出，它有三解：一、是仁。皇侃持此說。二、行仁。朱熹、劉寶楠持此說。三、為人。江聲持此說。董教授認為，在《論語》，仁為眾德之總名，一切德性由此而生。故孝弟可謂行仁之基礎，不宜謂之是仁之根本。因孝亦由仁生也。而仁即人字，固亦有理，然在本章恐未妥。因上句為人作「人」，而下句為人作「仁」，同

章同義,又何必錯綜用字,平添枝節呢?故以上三解,以朱注為長。錢先生、楊先生皆持「是仁」說。三說之中,我支持「是仁」之說。江聲的「是人」說,董教授的批駁十分有力,無須多講了。然「行仁」說亦難以自圓其說。既說「仁為眾德之總名,一切德性由此而生」,又怎麼可以再說「孝弟可以謂行仁之基礎」呢?「一切德性由此而生」,承認了孝弟也是由仁產生的;「孝弟可謂行仁之基礎」,承認了行仁要以孝弟為基礎,那麼,仁與孝弟到底哪一個是基礎呢?再從整章結構看,前面是論述了孝弟與尊奉上級、不造反之間的關係,實際上是論述了本道的關係,「孝弟」為「本」,「尊奉上級」、「不造反」為「道」,最後一句水到渠成,點明了章旨:孝弟是仁的基礎,這裏的「仁」是「道」的最高標準。是同義詞。〔註80〕

劉育林:愚以為,此章「為仁」宜體合《論語》一般義例,釋為「是仁」。……有學者認為古人多假借用字,「孝弟也者,其為仁之本與」,「觀過,斯知仁矣」,「井有仁焉」等句中「仁」字皆當作「人」,進而批評他人「以其字為『仁』也,多為曲解」〔註81〕,古書「仁」、「人」兩字是有許多寫混了的,但此章二字並非通用,理由如次:第一,釋「仁」為「人」,固然可與上文「其為人也」句相呼應,然上文有「為人」而下文卻作「為仁」,如果是同章同義,又何必錯綜用字?第二,古人假借用字,多以筆劃簡省者代筆劃繁複者,「仁」字的篆、隸體都要比「人」字複雜,若說「仁」是「人」的假借字不合常規。即便是兩字通用,也只能是傳抄錯誤而並非有意通假。第三,「古人簡策繁重,以口耳相傳者多,以目相傳者少」〔註82〕,不同版本古書中音同形異的別字甚多,多為口傳誤寫,鄭玄所見本「為人」也可能是「為仁」之誤,否則為什麼經歷代經師審辨而流傳後世的是「為仁」卻非「為人」?第四,常有人拿「井有仁焉」之文意來證「仁」當作「人」,而考察文意,此例卻恰恰不能寫作「人」,殊不知《論語》中將抽象名詞具體化是很常用的手法,如此表達形象生動,更易於說明抽象的道理。「井有仁焉」章旨為:追求仁德之人,即使有人告訴他井中有「仁」,也不會跟著跳下去,因為「井有仁」的說法必是

〔註80〕梁偉民:《〈論語·學而〉首章異解新說》,《紹興師專學報(哲學社會科學版)》1995 年第 4 期,第 27 頁。

〔註81〕原註:〔宋〕陳善. 捫虱新話〔M〕. 續修四庫全書(第 1122 冊)〔Z〕. 上海:上海古籍出版社,1995,第 115 頁。

〔註82〕原註:〔清〕阮元. 研經室集〔M〕. 續修四庫全書(第 1479 冊)〔Z〕. 上海:上海古籍出版社,1995,第 197 頁。

一種愚弄。楊伯峻先生譯為「仁人」或亦能得其本旨，但若以「人」代「仁」，則完全失去了「仁」作為一個哲學範疇的特徵，不足取。〔註83〕

陳洪杏：將「孝弟也者，其為仁之本與」讀如「孝弟也者，其為人之本與」，可；讀如「孝弟也者，其為仁之本與」，亦可。讀如前者時，側重的是孝悌這一由「人」覺悟後而主動踐履的「仁」行與「人」道或所謂「完人」之道之間的關係；讀如後者時，側重的是孝悌這一內蘊著「仁」之端倪的「人」行與「仁」道之間的關係。將這兩種讀法合而觀之，或許更能見出這章的意蘊。不過，鑒於孔子曾說「道二：仁與不仁而已矣」（《孟子・離婁上》），「仁」是孔子學說的最高範疇，這裏取「孝弟也者，其為仁之本與」的讀法當更能凸顯這位儒學宗師為中國人的心靈所提撕的價值取向。此外，這一讀法可能也更合於《論語・學而》的編纂者將有子的這句話緊繫於孔子之言的初衷，其目的是強調養成君子之仁德的「學」、「習」和朋友間的切磋無不從孝悌開始。

……「其為仁之本與」解作「其為（是）仁之本與」，可；解作「其為（行）仁之本與」，亦可。解作前者時，側重的是「仁」之「體」對一切德行之「用」的鑒照和導引；解作後者時，側重的是一切德行之「用」對「仁」之「體」的探取和呈現。程子、朱子、楊氏、周氏的問題，不在於學者通常指出的所謂「『論性，則以仁為孝弟之本』、『性中曷嘗有孝弟來』等語，不惟有子言下無此意，《論語》言仁處，皆無此意」，而在於沒有充分意識到「仁」並不是一種恆定的常數，「仁」與「為仁」、「行仁」是二而一、一而二的同一過程。

但是，關聯於「孝弟也者」，倘仍舊將「其為仁之本與」之「本」解作「根本」，則誠如程朱所言的，說「孝弟也者，其為（行）仁之本與」可，說「孝弟也者，其為（是）仁之本與」則不可。換言之，倘要將上述兩種解法合而觀之，抉發出「仁」的動態意味，「本」則當依其初始之意解作「根芽」。而這，或許更合於處於先秦的有子立言之本懷。〔註84〕

崔海東：此「為」並非「是」義，「為仁」即行仁，斷句當如朱子，作「為仁之本」。一則先秦漢語係動詞不發達，主係表結構鮮見。若依楊譯〔註85〕，

〔註83〕劉育林：《〈論語〉歧解成因類析及選例辨正》，曲阜師範大學，2009 年碩士學位論文，第 22～23 頁。

〔註84〕陳洪杏：《「孝弟也者，其為仁之本與」義趣辨正——以近代以來〈論語〉注疏為中心》，《哲學動態》2012 年第 8 期，第 49、50～51 頁。

〔註85〕楊指楊伯峻先生，崔文中下同。

原文當作「孝弟也者，其仁之本與」，查日本正平本正是如此〔註86〕。《管子》：「孝弟者，仁之祖也。」（《戒第二十六》）亦足證之。二則東漢何晏已注曰：「先能事父兄，然後仁道可大成。」細考其義，「為」作「行」、「成」解，不作「是」解。三則就孔門義理而言，仁是體，為仁是用。仁性之本體為愛、為生，仁體之發用，則為愛人、生物。仁者生生之心無大小，然愛之發用有差等，故義之推行亦有遠近，而終其目的，則包舉天人，遍該萬物。故此發用之始終，乃一同心圓，由我→宗（家）族→鄉黨→邦國→天下→萬物→天。故孝弟只是用，所以孝弟者，方是體。在發用格局中，孝弟只是第一環節，故為「本」，「本」即始也。《呂氏春秋‧孝行》云：「凡為天下，治國家，必務本而後末，務本莫貴於孝。」正述此義。

故本章義為：孝順爹娘，敬愛兄長，此乃行仁之始。〔註87〕

蔣國保：應該說，朱熹的解釋〔註88〕是正確的，合乎有若此說的本義。這可以從兩方面理解。一方面，如果將孝悌作為仁德的根本，則顛倒了「仁」德與「孝弟」的體用關係，就有違孔子「仁學」基本精神，因為在孔子的「仁學」思想體系中，「仁」是最高範疇，包括孝悌在內的其他範疇，都從屬於「仁」這個範疇，這也就是說，人的一切道德，根本在於「仁」，決不能反過來說，「仁」以其它道德為根本；另一方面，如果不將「孝弟」作為實踐「仁」的根本，以為它只是「做人」的根本，則背離了「孝弟」與「仁」的密切關係，以為「做人」的根本不是「仁」而是「孝弟」，這亦有違孔子「仁學」精神，因為正如孟子所揭示的，「仁也者，人也」，「仁」是人的本質屬性，是人所以為人的根本，相對「仁」，人的其它德性與德行，皆是「仁」的表象（相狀）與作用。「孝弟」是人之「仁」德作用於長輩時所呈現的「順愛」相狀，這種「順愛」之所以成為人的道德實踐（行仁）的根本，是因為孔子所講的「仁愛」是推己及人之愛，這種愛的根本在於血親之愛，是血親之愛的擴展，而血親之愛最集中的體現就是對父母與兄長的「順愛」。〔註89〕

〔註86〕原註：孔子. 論語〔M〕. 瀋陽：遼寧教育出版社，2000，第1頁。

〔註87〕崔海東：《楊伯峻〈論語譯注〉義理商榷》，《合肥師範學院學報》2014年第1期，第55頁。

〔註88〕即將「為仁」解為「行仁」。

〔註89〕蔣國保：《〈論語〉新解三則》，《徐州工程學院學報（社會科學版）》2015年第2期，第19～20頁。

1.3 子曰：「巧言令色，鮮矣仁！」

靖軍：通過漢儒和宋儒對「巧言令色」與「仁」之間的關係「鮮」的詮釋，我們會發現，漢儒傾向於「少」，而宋儒則傾向於「沒有」，兩者之間有很大差異，而這種差異顯然建立在時代性的基礎之上，宋代的道德意識更加強烈。……

通過對孔子「仁」學的梳理，我們會發現漢儒對「巧言令色鮮矣仁」的詮釋可能更加符合孔子的語境。

第一，孔子不反對美好的言語，關鍵在於是否源自「仁德」的表達。比如子貢就很會說話，受到孔子的讚賞……

第二，孔子認為符合「仁」的「言色」，自然就是「允執厥中」。《述而》篇道：「子溫而厲，威而不猛，恭而安。」孔子的言色就是「允執厥中」，溫和而不放任，莊重所透顯的威儀而不咄咄逼人，客氣而遷就。《子張》篇中子夏曰：「君子有三變，望之儼然，即之也溫，聽其言也厲。」子夏在這裏介紹的就是履中蹈和的君子言色。遠時，嚴肅可敬；近時，溫和可親；聽其言，嚴厲可法。「允執厥中」就要「文質彬彬」。「巧言」偏重「文」，而「木訥」則偏重「質」。所以孔子說「巧言令色」是很少有仁德的。〔註90〕

1.4 曾子曰：「吾日三省吾身——為人謀而不忠乎？與朋友交而不信乎？傳不習乎？」

（1）三省

梁偉民：錢先生指出「三省」有兩解：一、三次省察；二、省察三事。依後解，當作日省吾身者三。今從前解，如三思三復之例。惟所省則為下列之事也，這是錢先生的觀點。楊先生解作「多次反省」，理由是：古代在有動作性的動詞上加數字，這數字一般表示動作頻率。而「三」、「九」等字，又一般表示次數的多，不要著實地去看待。此說詳見汪中《述學・釋三九》。這裏所反省的是三件事，和「三省」的「三」只是巧合。如果這「三」字是指以下這件事而言，依《論語》的句法便應該這樣說：「吾日省者三」，和《憲問篇》的「君子道者三」一樣。我是贊成楊先生的觀點的。「省察三事」之解不合《論語》的句法特點，且每天反省的並不一定是這麼三件事。「三次省察」之解也是機械的、死板的，事實上是不可能每天省察三次的，有時多幾次，

〔註90〕靖軍：《「巧言令色鮮矣仁」疏釋與辯證》，《人文天下》2017 年第 10 期，第 37、40 頁。

有時少幾次完全是可能的。「三」字多是表示次數之多的,是虛指的,如《公冶長篇》「季文子三思而後行」,「三思」並不是「三次考慮」之意,而是「多次考慮」之意。〔註91〕

(2) 傳不習乎

梁偉民:「傳不習乎」之句董教授指出有二解:一、解為傳與弟子之業,自己須先講習。何晏、皇侃、邢昺、劉寶楠皆持此說。二、解為自師所傳之業,須時習之。朱熹持此解。董教授認為兩種解釋皆通,然傳而後習,與本篇首章「學而時習」句相合。以句法言,第二解較長。楊先生也解為「老師傳授我的學業」。錢先生則持第一解,且陳述了不少理由:依上文為人謀與朋友交推之,當謂己之傳於人。素不講習而傳之,此亦不忠不信,然亦惟反己省察始知。人道本於人心,人心之盡與實以否,有他人所不能知,亦非他人所能強使之者,故必貴於有反己省察之功也。此章當屬曾子晚年之言。孟子稱曾子為守約,觀此章,信矣。我認為錢先生的理由是不能成立的。這裏的「傳」是「施於人」,還是「受施於人」,當然可以依據前後文作推論,問題是推論時必須實事求是,忠於原文。「謀」、「文」〔註92〕單獨看,也和「傳」一樣,看不出是「施於人」,還是「受施於人」,作者為了明確關係,各在前面加上了修飾語「為人」、「與朋友」,這修飾語一加,就表明了「施於人」的主動性,如果「傳」真的也是表示「施於人」,理應承前例加上修飾語。而事實上並沒加修飾語,這正說明「傳」與前兩個「謀」、「交」是不一樣的,這裏是表示「受施於人」的。再從整篇來看,談的都是學習為人的道理,沒有談教學的,怎麼會在這裏突然冒出一句談教學的話來呢?錢先生的理解怕是和篇旨不合的。「晚年之言」恐是臆斷,只憑孟子稱曾子為守約,就將此章看成是「晚年之言」,說服力欠強。曾子果真晚年時如此守約的話,那麼他的德行也沒什麼了不起的,《論語》中也不會稱他為「子」了,更不會記錄他的大量的言行的。若是他早年就以此為守約,則超乎常人,該加褒揚。為此,「晚年之言」的說法也是不符合曾子實際情況的。〔註93〕

〔註91〕梁偉民:《〈論語‧學而〉首章異解新說》,《紹興師專學報(哲學社會科學版)》1995年第4期,第28頁。

〔註92〕原文作此,疑當為「交」。

〔註93〕梁偉民:《〈論語‧學而〉首章異解新說》,《紹興師專學報(哲學社會科學版)》1995年第4期,第28頁。

劉育林：因為「傳」字從「專」得聲，《魯論》故省用作「專」，漢字的省寫在古籍中是很常見的現象，一則古字音近可通假，二則早期古籍以簡牘為料，刻寫極不方便，尤其不利於速記，故書寫時能省則省。……鄭玄不以《魯論》作「專」為是，仍從《古論》作「傳」，甚當；而謝氏、包氏所解意在調和「專」、「傳」釋義，未免牽強，為宋學家慣犯詮釋過度之弊病。

觀曾子三省的內容，「為人謀」，「與朋友交」皆指施事於人而求責於己，貫通文意，「傳不習乎」也應屬此類事，即內省是否將未躬親實習之事妄傳他人，以致貽誤後學。《論語》有「溫故而知新，可以為師也」，可作此解輔證，故愚以為《集解》所云，言之成理。至宋儒朱熹又有新解，「傳，謂受之於師」，孔子曾說過「十室之邑，必有忠信如丘者焉，不如丘之好學也」，可見好學是件很難做到的事情，也是一個人難能可貴的素質，曾子以忠信自勖，又恐師傳之業有所不習，每日不忘自我省察，足見曾子之好學。《曾子·立事篇》云：「君子攻其惡，求其過，強其所不能，去私欲，從事於義，可謂學矣。日旦就業，夕而自省思以歿其身，亦可謂守業矣。君子既學之，患其不博也；既博之，患其不習也；既習之，患其無知也；既知之，患其不能行也；既行之，患其能讓也〔註94〕。君子之學，致此五者而已矣。」此為曾子「傳不習乎」自省之證。此說一出，何解漸沒，今人著文徵引此章，多依此說。究竟「傳」的意義指向是授業於人還是受業於己，恐非曾子自道則無以明辨。〔註95〕

1.5 子曰：「道千乘之國，敬事而信，節用而愛人，使民以時。」

于扶仁：《譯注》將「愛人」譯為「愛護官吏」，又注曰：「古代『人』字有廣狹兩義，廣義的『人』指一切人群；狹義的人只指士大夫以上各階層的人。這裏和『民』（使『民』以時）對言，用的是狹義。」

今按：「人」當為楊說的廣義，包括「民」在內。楊說本劉逢祿《論語述何篇》：「人謂大臣群臣。」其唯一依據是說「人」與「民」對言。但細繹原文，「愛人」是與「敬事」「節用」相並相對的，分別指對待政事（敬事）財物（節用）和人（愛人）的應有態度；也就是說，「人」是與「事」和「用」相對的，而不是與「民」相對。「使民以時」實際是對「愛人」的一個補充說

〔註94〕原文作此，疑當為「患其不能讓也」。
〔註95〕劉育林：《〈論語〉歧解成因類析及選例辨正》，曲阜師範大學，2009年碩士學位論文，第23～24頁。

明、重點強調。因為「民」是「人」的主體，「愛人」首先得愛民，而愛民的最重要的一點，就是役使有時，不要誤了農作，使他們失去生存之依據。從孔子的整個思想、特別是為政思想來看，他講「愛人」從未排斥『民』，愛民正是他一貫強調的。他講「泛愛眾」、「仁者愛人」、「眾」和「人」明顯包括『民』在內；他把「惠而不費」作為從政的重要原則，並解釋這一原則的主要精神是「因民之所利而利之」，正和「節用而愛人」意思相同：「節用」即「不費」，「愛人」即「惠」，都是要求統治者利民、愛民。《譯注》的解釋有欠於知人論世，不足為訓。〔註96〕

高敏：筆者認為，「愛人」應指愛護人民、愛護百姓。楊伯峻先生「只指士大夫以上各階層的人」之說，恐不符文意。孔子曾說「仁者愛人」、「泛愛眾而親仁」，可見，只愛一部分有地位的人，不符合孔子「泛愛眾」的思想。此章，「人」與「民」同義，節用即不揮霍浪費，是愛民的表現；適時地使喚百姓，比如農忙時讓百姓務農，保障生計，農閒時讓百姓做些其他勞動，這也是愛民的表現。〔註97〕

1.6　子曰：「弟子，入則孝，出則悌，謹而信，泛愛眾，而親仁。行有餘力，則以學文。」

于扶仁：《譯注》釋云：「弟子—— 一般有兩種意義：（甲）年紀小的人。（乙）學生。這裏用得〔註98〕是第一種意義。」「入、出：《禮記‧內則》『由命士以上，父子皆異宮』，則知這裏的『弟子』是指『命士』以上人物而言。『入』是『入父宮』，『出』是『出己宮』。」並將「出則悌」譯為：「離開自己的房子，便敬愛兄長。」

今按：「弟子」既為「年紀幼小的人」，就不可能是「命士」以上人物。「命士」即「士」，「命士」以上人物即「大夫」，幼小者怎能有此身份？楊說所引《禮記‧內則》中語，也並不能推出他所得的結論。

「入」，應指從外面回到家裏，「出」，則指離家出外。與「出則事公卿，入則事父兄」中之「出」「入」二字義同。按漢語習慣，「入」「出」二字相

〔註96〕于扶仁：《〈論語譯注〉商兌》，《煙臺師範學院學報（哲學社會科學版）》1994年第4期，第73頁。
〔註97〕高敏：《楊伯峻〈論語譯注〉獻疑》，《孔子研究》2015年第1期，第51頁。
〔註98〕原文作此「得」字。

對而言時，總是針對同一處所的，而沒有各指不同處所的說法。「入父宮」「出己宮」的解釋，正違背了這一習慣。其次，《禮記‧內則》中「父子異宮」的說法，與這裏的「入」「出」並無關係，不可據彼釋此。因為《內則》說的是中上層貴族（「命士」以上）家庭的情況，而本文則無任何迹象表明孔子是專指貴族子弟的教育。相反，孔子是以「有教無類」為特色的平民教育家。

「出則悌」的「悌」，在此是廣義地指恭敬長者，友愛諸兄。《大學》曰：「弟者，所以事長也。」《論語‧子路》：「宗族稱孝焉，鄉黨稱弟焉」正是此意。〔註99〕

1.7 子夏曰：「賢賢易色；事父母，能竭其力；事君，能致其身；與朋友交，言而有信。雖曰未學，吾必謂之學矣。」

賈延利：「賢賢易色」中的前一個「賢」用作動詞，「愛好」之義。後一個「賢」是指「賢人」，「賢賢」是說「愛好賢人」。「易」在此是「如同」「好象」之義。何以言之？

《廣雅‧釋言》：「易，如也。」王念孫疏云：「《繫辭》傳：易者，象也。象也者，像也。像即如似之意。引之云：《論語》賢賢易色，易者，如也。猶言好德如好色也。」可見，「易」是「如似」之義無疑。從全句來看，「賢賢易色」是打的比方，是說「愛好賢人如同好色一樣」。這正如《論語‧子罕》中的「吾未見好德如好色者也」的觀點相同。這也是對「賢賢易色」最好的注腳。〔註100〕

梁偉民：「賢賢易色」董教授指出，有三解：一、尊敬賢德之人，改易好色之心。二、重視妻之賢德而輕略其色，明夫婦之倫。三、好德如好色。董教授認為，「《論語》言人倫，只及君臣、父子、兄弟、朋友，未及夫婦。……似以第一解為是。第三解，因孔子曾言『吾未見好德如好色者也』，子夏承之，亦有可能。故可備一說。」錢先生持一解，楊先生持二解。楊先生的理由如下：「奴隸社會和封建社會把夫妻間關係看得極重，認為是『人倫之始』和『王化之基』，這裏開始便談到它，是不足為奇的。」一解與二解的分歧在於夫婦

〔註99〕于扶仁：《〈論語譯注〉商兌》，《煙臺師範學院學報（哲學社會科學版）》1994年第4期，第73～74頁。
〔註100〕賈延利：《〈論語〉析疑三則》，《孔子研究》1989年第3期，第128頁。

之倫，董教授認為《論語》未言及夫婦之倫，楊先生認為已言及夫婦之倫。考查《論語》，的確未言及夫婦之倫，楊先生承陳祖範、宋翔鳳之說，是以《詩經》解《論語》，不足信。三解也不足信，《論語》用「易」十二次，皆不作「如」用，以《廣雅・釋言》證《論語》，不足信，不及《論語》證《論語》可信。且「好德如好色」也不值得贊許，「好色」不當會失德，「好德」怎可失德呢？總之，第一解是比較可信的。〔註101〕

劉育林：相比較而言，《論語集解義疏》所存別解認為「欲尊重此賢人，當改易其平常之色，更起莊敬之容」，此說更為精當，理由如次：首先，「賢賢」可釋為「尊敬賢者」，二字構成一個意動用法（前文有述），與「君君」、「臣臣」、「父父」、「子子」等短語結構一致，此種句式在先秦漢語中很常見，因而「賢賢」疊用合乎語法規範。同時，儒家所推崇的君子之道，不僅在家裏要做到孝悌仁厚，而且在外面要做到「尊賢而容眾，嘉善而矜不能」（《子張》），可知「尊賢」是儒家君子所必須具備的人格特徵，將「賢賢」與後文的「事父母」、「事君」、「與朋友交」這些儒家認為極其重要的事情放在一起論述符合孔子的主張。其次，《論語》中的「色」論很多，除此之外，還有17處之多，其中有13處與「臉色、表情」相關，例如，《鄉黨》有：「君召使擯，色勃如也」、「過位，色勃如也，足躩如也，其言似不足者」、「勃如戰色，足蹜蹜如有循」、「享禮，有容色」、「有盛饌，必變色而作。迅雷風烈必變」等，皆為孔子在不同的情勢下所表現出的不同臉色態度，體現了他的禮儀思想。既然孔子在朝堂上、交際場合、甚至遇見迅雷烈風都會改變神色，那麼見到賢者，改易平常之色，更起莊重之容，也就不足為奇了，因此，「賢賢易色」不僅體現儒家對賢德的尊崇，對人才的重視，同樣也應該是孔子禮治思想的一個重要方面。最後，此章中子夏另外所言的「竭其力」、「致其身」、「言而有信」皆為「事父母」、「事君」、「與朋友交」的一種態度，而「易色」也是對待賢人的一種態度，與整句話的敘事情理邏輯相一致。由此，「賢賢易色」逐字可釋為「尊敬賢德，則改易平常之色」。〔註102〕

〔註101〕梁偉民：《〈論語・學而〉首章異解新說》，《紹興師專學報（哲學社會科學版）》1995年第4期，第28頁。
〔註102〕劉育林：《〈論語〉歧解成因類析及選例辨正》，曲阜師範大學，2009年碩士學位論文，第25～26頁。

　　高敏：諸家所釋，似乎皆乖違文意，唯皇侃《論語集解義疏》所引「一通云：上賢字，猶尊重也。下賢字，謂賢人也。言若欲尊重此賢人，則當改易其平常之色，更起莊敬之容也」符合子夏語意。該句是談對待賢者的態度。前「賢」字，是意動用法，有「尊重」義；後「賢」字，是名詞，指賢人。直譯的話，即「賢其賢者，改變容色」；意譯的話，即「尊重賢德之人，應改易平常之容色為尊重之容色」。「賢」字的動詞用法，古籍有之，如《禮記·禮運》：「以賢勇知，以功為己。」孔穎達疏：「賢，猶崇重也。」《新唐書·姚崇傳》：「崇奏決若流，武后賢之，即拜侍郎。」「色」，不是指妻子，如果是指妻子的話，依下文「父母」、「君」、「朋友」之行文風格，必會指明「妻子」。再說，儒家重德，把對待賢者的態度放在首位，是符合儒家思想的。如果把「色」理解為妻子，則是把對待妻子的態度放在了對待父母和君的態度之前，顯然是悖理的。至於「賢賢易色」一語與後面幾句的關係，很明顯，是統屬關係。前者為對待賢者的態度，後面的「事父母，能竭其力；事君，能致其身；與朋友交，言而有信」是羅列賢者的善行表現。具備這些善行的賢者，都是值得肅然起敬的。〔註103〕

　　陸衛明、曹宏、林靜選：其實，本句中的「色」應作臉色解。正如孔子講到孝道時說的「色難」的色。此句的意思是，禮賢賢士要心懷敬意，肅然起敬。〔註104〕

　　廖名春：「賢賢易色」是講尊賢的問題。《呂氏春秋·有始覽·謹聽》的「見賢者而不聳，則不惕於心。不惕於心，則知之不深」和帛書《五行》篇的「見賢人而不色然，不知其所以為之，故謂之不智」正可參考。因此，這裏的「易」當讀為「惕」，訓為「愛」、「悅」，也就是喜愛；「色」則像《為政》篇「色難」之「色」、帛書《五行》篇「色然」之「色」一樣，與「容色」、「姿色」無關，當讀為「凝」，訓為「敬」。所謂「賢賢，易色」，是說「賢賢」，就要對「賢者」喜愛之，敬重之。有了這種態度，雖然沒有「學」的名義，但子夏認為這才是真正的「學」。〔註105〕

〔註103〕高敏：《〈論語〉疑難句辨惑六則》，《齊魯學刊》2013年第6期，第10~11頁。

〔註104〕陸衛明、曹宏、林靜選：《關於〈論語〉的若干疑難問題闡析》，《西安交通大學學報（社會科學版）》2016年第4期，第120頁。

〔註105〕廖名春：《〈論語〉新解——從出土與傳世文獻談起》，《人民政協報》，2017年4月10日第011版。

1.8 子曰：「君子不重，則不威；學則不固。主忠信。無友不如己者。過，則勿憚改。」

（1）學則不固

梁偉民：董教授指出，「固」有二解：一、蔽固。二、堅固。董教授認為，「厚重與堅固意極連貫，似以第二說為是。」楊先生解為「鞏固」。錢先生解為「固陋」，理由是：「本章五句分指五事，似當從後解（即從「固陋」）。」我認為楊先生的解釋是對的，錢先生的解釋不足信。孤立地看，這章似在說五事，「學則不固」可自成一句，但是錢先生忽略了一個「則」字，這「則」字將前後兩句聯繫起來了，構成了一個複句：君子如果不莊重，就沒有威嚴；這樣的話，即使學習，所學的也不會鞏固的。楊說注意到了「則」的連貫作用，因此可信。「則」在《論語》中或表示因果、假設、條件關係，或表示並列關係、轉折關係，都起到了將兩件事前後聯繫起來的作用。為此，「學則不固」是不能自成一句的，它只有和「君子不重則不威」聯繫起來才能組成句子。錢說沒注意到「則」字這一特性，因而作出了不切實際的解釋。〔註106〕

宋鋼：按：「不重則不威」通；「學則不固」不通且不完整。一個人神色莊重、態度鄭重，才有威儀、威風。《論語》中句式相同而又緊挨著的句子很多，它們在意思上或有關聯而遞近，或無關聯而並列。此處兩句顯然是並列關係，那麼，「學」前當失一「不」字，即是不學則不固。是說一個人不學習，知識就不會穩固。

蕭民元認為「『學則不固』裏面應該有一個逗點，即『學，則不固』。這就是說，君子從事於學，就不會犯『固』的毛病了。」〔註107〕蕭氏儘管發現了問題，但釋「固」為「勿固、勿意」之「固」，乃郢書燕說，不知所云。

陳澧曰：「然則學之當重而固也。」〔註108〕此言「學之當重而固」，依此，必是不學則不固也。〔註109〕

〔註106〕梁偉民：《〈論語·學而〉首章異解新說》，《紹興師專學報（哲學社會科學版）》1995年第4期，第29頁。
〔註107〕原註：蕭民元. 論語辨惑〔M〕. 北京：中國社會科學出版社，2001，第6頁。
〔註108〕原註：陳澧. 東塾讀書記〔M〕. 北京：生活·讀書·新知三聯書店，1998，第9頁。
〔註109〕宋鋼：《〈論語〉疑義舉例》，《貴州大學學報（社會科學版）》2005年第2期，第108頁。

劉育林：此章歧解固然是由「固」字的意義訓解不同而造成的，同時也與上下兩句意義是否貫連相關。若以上下句意勾連說解此章，「學」則是在「君子不重」狀態下的行為，言不重不威之人，懶散懈怠，其所學必不能牢固，因而將「固」釋為「堅固、牢固」更合義理。若將「君子不重則不威」與「學則不固」看作並列句，二者句意並不勾連，則孔氏訓解更為恰當，言學可以使人知禮知義，不致固蔽無知；《曲禮》有「輟朝而顧，君子謂之固」，鄭玄注《禮記》時將「固」字解釋為不達於禮、固陋無禮。焦循以此認為：「不達於禮是為蔽塞不通，此「固」所以為蔽也，不學故不達禮，學則達於禮，不固者，達於禮也。」〔註110〕鄭注恰為孔注輔證。漢儒去古未遠，孔安國最早為《古文論語》訓解，鄭玄遍注群經，為漢學的傑出代表，此二人訓解應該最能得《論語》古義。考之《論語》本書，漢儒所訓亦能與孔子其它言論相應，《陽貨》篇孔子有「六言六蔽」之論：「好仁不好學，其蔽也愚；……好剛不好學，其蔽也狂。」可見，固蔽實皆源於不好學，學則不致有所固蔽。除此之外，《述而》篇有「奢則不孫，儉則固。與其不孫也，寧固。」此「固」字，亦訓為「固蔽、固陋」，隨著漢語的發展演進，此義項漸被淹沒，後人以「固」字常用義項訓解，多失其本旨。〔註111〕

陳飴媛：那麼「固」應訓為何？楊樹達在《論語疏證》中的理解最為合理「學則不固，謂人能學則不至於固陋鄙倍也。」並且他引《廣雅・釋言》云：「固，陋也。」《禮記・哀公問》曰：「公曰：『寡人固，不固，焉得聞此言也？』」鄭玄注釋「固」為「固陋」。劉寶楠的《論語正義》中也引鄭注《曲禮》云：「固謂不達於理也。」注《祭義》云：「固，猶質陋也。皆蔽塞之義。」所以我們也認為在此「固」應訓為「陋」。這句話的大意為：君子不敦重就不威嚴，學習了就不會鄙陋。〔註112〕

（2）主忠信

梁偉民：「主忠信」有二解：一、親近忠信之人。二、以忠信為主。董教授持二解，錢先生也持二解，楊先生也持二解。楊先生說：「《顏淵篇》（12.10）

〔註110〕原註：〔清〕焦循. 論語補疏（皇清經解本）〔M〕. 無求備齋論語集成〔Z〕. 臺北：臺灣藝文印書館，1996，第 3 頁。

〔註111〕劉育林：《〈論語〉歧解成因類析及選例辨正》，曲阜師範大學，2009 年碩士學位論文，第 26～27 頁。

〔註112〕陳飴媛：《〈論語〉札記二則》，《科技信息》2009 年第 20 期，第 474 頁。

也說，『主忠信，徙義，崇德也』，可見『忠信』是道德。」楊先生的論據，出自同一書，且是相同的三個字，為此說服力頗強。若解為「親近忠信之人」，正如劉寶楠所講的那樣：「注意謂人當親近有德，所謂勝己者也。然下文復言無友不如己者，於意似重，或未必然。」〔註113〕

張俊成：筆者認為此章「主」訓為「守」更合文意，「主忠信」即遵守忠信之德。《廣雅・釋詁》：「主，守也。」《文選・招魂》：「主此盛德兮，牽於俗而蕪穢。」劉良注：「主，守也。」當然，此處「主」亦可理解為「崇尚」之意。《國語・晉語》：「陽子華而不實，主言而無謀，是以難及其身。」韋昭注：「主，尚也。」無論訓為「守」或「尚」，意義均暢曉。總之，此處之「主」當訓為「守」或「尚」，「忠信」當指「忠信之德」而非「忠信之人」。〔註114〕

（3）無友不如己者

黔容：所以這句話中最關鍵的那個「如」字，仍需要另外訓解。且翻一下《說文》，它這樣說：「如，從隨也。」按這種解釋，「不如己」就是不順從自己。順從什麼？順從心意。現在也還有「如意」、「不如意」的說法，可供參考。但這裏的「不如己意」，不能和志趣不一致和不同道混為一談，因為這裏講的是道德問題（待後說明），而不是政治路線和人生的道路，而其主體是君子，所以這個不如己意的是為君子看不中的人，必是道德不高的人。孔子說：「益者三友，損者三友：友直，友諒，友多聞，益矣；友便辟，友善柔，友便佞，損矣。」（《季氏》）「損者三友」就是這號的人。過去有的注家也看到這一點，劉寶楠《論語正義》曾為指出，看來「不如己者」就是「不仁之人」。〔註115〕

梁偉民：「無友不如己者」有二解：一、不與才德不及己者為友。朱熹持此說。二、不與類己者為友。黃式三持此說。董教授持一解，楊先生避而不談，錢先生持一解。批評一解的人說，人人不與才德不及己者為友，那麼，怎樣得到優於己者而友之呢？黃式三就是如此批評的。我認為黃式三的批評是不對的，對於天下所有的人而言「無友不如己者」，自然會發生「無人為友」的情況，

〔註113〕梁偉民：《〈論語・學而〉首章異解新說》，《紹興師專學報（哲學社會科學版）》1995年第4期，第29頁。

〔註114〕張俊成：《〈論語譯注〉商榷三則》，《孔子研究》2011年第4期，第75頁。

〔註115〕黔容：《對「無友不如己者」辨疑的商兌》，《孔子研究》1988年第3期，第124頁。

而孔子是不可能對天下所有的人言「無友不如己者」，他只能對他的學生言，為此，在他所言的範圍內是不會發生「無人為友」的情況的。孔子交友主張「見賢思齊」，「擇善而從之」，為此，作第一解是符合孔子的一貫主張的。〔註116〕

李尚儒：《周易・象傳》云：「風雷益，君子以見善則遷，有過則改。」孔子所云：「主忠信，無友不如己者，過則勿憚改」正與《周易・象傳》之旨深相契合。「無友不如己者」乃上比求進，見賢思齊，正與「見善則遷」同旨；而「過則無〔註117〕憚改」正與「有過則改」同旨。「遷善改過」為人生之重大修養。晚清碩儒曾國藩云：「凡人一身，只有『遷善改過』四字可靠；……務求為善之實。」「遷善改過」乃人生中最為真實，最易得益之修養功夫，為孔門聖學之精髓所在。「主忠信」乃屬孔學之名，只有腳踏實地「遷善改過」方得孔學之實。顏子之四勿，曾子之三省，遽〔註118〕伯玉之寡過，皆是抱定此「遷善改過」之旨，而真修篤行。

孔子曰：「中人以上，可以語上；中人以下，不可以語上也。」人生資質不同，學問涵養各異，教育之方，亦須因人而異，因材施教。人處在不同的階段，亦須因時制宜，採取不同的處世方法。孔子講「無友不如己者」乃是針對學養未足，其力未充之未成德君子，於其不足以利人之時，先須以自利為主。人能自度，然後方能度人，否則自身不保，何能度人。《說苑・雜言》孔子曰：「與善人居，如入蘭芷之室，……君子慎所藏。」君子未成其德，未能化人，而易為惡友所化；扶人不暇，反為不如己者所累。以致顛倒債事，故恐懼乎不如己者也。成德君子，學養既足，其力充盛，堪能利人濟眾。此時則不以「不如己者」為懼。而須「泛愛眾，而親仁」，「不如己者」則當扶之，教之，正孔子之所謂「有教無類」是也。

或以「無友不如己者」為人情勢利，鄙視遠離不如己者。《論語》云：「子欲居九夷。或曰：『陋，如之何？』子曰：『君子居之，何陋之有。』」閉塞落後的蠻夷之地，孔子亦樂居之，足見孔子不曾有輕人之心。對不如己者，孔子尚欲主動往而教化，豈有鄙視遠離之意？行化九夷，須勇健有力的成德君子方堪任之，初學自顧不暇，居夷適成自陷。

〔註116〕梁偉民：《〈論語・學而〉首章異解新說》，《紹興師專學報（哲學社會科學版）》1995年第4期，第29頁。
〔註117〕原文作「無」，疑當為「勿」。
〔註118〕原文作此字，疑當為「蘧」。

《毛詩・巷伯傳》：「魯人有男子，獨處於室，鄰之嫠婦，又獨處於室。夜暴風雨至，而室壞，婦人趨而託之，男子閉戶而不納。婦人自牖與之言曰：『子何為不納我乎？』男子曰：『吾聞之也，男子不六十，不閒居。今子幼，吾亦幼，不可以納子。』婦人曰：『子何不若柳下惠然，嫗不逮門之女，國人不稱其亂。』男子曰：『柳下惠固可，吾固不可。吾將以吾不可，學柳下惠之可。』孔子曰：『欲學柳下惠者，未有似於是者也。』」以「吾固不可」，循序漸進，才能真正學到「柳下惠固可」。故此魯男子的學習方法，受到孔子高度稱贊。而欲學孔門「友天下之善士」，當須從「無友不如己者」處做起。〔註119〕

孫景龍、劉旭芳：我覺得，還是把「友」看作謂語比較好。「無」是禁止之辭，作狀語，「不如己者」是名詞性短語，作「友」的賓語，整個語句的組合形式是「狀語＋謂語＋賓語」，符合漢語言常見的結構組合形式。解讀這句話的關鍵是怎樣理解「者」字。「者」，非謂某全人，而是人之某個方面，亦「見不賢而內自省」之意。與某結友，非「友其不如己者」也。人無完人，任何人都有所長和所短，友其長不友其短。若友其短，則無進取矣。這樣理解，「無友不如己者」也是「君子」所宜然，與本章其他語句立意協調一致，也符合民族語言思維習慣。〔註120〕

由文平：「無友不如己者」的釋義不僅在「無」字，還有對「如」的理解。從語法角度看，此句主語承上省略，「友」名動化做謂語，「者」為賓語，上面所列舉的注疏，實質上都忽略了對定語「不如己」的重視，自覺不自覺地用現代語意去理解「不如」二字，忽略了古文單音節字的特點。許慎《說文解字》中對如字釋義為：「如，從隨也。從女從口。徐鍇曰：『女子從父之教，從夫之命，故從口，會意。人諸切。』」段玉裁《說文解字段注》：「從隨者。『從隨，即隨從也。隨從必以口。從女者，女子從人者也，幼從父兄，嫁從夫，夫死從子。故《白虎通》曰：女者，如也，引申之凡相似曰如。凡有所往曰如。皆從隨之引申也。」可知「如」的基本義是去，引申義有「相似」之意。臺灣學者傅佩榮先生基本採納這個意思，理解基本正確。他說：「不與

〔註119〕李尚儒：《「無友不如己者」辨疑》，《求索》2004年第8期，第143～144頁。
〔註120〕孫景龍、劉旭芳：《〈論語〉讀解辨疑八則》，《承德民族師專學報》2009年第1期，第12頁。

志趣不相似的人交往。」注釋說:「無友不如己者:如是相似的意思,不能說成比較。」〔註121〕下面在此基礎上加以闡釋說明。

「無友不如己者」,「無」通「毋」,「如」,是「如同」、「相似」的意思。這裏是指在理想追求,志趣方面,不是指道德水平。「不如己者」就是「與自己不志同道合的人」。這樣全章意義便非常順暢,翻譯過來就是:

孔子說:「君子如果不嚴肅不穩重,就沒有權威和威信,所學習的東西就不穩固。要堅持以忠誠守信為主,不要交往那些與自己不志同道合的人,有了錯誤就不要怕改正。」

還要說明一點,《論語》篇章的編排在內容上有聯繫,《學而》篇十六章,主旨是首章三句。而這裏的「如己」之人,實際指的就是首章「有朋自遠方來」的「朋」。「同志為朋,同學為友」,就是指志同道合者,絕非一般理解的朋友之意。因此,可以斷定,孔子這裏說的「無友不如己者」,就是指不要結交那些與自己志趣、志向不相同的人。〔註122〕

朱楚宏、毛緒濤:《論語》原文有特定的話題限制。朱熹解釋說:「友以輔仁,不如己,則無益而有損。」(《論語集注》卷一)上比求進,見賢思齊,就不應「友不如己者」。〔註123〕《群書治要》引徐幹《中論》說:「君子不友不如己者,非羞彼而大我也;不如己者,須己慎者也。然則扶人不暇,將誰相我哉?吾之僨(音奮,失敗)也,亦無日矣!」(君子不和不如自己的人交朋友,不是貶抑別人抬高自己。是說和不如自己的人交朋友,需要慎重。不然的話,忙於扶助別人,一點空暇的時間也沒有,那麼誰來幫助我呢?我的失敗,也就用不了多久了。)《韓詩外傳》(卷七):「南假子曰:『夫高比,所以廣德也;下比,所以狹行也。比於善者,自進之階;比於惡者,自退之原也。』」〔註124〕(南假子說:交結德行高尚的人,能夠拓寬自己的德行。交結德行低下的人,能使自己的德行狹小。交結善人,可使自己進步;交結壞人,是自己退步的原因。)

〔註121〕原註:傅佩榮:《解讀論語》,上海:上海三聯書店,2007年,第7頁。
〔註122〕由文平:《〈論語〉「無友不如己者」本義考辨》,《社會科學輯刊》2010年第6期,第262頁。
〔註123〕原註:李尚儒.「無友不如己者」辨疑〔J〕.求索,2004(8).
〔註124〕原註:北京師聯教育科學研究所.孔丘儒家教育思想與《論語》選讀(第一輯第一卷)〔M〕.北京:中國環境科學出版社,學苑音像出版社,2006.

　　也就是說，孔子是在告誡君子成就仁德、謹慎交友的語境下提出「無友不如己」的。篇章語境制約下的意義，超出了語句的字面意義，比較靈活，容易產生歧義，注釋中可以存疑。楊伯峻先生在《論語譯注》中將「無友不如己者」譯成「不要跟不如自己的人交朋友」，就另加了一條注釋：「古今人對這一句發生不少懷疑，因而有一些不同的解釋。譯文只就字面譯出。」〔註125〕

　　朱長利：文言版《說文解字》：「如，從隨也。」本義是女子應諾男子的要求，引申為依照，順從。如：如願，如意，如法炮製。遞進引申為「像，相似，同什麼一樣」：如此，如是，如同，如故，如初，遊人如織。

　　　　如，若也。──《廣雅》
　　　　日初出大如車蓋。──《列子·湯問》
　　　　……

　　進一步引申為「比得上，及」：百聞不如一見，自嘆弗如。

　　由此看來，「如」字「像、似、相似、類似」的意義要比「及、比得上」的意義早出。……

　　從《論語·學而》第八章及《論語·子罕》第二十五章可以看出，「無」通「毋」，禁止辭。……

　　白話版《說文解字》：友，志趣相投稱「友」。字形採用兩個「又」會義，像兩人交手相握，彼此友好。

　　① 本義，動詞：兩人結交，協力互助。
　　　　……

　　② 引申為名詞：合作者，志同道合者。
　　　　……

　　關於「友」在古典文獻中的運用，從詞性劃分上看，「友」一類作名詞用，一類作動詞用。「友」作名詞用時，一般作「同志」「兄弟」「朋友」等解；作動詞用時，一般作「親」「親近」「敬」「愛」「相有」「佑」等解。有學者把「友」誤釋為名詞「朋友」，這樣一來，「無」相應只能作「沒有」解，但全句末的指代詞「者」就講不通了。

〔註125〕朱楚宏、毛緒濤：《〈論語〉釋疑二則》，《長江大學學報（社會科學版）》2012年第12期，第72頁。

儒家注重「修身」，而「交友」是「修身」的重要途徑。人在社會中不能孤立存在，除了自己的家庭，還需要在朋友中間尋找歸屬感。朋友之間沒有天然的血親關係來維繫，純粹的友情總是靠共同的價值取向予以維繫。朋友同時也是良師，可以幫助我們提高自己的品德修養；朋友更是難得的助手，當我們要實現某種崇高的價值或理想時，志同道合的朋友的幫助更是不可缺少的。孔子認為，在選擇朋友的問題上要慎重，交友必須交德才兼備的人，只有這樣才能見賢思齊，有道而正；要同正直的人、忠信誠實的人和見識廣博的人交朋友，不同諂媚的人、背後毀謗的人和誇誇其談的人交朋友。

不如己者，不類乎己，所謂「道不同不相為謀」也。所以把「無友不如己者」譯為：不要同與自己不同道的人（即不重忠信的人）交朋友，較合孔子原意。這應該是一種能夠統一於《論語》整體思想觀念的詮釋。

從整篇整章來把握孔子言論的主旨，重視上下文的「語境」，對於準確理解孔子思想是必要的。要正確理解這句話，就要把握「主忠信」這個前提，合解「主忠信，無友不如己者」。就是說，君子以忠信為重，不要與不重視忠信的人交朋友。〔註126〕

井超：筆者認為，孔子所說的「不如己」，是道德不如自己。假如我們以自己為參照，把朋友按照德和才兩種標準來分，那麼會有四種情況：一是德才兼優；二是德劭才低；三是才高德薄；四是無德無才。德才兼優的人是我們的楷模，我們需要和這種人做朋友。而餘下三種，我們自然要同德劭之人交朋友。為什麼？我們可以從以下幾個例子來理解：

1. 孔子在《論語》中多次講到交朋友，他說的最經典的話是：「益者三友，損者三友。友直，友諒，友多聞，益矣。友便辟，友善柔，友便佞，損矣。」（《論語·季氏》）……從孔子判斷益友、損友的話中，我們可以看到，除了「多聞」，其餘五點全與道德有關。特別是判斷損友的標準，更無一不是從道德角度出發的。而且就本句所在章節來看，也是講的道德。所以筆者認為，所謂「不如己」，是道德不如己，而非其他。

2. 《論語·里仁》篇第17章也提到賢德的問題。「子曰：『見賢思齊焉，見不賢而內自省也。』」孔子認為，我們見到有賢能的人，就要向他看齊，見

<hr/>

〔註126〕朱長利：《〈論語〉「無友不如己者」疑義辨析》，《現代語文（學術綜合版）》2014年第7期，第143、144頁。

到不賢能的人，就要反省自身，看有沒有類似不賢的毛病。可見，孔子把賢德看成很高的學習標準。

3.《論語·顏淵》篇第24章說道：「曾子曰：『君子以文會友，以友輔仁。』」曾子是孔子的學生，孔門十哲之一。他認為，君子用文章來同朋友相會，靠交朋友來幫助自己培養道德。這句話很好地從反面說明了「不如己」是道德不如己。

喜歡邏輯推理的人，看到這句話，一定會像蘇軾一樣，進行以下推論：「如必勝己而後友，則勝己者亦不與吾友矣。」〔註127〕……照此推論，「無友不如己者」顯然是個假命題。朱熹在教授學生時，就遇到了學生拿蘇軾的這個觀點去問他，他為了繞開這個悖論，提出了自己的解釋。《朱子語類》記載，學生問：「必擇勝己者為友，則勝己者必以我為不如己，而不吾友矣。」朱熹答道：「但不可求不如己者，及其來也，又焉得而卻之。我去求勝己者為友，則不如己者又來求我。」〔註128〕……

……實際上，「無友不如己者」不是假命題。無論是蘇軾的推理還是朱子的解釋都忽略了一個問題：「無友不如己者」只是孔子的一個告誡。……

綜上所述，筆者認為朱熹對「無友不如己者」的解釋較為合理，但是應該加以限定，可以這樣理解：（孔夫子勉勵自己的學生）不要和（道德）不如自己的人交往。〔註129〕

程永凱：綜上所述，筆者認為，傳統的解釋並沒有錯誤，這句話就應該翻譯成「不要結交不如自己的人為朋友」。……

在對「無友不如己者」這句話的翻譯上，筆者推崇楊伯峻先生的做法，他將這句話譯為：「不要跟不如自己的人交朋友。」並且說：「只就字面譯出。」「只就字面譯出」，這就夠了，不用再加上自己的擔心。解釋得太多，看似很有道理，其實正顯示出對自己翻譯的不自信。〔註130〕

陸衛明、曹宏、林靜選：在古漢語中，無與毋是可以通用作動詞解的，如孟子說的：「無為其所不為，無欲其所不欲」（《孟子·盡心上》）。根據上

〔註127〕原註：（元）陳天祥：《四書辨疑》，《四庫全書》本。

〔註128〕原註：（宋）黎靖德輯：《朱子語類》，明成化九年陳煒刻本。

〔註129〕井超：《〈論語〉「無友不如己者」新解》，《名作欣賞》2014年第26期，第148頁。

〔註130〕程永凱：《也談「無友不如己者」》，《新鄉學院學報》2016年第4期，第49頁。

文「主忠信」中的「主」是動詞，那麼「無友」也必然是動詞，就是不要與什麼樣的人為友的意思，不是「沒有朋友」的意思。此句關鍵在於對「不如己」怎麼理解。其實「不如己者」中的「如」應作「類」解，「不如己」應釋為「不類於己」。就是說不要與非志同道合者為友。正所謂「道不同，不相為謀也」。〔註 131〕

楊曉麗：綜上，「無友不如己者」句中，「無……有」是固定搭配，表示肯定，可釋讀為「皆、全」；「者」是句末語氣助詞；「如」當解為「像、類似」。「無友不如己者」即「友皆如己」。

……

在古代文獻中，「友」有其特定的意蘊內涵。《說文》：「同志為友。」「亦取二人如左右手也。」〔註 132〕「友」指「同志」，即具有相同或類似之「志」的人。

「志」本義為「意」，指內心的波動，涉及想法和情感。《說文》：「志，意也。」「意，志也。從心察言而知意也。」〔註 133〕《春秋說題辭》：「思慮為志。」〔註 134〕「志」與「情」本互為表裏，「志」中含「情」，內心的波動必然涉及情感的變動。《左傳‧昭公二十五年》：「是故審則宜類，以制六志。」孔穎達疏：「此六志，《禮記》謂之六情。在己為情，情動為志，情志一也。」〔註 135〕可知，「志」是含情之心，是內心的情感波動，與「情」密不可分。春秋戰國以來，「志」的含義在逐漸發生變化，從其本義出發引申擴展，開始具有「志向抱負」的含義。春秋戰國士人普遍引詩言志，此「志」不僅指內心的情緒情感，還指志向抱負。《莊子‧天下》：「詩以道志。」《文選》李善注：「詩以言志，故曰緣情。」孔子時代，「志」既指內心的情感，亦指志向抱負。

由上，春秋戰國時期，「同志」有兩層含義，其一指心意相通、想法相合，且懷有共同的感情。其二指具有相同的志向抱負。「友」的特徵至少具備二者之一，即或與己心意想法相通，或與己有共同的理想抱負，或既與己心意相

〔註 131〕陸衛明、曹宏、林靜選：《關於〈論語〉的若干疑難問題闡析》，《西安交通大學學報（社會科學版）》2016 年第 4 期，第 120 頁。

〔註 132〕原註：段玉裁. 說文解字注〔M〕. 上海：上海古籍出版社，1981：116.

〔註 133〕原註：段玉裁. 說文解字注〔M〕. 上海：上海古籍出版社，1981：502.

〔註 134〕原註：參見宗福邦等主編. 故訓匯纂〔M〕. 北京：商務印書館，2003：771.

〔註 135〕原註：春秋左傳正義〔M〕. 阮元. 十三經注疏〔M〕. 北京：中華書局，1980：2108.

通又有共同的理想抱負。「無友不如己者」所指之「友」，當指與孔子有共同的心意想法或理想抱負之人。

什麼樣的人才能被孔子認為是「同志」，是「友」呢。《論語》是孔子思想的直接材料〔註136〕，孔子對「友」的認識可從《論語》中尋求。考諸《論語》，孔子數次提及「友」。《顏淵》：「子貢問友。子曰：『忠告而善道之，不可則止，毋自辱焉。』」……上述引文中，孔子所認可的「友」具有忠仁多聞、直言善導、寬恕諒解、踏實可靠、不怨不匿等特徵。但《論語》對「友」的討論只涉及「友」的一般特性，沒有具體所指，且多作為對孔門弟子交友選擇的告誡之辭，不能以此判斷孔子理想中的「友」。筆者認為縱觀《論語》的記述，孔子心目中的「友」直指周公。

《論語・泰伯》中稱「周公之才之美。」《論語・述而》：「甚矣吾衰也！久矣吾不復夢見周公。」何晏《集解》：「孔子衰老，不復夢見周公，明盛時夢見周公，欲行其道也。」孔子對周公的稱揚源於周公對周代禮樂文明的巨大貢獻。孔子之「欲行其道」乃步追周公制禮作樂之盛明且致力於復興周禮的努力。

……

由上，孔子終身致力於對周公所建立的周代禮樂制度的追戀推行，充分說明其志向之所在是步追周公，向禮樂文明趨向靠攏。所以我們認為，孔子之「志」是復興周禮，孔子心中所認可的「友」，是周公。「無友不如己者」其實是孔子期望「友皆如己」的美好願望，是孔子強調復興周禮的一貫主張，體現孔子對以周公為代表的禮樂文明制度的高度認同與終身踐行。〔註137〕

朱亞坤：就「無友不如己者」及其所在篇章而言，孔子力圖在具體語境中給說話對象的交友行為以一定的經驗性指導，其意向是規範、實用和建構性的。然而這一交往實踐一旦被簡化成為對話內容的文字記錄，就逐漸地從局部有限性超脫出來，從具體變成抽象，不可避免地變成了一個開放性的話語現實。……

孔子十分重視朋友對人生的重要意義。在他看來，與志同道合的人往來，是人生的一大樂事。「有朋自遠方來，不亦樂乎？」「居而得賢友，福之次也。」

〔註136〕原註：李學勤. 周禮溯源〔M〕. 成都：巴蜀書社，2006：65.

〔註137〕楊曉麗：《「無友不如己者」與孔子「宗周之夢」的文化解讀》，《科學經濟社會》2018年第1期，第116、117頁。

〔註138〕也正是朋友的重要性，才應該對朋友交往做出選擇，在他看來，「益者三友，損者三友。友直，友諒，友多聞，益矣。友便辟，友善柔，友便佞，損矣」。因此要區分損友和益友，「擇其善者而從之」。但並不僅僅是以自己的利益為準則，孔子還強調對朋友的責任：朋友死，無所歸，曰：「於我殯。」孔子志在「老者安之，朋友信之，少者懷之」，即將朋友之間的信任關係當作是理想人生的一個重要部分。

不難發現，孔子朋友觀大都是情境式的對話片段，不是一個系統的、統一的和穩定的思想體系。它本身並非孔子有意在理論智識上試圖建構的一個完美無缺的知識框架，而是處在不同情境中有不同的含義指涉的思想集合體。在這一思想集合體中，抽象觀念層次上不同甚至相悖的論點在具體情境中卻會發生得相當自然，並有十分具體和鮮活的實踐意義。〔註139〕

（4）過則勿憚改

梁偉民：「過則勿憚改」亦有二解：一、己若有過，無畏難於更改。二、交友過誤，則改易其人。董教授持一說，「既知交友有誤，何難即改，惟己過為難改也。」楊先生也持一說。錢先生亦同。我認為一說是對的，而二說是不足信的。交友無所謂「誤」，孔子在《述而篇》曾說過：「三人行，必有我師焉，擇其善者而從之，其不善者而改之。」幾個人一塊走路，能取長避短，更何況交友呢？交友更會取長補短了，故二解不符合孔子思想，非也。〔註140〕

（5）整章的理解

黔容：從文義來看，這一章講的是君子要「重」的問題。「重」是自重一詞的簡括。通章分做兩半，前半章從反面講述君子不自重之害，其害是「不威」和「學不能固」。後半章講的是自重之道，具體條件有三條：一、「主忠信」，就是說，要堅守忠信以待人（商同志〔註141〕取鄭注「主，親也」之義，解為要接近忠信的人，也能通。但如劉寶楠上舉書之所體會，「言忠信在己不

〔註138〕原註：孟慶祥、孟繁紅：《孔子集語譯注》（上），黑龍江人民出版社，2003年版，第286頁。

〔註139〕朱亞坤：《〈論語〉「無友不如己者」的多元闡釋與實踐的哲學反思》，《東南學術》2018年第4期，第214、216頁。

〔註140〕梁偉民：《〈論語‧學而〉首章異解新說》，《紹興師專學報（哲學社會科學版）》1995年第4期，第29頁。

〔註141〕指商聚德先生。商先生於《〈論語〉辯疑二則》（《孔子研究》1987年第2期）一文中有談到其對《論語》此章的理解問題。

在人」，還以這樣解釋比較合適）。二、「無友不如己者」，就是說，不和一些不三不四的人來往。三、「過則勿憚改」，就是說，有了過錯勇於改正。這裏包括了對人和對己，總括起來無非是束身自好的道德修養，這樣便做到了自重，也正是這一段的合理解釋。〔註142〕

李全祥：筆者認為，本語錄似乎可以這樣斷句讀。

「君子不重，則不威；學則不固。主忠信，無友不如己者過，則勿憚改」。

譯文：「君子不重實學，就建立不起威信、威望。只有通過不知疲倦地紮實學習，才不使自己孤陋寡聞。（要結友共學）交友以忠和信兩種道德主腦（宗旨）。（那種）不願結交不如自己的人，是不對的，那麼就不要怕改正過來」。

這個句子，從內容上總的看來分兩層表現一個中心論題，那就是強調「重實學」。

「君子不重，則不威；學則不固」為第一層，從重實學的反面入手，指出不重實學的危害，接著正面提出紮實學習的好處。「主忠信，無友不如己者過，則勿憚改」為第二層，從結友共學的正確態度，遞進說明怎樣重實學，指出重實學的一個重要途徑。這樣解釋比較符合孔子那種一貫循循善誘的作風，和他「學而不厭，誨人不倦」的風範。他總是有針對性地啟發教育學生。這可能是他針對當時某些學生不重實學，輕薄浮躁傾向所講的一句話。首先從實際出發，先從重實學的反面入手切題，一針見血地指出不重實學的蔽害，那就是建立不起人格的威信和威望，不會使人見而敬慕、信賴。那麼怎樣才能不至於此呢？接著從正面指出，只有通過不知疲倦的紮實學習，才不使自己固陋、淺薄。從而反證前句，正面闡述重實學立題。深入淺出，立論紮實，有說服力。接下來又針對有的人喜歡「獨學無友」，或只好「上問」而不願「下問」的傾向，教育學生要廣泛結友共學，博採眾長，才不至淺薄。照應論題，同時指出在學習上，不願結友共學不符主忠〔註143〕的原則，是不對的，要加以改正，從而指出重實學的一個重要途徑，環環緊扣論題，中心突出，邏輯嚴密。

「無友不如己者過」，這是筆者悟出的微見，是否能圓其說，不妨試論如下：

〔註142〕黔容：《對「無友不如己者」辨疑的商兌》，《孔子研究》1988 年第 3 期，第124 頁。

〔註143〕原文作此，疑當為「主忠信」。

　　首先，從句式看，這樣的句子在當時的古漢語裏也是常見的習慣用法。如李斯的《諫逐客書》中就有：「非秦者去，為客者逐」的句式，在「者」字後面加一動詞，像成語「進朱者赤，進〔註144〕墨者黑」，也是在者字後面加一形容詞同樣的句式。

　　再把這個斷句所表現的思想內容與孔子的一貫思想行為主張聯繫起來看，不難看出，「無友不如己者過」，是符合孔子思想實際的。孔子一貫主張重視學，更重實學，結友共學不恥下問等等，都與筆者所斷句子表現的實際內容相一致。〔註145〕

　　朱長利：這一章大體可以翻譯為：

　　孔子說：「君子，如果不莊重，就沒有威嚴，所學的也不會鞏固。要以忠和信兩種道德為主。不與和自己不同道的人交友，有了不忠信的事情，就不要怕改正。」可見，孔子在這裏主要談如何修養身心。〔註146〕

　　唐根希：筆者以為，從語境看，《學而》第六、七、八三章，構成了老師教誨弟子、子夏問難、老師答難的完整對話。對話分為三個階段：第一階段，孔子教誨弟子家裏家外都要力行孝悌。力行孝悌又分為兩個方面：律己「謹而信」，待人「泛愛眾而親仁」。又教誨弟子：「行有餘力，則以學文。」第二階段，以「文學」稱名的子夏通過櫽栝的手法，質疑了孔子孝悌的互文使用和文質的輕重區分，從而向孔子發出問難。第三階段，孔子以「重」和「威」的概念闡述了質和文的主從關係，以「（不重之）學則不（堅）固」回答了為什麼必須「行有餘力，則以學文」。接著，孔子教誨子夏「主忠信」，忠告子夏「無友不如己者」，批評子夏「過則勿憚改」。不難看出，師生之間答疑問難，攻守兼備，精彩紛呈，是《論語》編纂極為出彩的一個橋段。〔註147〕

〔註144〕原文作此字，然當為「近」字。

〔註145〕李全祥：《無友不如己者過——〈論語‧學而〉第八則之辨》，《語文學刊》2001年第2期，第60～61頁。

〔註146〕朱長利：《〈論語〉「無友不如己者」疑義辨析》，《現代語文（學術綜合版）》2014年第7期，第144頁。

〔註147〕唐根希：《子夏的反諷與孔子的批評——〈論語〉「賢賢易色」「君子不重則不威」兩章解詁》，《南京郵電大學學報（社會科學版）》2016年第4期，第87頁。

1.11 子曰：「父在，觀其志；父沒，觀其行；三年無改於父之道，可謂孝矣。」

梁偉民：從「三年無改於父之道，可謂孝矣」看，寫的是人們對「子」的評論，由此可推知，「觀其志」、「觀其行」也是人們對「子」的考察，因此，「其」指的是「子」，而不是「父」。〔註 148〕

陸衛明、曹宏、林靜選：一般的解釋是：「在三年之內能不改變父親生前的行為，可以說是孝了。」〔註 149〕這與朱熹的解釋也是一致的。對此，就有疑問，如果父親作為君子，那麼在他去世後，兒女不僅在三年內不應更改父親生前的行為，一輩子都不要改。而如果父親作為小人呢，為什麼三年之內也不要更改？顯然不通。對此，楊伯峻先生也覺得說難以通達，於是意譯為：「若是他對他父親的合理部分，長期不加改變，可以說做到孝了。」其中，把「三年」解釋為「長期」，似不通，把「父之道」解釋為「父親的合理部分」，明顯有主觀附加成份，因此，這種解釋過於勉強。其實，這裏的「父之道」應訓為子女的「事父之道」，就是說生前如何禮待父親，父親去世後三年之內還應該那樣禮待父親，實則是要為父親守心喪三年的意思，這是古代孝道的重要內容。〔註 150〕

1.12 有子曰：「禮之用，和為貴。先王之道，斯為美；小大由之。有所不行，知和而和，不以禮節之，亦不可行也。」

梁偉民：董教授說，本節之「和」字有二解：一、禮樂之樂。二、從容不迫。董教授認為：「倘解和為樂，則下文『知和而和，不以禮節之』，豈可解為『知樂而樂，不以禮節之』乎？」顯然，他是否定一解的，持二解的。楊先生解為「恰當」，錢先生解為「調融」。我認為董教授對一解的批駁是十分有力的。諸解釋中以楊先生的「恰當」為最當，因為「和」解為「恰當」是符合孔子的中庸思想的。孔子在《先進篇》曾說過：「過猶不及」，在《雍也篇》說過：「中庸之為德也，其至矣乎」，折中、調和、恰當的思想貫穿在

〔註 148〕梁偉民：《〈論語・學而〉首章異解新說》，《紹興師專學報（哲學社會科學版）》1995 年第 4 期，第 29 頁。

〔註 149〕原註：錢遜. 論語讀本〔M〕. 北京：中華書局，2010，第 10 頁。

〔註 150〕陸衛明、曹宏、林靜選：《關於〈論語〉的若干疑難問題闡析》，《西安交通大學學報（社會科學版）》2016 年第 4 期，第 120 頁。

孔子的思想體系之中，禮之用當然也不例外。〔註151〕

崔海東：句讀當作：「……先王之道，斯為美。小大由之，有所不行？知和而和。……」

因為本章有一個「……有所不行……亦不可行也」這樣的並列句式，故當依東漢馬融《論語訓說》（下稱馬《注》），「小大由之」與「有所不行」二句相連而不中斷。其云：「人知禮貴和，而每事從和，不以禮為節，亦不可行。」南朝梁皇侃《論語集解義疏》（下稱皇《疏》）解之曰：「云『小大由之，有所不行』者，由，用也，若小大之事皆用禮而不用和，則於事有所不行也。」依此句讀，本章之義則為：禮儀制度的具體施行，以和順人心不強行為貴，其目的是讓社會各階層和諧有序。先王推行禮治均是如此，故臻善治。然大小事務若唯依禮（而忘記和的目的），則必然有所難行。同樣，大小事務若只為和而和，而忘記以禮節之（即禮制〔註152〕中區別身份、節文人情的一面），亦不可行。〔註153〕

1.13 有子曰：「信近於義，言可復也。恭近於禮，遠恥辱也。因不失其親，亦可宗也。」

（1）信近於義，言可復也

梁偉民：「信近於義，言可復也」，董教授指出，「信」和「復」各有二解：一、信實，反覆。何晏、邢昺持此說。二、約信，踐言。朱熹持此說。董教授認為一解模糊難曉，二解甚明暢。錢先生解為「約信」與「踐守」。楊先生解為「約信」和「兌現」，並舉了「復」的例證：《左傳》僖公九年苟息〔註154〕說：「吾與先君言矣，不可以貳，能欲復言而愛身乎？」又哀公十六年葉公說：「吾聞勝也好復言，……復言非信也。」這「復言」都是實踐諾言之義。《論語》此又當同於此。我是贊同楊先生的觀點的，他的例證是有說服力的。從句式特點看，「反覆」之解不足信。「信近於義」加「恭近於禮」句式同，表

〔註151〕梁偉民：《〈論語‧學而〉首章異解新說（哲學社會科學版）》，《紹興師專學報》1995年第4期，第29頁。
〔註152〕原文「先王推行禮治均是如此」一句中作「禮治」，此處又寫作「禮制」，疑原文有錯。
〔註153〕崔海東：《楊伯峻〈論語譯注〉句讀商榷》，《江蘇科技大學學報（社會科學版）》2013年第3期，第25頁。
〔註154〕原文作此，當為「苟息」。

義一致，以此推之，「言可復也」和「遠恥辱也」表義也應一致，「遠恥辱也」講的是「恭近於禮」的好處，「言可復也」也應是講「信近於禮」的好處。楊先生的解釋是符合這裏的句子特點的，而「反覆」之解則是不合的，因此不足信。〔註155〕

王澤春：所以到目前為止，有四種不同的解釋。鄭玄認為「義不必信，信不必義也。以其言可反覆，故曰『近義』也」，朱熹認為「言約信而合其宜，則言必可踐矣」，劉寶楠認為「人初言之，其信能近於義，故其後可反覆言之也」，郭文〔註156〕認為「信接近於義，這是大體上說的，具體說，信也有不符合義的，這時如能反行其所許之言，也是符合義的。不符合義之言可以反行之（以達於義）」孫文〔註157〕認為「守信接近於道義，但諾言也是可以不兌現的」。筆者贊同朱熹的解釋。本文通過對「信」、「近」、「義」、「復」等字義的考察，有子思想、《論語》及其他文本中相關論述的分析，《左傳》「復言」本意的明晰，來論證和說明「信近於義，言可復也」的本意，並對其他解釋予以簡單回應。

……

綜觀上文，從四個方面對這一問題進行了論述，有子「信近於義，言可復也」的意思就非常明確了，這就是：約定是合宜的，說過的話就（或才）可以兌現。〔註158〕

（2）因不失其親

趙映環：筆者認為「因不失其親，亦可宗也」中的「因」可釋為「親」。然此處之「親」非「親族」、「親人」之「親」，宜釋為「仁」。

「親」有「仁」義，在古代訓詁材料中屢見不鮮。例如：

（1）維此王季，因心則友。（《詩・大雅・皇矣》）毛傳：「因，親也。」

陳奐《傳疏》：「因訓親，親心即仁心。」

〔註155〕梁偉民：《〈論語・學而〉首章異解新說》，《紹興師專學報（哲學社會科學版）》1995年第4期，第24頁。

〔註156〕指郭勝團、葛志毅《〈論語・學而〉「信近於義」章辨析——〈論語〉及孔子思想研究之三》（《中華文化論壇》2013年第4期）一文。

〔註157〕指孫曉春「信近於義」詮解——論傳統儒家的道義觀念》（《中國社會科學報》2014年11月21日）一文。

〔註158〕王澤春：《「信近於義，言可復也」再議》，《孔子研究》2017年第2期，第86～87、93頁。

（2）則夫杖可因篤焉。（《大戴禮記‧曾子制言上》）孔廣森《補注》：
「因，親也。」
（3）因，親也。（《廣雅‧釋詁三》）
（4）仁，親也。（《說文‧人部》）
（5）仁之而弗親。焦循《正義》：「仁即是親。」
（6）雖行不受必忠，曰仁。（《大戴禮記‧曾子制言中》）王聘珍《解
詁》：「仁，親也，謂仁恩相親偶也。」

將「因」釋為「仁」，符合孔子的思想。（有若乃孔門高足，孔子謝世後被孔門弟子推舉為「師」，係孔聖衣鉢傳人。故有若之言可為孔子思想的體現。）

「仁」乃孔子思想體系的核心，孔子主張「仁者愛人」。然在各種人倫關係中，孔子首先把「愛親」作為「仁」的本始：「仁者，人也，親親為大。」（《禮記‧中庸》）……「親親，治之始也。」（《路史》）儘管「仁」的內容很籠統，但「親親」卻是其中最大的「仁」。……「仁」字的本義為「親」，此處的「親」強調的是人與人的親（血）緣關係。所以，懷有仁愛之心不失去自己的親人，是仁者推己及人而「愛人」的根本環節。先做到這點，才有可能「泛愛眾而親仁」，達到「天下歸仁」的最高境界。故曰「因（仁）不失其親，亦可宗也」。即，懷有仁愛之心不失去自己的親人，也就值得推崇了。

孔子學說的基本思想裏，仁和禮不可分割。孔子曰：「人而不仁如禮何？」「克己復禮為仁。」仁是孔子倫理思想體系的核心，也是禮的出發點和核心精神所在。……

「義」為道德、行為之準則，與「仁」和「禮」有著本質關聯。……

正因為「仁」、「義」、「禮」三者之間具有如此密切的關係，故有若將仁、義、禮放在同一章節進行論述也是合乎孔子的思想。

其三，將「因」釋為「仁」，符合前後文的敘述情理，體現了《論語》的語言特色。古人行文多講求句式之前後協合照應，力求合律上口，故常有意應用結構相同或相似，語氣一致，意義相關的句子，排比立說，使氣勢流貫。《論語》在論述問題時，亦廣用排句鋪展立說，其中三項式排句使用的最多。此種語言的論理排比，乃先秦散文一大特色。「信近於義，……因不失其親，亦可宗也。」全章三句，一氣貫通。「義」、「禮」、「因（仁）」前後文互相對應，全面論述了孔子道德倫理觀。

綜上所述，「因不失其親，亦可宗也。」應當釋為「懷有仁愛之心不失去自己的親人，也就值得推崇了。」〔註159〕

杜文君：我們認為，「因不失其親」的「因」可解釋為「親」。正如孫欽善《論語本解》說的一樣，「因既為親，因不失其親既是親親之意。」這裏所表達的，正像孫欽善所說的「親親之意」。但是孫欽善《論語本解》中並沒有給出具體說明。為此，下面做一些具體分析。

一是將「因」訓為「親」在古代典籍中數見不鮮。如：

（1）維此王季，因心則友。(《詩燒笥艫皇矣〔註160〕》) 毛傳：「因，親也。」孔穎達疏：「言其有親親之心，復廣及宗族也。」

（2）朕聞上古，其風樸略，雖因心之孝已萌，而資敬之禮猶簡。(《孝經注疏》) 刑昺〔註161〕疏：「因猶親也，資猶取也。言上古之人有自然親愛父母之心，如此之孝雖已萌兆，而取其恭敬之禮節猶尚減少也。」

（3）繼母之配父，與因母同。(《儀禮‧喪服》) 鄭玄注：「因，猶親也。」

二是將「因」解釋為「親」表達的是儒家文化中的「親親」之道，反映了「重親」思想。如：

（1）仁者人也，親親為大；義者宜也，尊賢為大。

（2）君子賢其賢而親其親。

（3）親親，仁也；敬長，義也。

（4）人道親親也。親親故尊祖，尊祖故敬宗，敬宗故收族，收族故宗廟嚴……

（5）王季之心，親親而又善於宗族。

（6）自天子至於庶人，未有不須友以成者。親親以睦，友賢不棄，不遺故舊，則民德歸厚矣。

由上可知，在古代典籍中，可以將「因」釋為「親」，這符合孔子「宗親」思想、「親親」之道。這種「宗親」思想、「親親之道」並不僅僅體現在一個

〔註159〕趙映環：《〈論語〉新解二則——「因不失其親」、「有恥且格」》，《廈門教育學院學報》2011年第1期，第51～52頁。

〔註160〕原文作此，當是亂碼，實當為「詩經‧大雅‧皇矣」。

〔註161〕原文作此，當為「邢昺」。

宗族內部，而且在君臣、父子、兄弟、夫婦、朋友中都能夠體現出一種宗敬之心。可以看出，「親親」一詞在古代典籍中也經常連用，而且也多與宗敬有關。

首先，要解釋「因」，還不能離開「宗」。《說文》：「宗，尊祖廟也。」祖廟是古人祭祀的地方，所以要敬畏。皇侃《論語義疏》：「因不失其親，亦可宗敬也。」在「宗」後多一個「敬」字。無論何種解釋，宗都與宗族、宗敬有關。其次，「因不失其親，亦可宗也」此句既要體現親，又要體現敬。所親之人不失其親，就是我們所親的人，是從我們身邊的親人開始，由近及遠，這樣就不會失去我們的宗敬之心。最後，儒家重視倫理道德，重視親親之道，「親親」在我們的文化傳統中是一個非常重要的觀念。解釋「因」這個字既要符合詞的意思，又要符合儒家思想，不能背離傳統文化思想理念。

由上可知，將「因」解釋為「親」，具備儒家文化的「重親」思想，更能體現出人與人的一種「親親」關係。這種關係即是父慈、子孝、兄友、弟恭，互相愛護團結。這不僅僅反映一個家族內部的宗法倫理關係，人與人之間的交往同樣不能脫離親親之道。《論語》本身也有類似重親的句子，如「君子篤於親」（《泰伯》）、「君子不施其親」（《微子》），這也可以說明古人對「親親」思想的重視。〔註 162〕

1.14 子曰：「君子食無求飽，居無求安，敏於事而慎於言，就有道而正焉，可謂好學也已。」

王浩然、曾光平：「敏」，這裏一用於事，一用於學，楊先生在對譯時，都有一個「敏捷」在其中。〔註 163〕不妥。「敏捷」者何？「（動作）迅速而靈敏」也（《現代漢語詞典》792 頁），用今天的話說便是「麻利」。做事固然需要一種「麻利勁兒」，但更重要的是需要勤勞；而求知識卻幾乎全是靠勤奮，決不是憑一股麻利的動作所能奏效的。基於此，我們認為楊先生將這裏的「敏」譯為「勤勞」、「勤奮」是對的，而又各加以「敏捷」，則有畫蛇添足之嫌，是一種贅疣。

〔註 162〕杜文君：《〈論語〉疑義辨析三則》，《湖北職業技術學院學報》2017 年第 4 期，第 52～53 頁。

〔註 163〕「一用於事」、「一用於學」的「敏」字分別出現於本章中的「敏於事而慎於言」及《述而》章中的「好古，敏以求之者也」句中。另，「楊先生」指楊柏峻先生，對前者，楊生先譯作「勤勞敏捷」；對後者，楊先生譯作「勤奮敏捷」。

這兩處的「敏」都是「勉」的意思。《詩經·小雅·甫田》第三章:「曾孫不怒,農夫克敏。」《詩經·大雅·文王》:「殷士膚敏,裸〔註164〕將於京。」兩處的「敏」都是「勉」〔註165〕,作「勤勉」,「勤勞」講。

古訓詁家早有將「敏」訓「勉」的。《論語·述而》:「敏以求之者也。」劉寶楠《正義》:「敏,勉也。言黽勉以求之者也。」「敏」是「勉」通過元音屈折所造的同義詞,而「黽勉」則是「勉」通過元音屈折構成的聯綿詞,它們都是「勤勉」、「努力」的意思。《詩經·小雅·十月之交》篇第七章:「黽勉從事,不敢告勞。」《漢書·劉向傳》引《詩》作「密勿」。《太平御覽》第五百四十引《詩》作「僶俛」。《詩經·邶風·谷風》:「黽勉同心,不宜有怒。」陸德明《經典釋文》:「黽勉,猶勉勉也。」《詩經·大雅·雲漢》:「早既太甚,黽勉畏去。」孔穎達《正義》:「黽勉者,勉力事神,是急於禱請。」

「敏」作「黽勉」、「勤勉」講,和作「敏捷」講,在古籍中應作兩個義位來看,這兩個意思是相對獨立的,既不能互相代替,又不能合而為一。所引《論語》兩句話中的「敏」皆應解作「勤勞」或「勤勉」,不能解作「敏捷」,也不能解作「勤勞敏捷」或「勤奮敏捷」。〔註166〕

陳緒平:這裏的「就」是「靠近義」,即「就義」之「就」。「就有道而正焉」,日人《論語會箋》說是:「就有道之人,以正其是非。」這樣的翻譯依然沒有體會到夫子之微妙。這裏評論的對像〔註167〕是「君子」,不是普通人,所以,「就」有「不恥下問」之內涵。這個用法有書證,見於《禮記·學記》「就賢體遠」鄭注曰:「就,謂躬下之也。」又按:這裏可以說是談「儉以養德」。「儉」即斂、檢,而不是一直以來所理解的節儉。當然節約是其中之一義。《說文解字》:「儉,約也。」段玉裁注:「約者,纏束也;儉者,不敢放侈之意。」老子說「儉故能廣」,孔夫子說「食無求飽」云云,其學遠承鄭氏的錢穆注說「志在學,不暇及(安飽)也」,誠然。後學不達。「克己復禮」之說,也是約己以養德。錢氏還說,「若志在求安飽,亦將畢生無暇他及矣」。誠高明。〔註168〕

〔註164〕原文作此,實當為「裸」。

〔註165〕原註:見于省吾先生《澤螺居讀詩札記》。

〔註166〕王浩然、曾光平:《〈論語譯注〉詞語訓釋札記》,《古籍整理研究學刊》1987年第3期,第14頁。

〔註167〕原文作此,當為「對象」。

〔註168〕陳緒平:《〈論語〉字義疏證舉例》,《西華師範大學學報(哲學社會科學版)》2018年第5期,第74～75頁。

1.15 子貢曰：「貧而無諂，富而無驕，何如？」子曰：「可也；未若貧而樂，富而好禮者也。」

子貢曰：「《詩》云『如切如磋，如琢如磨』，其斯之謂與？」子曰：「賜也，始可與言《詩》已矣，告諸往而知來者。」

（1）貧而無諂，富而無驕

朱楚宏、毛緒濤：從語句形式上看，「貧而無諂，富而無驕」，是由兩個否定分句組成的對稱句，因而理解時要把握其對稱性與否定性：第一，兩個分句都是對稱性的。「貧而無諂」是對窮人而言的，告誡窮人不要巴結富人；「富而不驕」則是對富人而言的，告誡富人對窮人不要太傲氣，要平等相待。第二，兩個分句都是否定性的。「貧而無諂，富而無驕」，這個要求既高也不高。說高，是說一般人難以做到；說不高，是說從否定方面看，內涵不太明確。同一種意思，用否定句不如用肯定句語意強。從行文上來說，「貧而無諂，富而無驕」作為弱勢表達，是為下文語意構建一個遞進的基點與平台。孔子認為，除了做到「貧而無諂，富而無驕」，還應達到「貧而樂、富而好禮」的境界。「窮要開心，闊要好禮（什麼叫好禮？不知道，沒準是當慈善家吧），即在貧富問題上，該怎麼樣比不怎麼樣更重要，自己該怎麼樣比對別人怎麼樣更重要。」〔註169〕換句話說，貧窮者在不巴結富人之外，還應保持樂觀向上的良好心態；富貴者在不炫富不驕人之外，還應崇尚禮節，有更高的精神追求，為社會文明做出貢獻。〔註170〕

（2）未若貧而樂

宋鋼：敦煌卷伯2168「樂」後有「道」字，「者」後無「也」字。依句式整齊原則，「樂」後有「道」為佳，意思也完整。「也」字之有無，只說明版本異同，因是虛字，在意思上無甚價值。〔註171〕

周寶銀：本文從孔子「一貫之道」的內涵、教育思想體系的內在邏輯及當時語境考察，此章「貧而樂」並非「貧而樂道」，而是應作「貧而好樂」，與下文的「富而好禮」對文。

〔註169〕原註：李零. 喪家狗：我讀《論語》〔M〕. 太原：山西人民出版社，2007.

〔註170〕朱楚宏、毛緒濤：《〈論語〉釋疑二則》，《長江大學學報（社會科學版）》2012年第12期，第73頁。

〔註171〕宋鋼：《〈論語〉疑義舉例》，《貴州大學學報（社會科學版）》2005年第2期，第110頁。

……《禮記・坊記》載孔子曰：「貧而好樂，富而好禮，眾而以寧者，天下其幾矣。」可與《論語・學而》「未若貧而樂，富而好禮者也」章相互發明。

……據單承彬先生考證：「無論《古論》《魯論》，均沒有作『貧而樂道』者。『道』字之衍，在唐代晚期才逐漸固定下來，並保存在流傳於朝鮮、日本的《論語》傳本中。」〔註172〕所以，《論語》此章版本不應作「貧而樂道」，「樂」釋為「樂道」與文意也不契合。

怎樣解釋「未若貧而樂」句才更合理呢？筆者認為「樂」不是動詞，應是名詞，指的是孔子教學內容之一的「樂」，「樂」前應有「好」字，整體來講是「未若貧而（好）樂，富而好禮」。

此章實際上是孔子師徒關於「行—學」的談話。子貢向孔子說自己「無諂」「無驕」的「行」，孔子認為不夠，進一步要求子貢多學「禮樂」，子貢意會，引《詩》中的「如切如磋，如琢如磨」等形容修學的詞句，得到孔子的嘉許。

總之，「未若貧而樂」章位於《論語・學而》篇中，出現「好禮」「詩云」「言詩」等修學語句，禮、詩必有對應的「樂」，以構成孔子教學內容的連續性和邏輯的完整性。「未若貧而樂」章的「樂」作為禮樂之「樂」，理解是恰當的，並且符合孔子真意。所以，此章本應作「未若貧而（好）樂」，舊本脫「好」字。〔註173〕

（3）如切如磋，如琢如磨

黃懷信：此章子貢所引詩見《詩・衛風・淇奧》首章，全章作：「瞻彼淇奧，綠竹猗猗。有匪（斐）君子，如切如磋，如琢如磨。瑟兮僩兮，赫兮咺兮。有匪君子，終不可諼兮。」意思是在那綠竹茂猗的淇河之灣，有一位文采斐然的少年，正在「如切如磋，如琢如磨」地刻苦學習。他的神情莊重，儀態威武，十分搶眼，令人難忘。「如切如磋，如琢如磨」二句，本是形容修學的辭句。所以，當孔子講到「貧而樂道，富而好禮」的時候，子貢引之以為形容，並得到孔子嘉許。《大學》引此章詩，亦云：「如切如磋者，道學也；如琢如磨者，自修也。」其「湯之盤銘」章又曰：「苟日新，日日新，又日新……是故君子無所不用其極。」所謂「君子無所不用其極」，正是就此詩而言：因

〔註172〕原註：單承彬：《「貧而樂，富而好禮」校正》，《孔子研究》2001年第5期。
〔註173〕周寶銀：《〈論語〉「未若貧而樂」辨析》，《中州學刊》2017年第9期，第114～115、116、118頁。

為在淇奧，所以說「無所不」；因為「如切如磋，如琢如磨」，所以說用其極。可見古人確以二句為形容修學之詩。而「如切如磋、如琢如磨」地修學，無疑又是求上進的表現，所以《論語》此章「未若貧而樂」下必當有「道」字。不然，言「貧而樂」，則有苟且之嫌，且與詩義不合。又：二句既是形容修學，則「切」、「磋」、「琢」、「磨」自當為表示動作正在進行。今或以「如切如磋，如琢如磨」為形容已然之物，則恐非是。〔註 174〕

〔註 174〕黃懷信：《〈論語〉引〈詩〉解（四則）》，《詩經研究叢刊》2011 年第 1 期，第 53～54 頁。

二、《為政篇》新說匯輯

2.1 子曰：「為政以德，譬如北辰居其所而眾星共之。」

崔海東：筆者以為本章關鍵是在「德」，舊注多解為君主個人之私德。如包咸云：「德者無為，猶北辰之不移而眾星共之。」朱子云：「為政以德，則無為而天下歸之，其象如此。」錢穆先生云：「本章舊注，多以『無為』釋『德』字，其實德者德性，即其人之品德。孔子謂作政治領袖，主要在其德性，在其一己之品德，為一切領導之主動。」楊伯峻先生云：「用道德來治理國政，自己便會像北極星一般，在一定的位置上，別的星辰都環繞著它。」

筆者以為，此實有違先儒本意。一則先秦儒家從未將國運全繫於君德。儒家認為，因人之資質有高下、聞道有先後、證成有遲緩，故必有智愚、賢不肖、能與不能之分，故而一方面要興學以教之，如「有教無類」（《衛靈公》）、「先知覺後知，先覺覺後覺」（《萬章上》）等，以士的率先突破，進而為士農工商的整體突破。另一方面要富之、組織之，即「足食」、「足兵」（《顏淵》）、「選賢與能」（《禮記・禮運》）、「禪而不傳」（《郭店楚簡・唐虞之道》）等，〔註1〕合此二者即政教並流、君師一體，以開創有道之人間。故只強調君德者，乃秦帝制建立後之產物，實不足憑。

二則承前所述，儒家亦從未認為僅憑道德即可治理國家，還應訴諸相應的禮樂、法令等形式，故有「道之以德，齊之以禮」，「徒善不足為政，徒法不足自行」等之說，此不贅言。

〔註1〕原註：涂宗流，劉祖信，郭店楚簡先秦儒家佚書校釋〔M〕. 臺北：萬卷樓圖書有限公司，2001：40.

故此處之德，實為《大學》「明明德」之「德」，儒家政治的根本原則在於：人群之生存，國家之治理，要以闡發民眾的光輝德性為主要途徑，即「新民」，以「止於至善」。

所以本章並非是說君王一人以道德治國，則下屬萬民皆如群星拱極，而是孔子諮醒吾人：德性實是人群所以生存與發展的基礎與核心，政治要以明民之明德為最高原則，其他的禮樂、政策、法令、制度、治術等均列而環之，就如同北極星居中為核心，而群星皆層而比之、遞而外之。〔註2〕

2.2 子曰：「《詩》三百，一言以蔽之，曰『思無邪』。」

胡曉明：思：發語詞。邪：偏也。《禮記‧樂記》：「流辟邪散」，即偏散無中心。《禮記‧樂記》：「中正無邪」，即性情之中和無偏。無邪者，無偏之謂也。詩樂原為一體。儒家樂教認為：「樂言是其和也」，「樂者天地之大和也。」同樣，學習詩三百，也就是要學會調融自己內心種種情感，達到這個「和」。孔子之意，如斯而已。〔註3〕

孫以昭：于省吾先生在《澤螺居詩經新證》一書中對「思無疆」等四句有獨到的見解和精確的考釋，……至於「思無邪」，于先生認為：「『思無邪』之『邪』，應該作『圉』，『圉』通『圉』。從牙從吾古字通，《儀禮‧聘禮》稱『賓進訝』，鄭注謂『今文訝為梧』；《山海經‧海內北經》的『騊吾』，《史記‧滑稽列傳》作『騊牙』；《公羊傳》文二年稱『戰於彭衙』，《釋文》謂『衙本或作牙』，是其例證。『圉』與『圉』古同用，《說文》『圉，囹圉，所以拘皋人，從幸從口〔註4〕，一曰，圉，重〔註5〕也』，段注〔註6〕謂『他書作囹圄者，同音相假也』。《左傳》隱十一年『亦聊以固吾圉也』，杜注謂『圉，邊垂（陲）也』。然則無邪即無圉，無圉猶言無邊，無邊指牧馬之繁多言之。」于先生在文章後面並加以總結說：「綜上所述，則『思無疆』猶言無已，『思無期』猶言無算，『思無斁〔註7〕』猶言無數，『思無邪』猶言無邊。無已、無算、無數、無邊詞異而義同。此詩共四章，係贊揚牧馬得人，馬匹蕃殖，並非直接就魯

〔註2〕崔海東：《〈論語〉幾則新解》，《理論界》2010年第11期，第134頁。
〔註3〕胡曉明：《談「樂而不淫哀而不傷」》，《讀書》1987年第12期，第113頁。
〔註4〕原文第一個「從」字後空一字符，疑當為「幸」，即「從幸從口」。
〔註5〕原文作此，《說文》原作「垂」。
〔註6〕原文作「殷注」，疑當為「段注」。
〔註7〕原文「無」字後空一字符，疑當為「斁」。

僖公本人為言。鄭箋不僅把『思』字誤訓為『思念』，並以為『僖公思遵伯禽之法，反復思之，無有竟已』（下三句仿此），附會之至。」

于省吾先生的考釋，材料豐富，證據充足，探本溯原，信可定為確論。事實上，孔子所說「《詩》三百，一言以蔽之，曰：『思無邪。』」也正是借用了《詩・魯頌・駉〔註8〕》中「思無邪」的本意來概括《詩經》的，應作「無圉」（無邊）解，指的是《詩經》的內容廣闊無邊，包羅萬象之意。不是嗎？《詩經》的內容豐富無比，包舉一切，對於政治、經濟、軍事、文化，對於社會生活、農業生產、戀愛、婚姻以及各地的民情風俗乃至草木鳥獸蟲魚等等均有描述和反映，堪稱為一部小型百科全書，這才是孔子借用「思無邪」的本意所在。另外，這樣解釋與孔子批評「鄭聲淫」的提法亦毫無矛盾之處，《詩》中有些篇章過於顯露等等也都好講了，因為孔子本來是說《詩》的內容「廣闊無邊，包羅萬象」，而不是說什麼「思想純正無邪」嗎！況且這些現象在當時社會歷史條件下也都是存在著的。

我這樣解釋孔子的「思無邪」說，可能有人會說，前人引《詩》好斷章取義，孔子的「思無邪」還是應作「思想純正無邪」解。……事實果真如此嗎？回答是否定的。

據上所論，可知先秦引《詩》，斷章取義取合乎己意者有之，借題發揮，有所引申藉以表達思想者亦有之，但是，別出心裁，自己杜撰新意，改造舊說，與原意風馬牛不相及毫不相干的，還沒有見過。……我們不可能設想，孔子這樣一位偉大而嚴謹的學者竟然將《駉〔註9〕》詩中贊嘆馬群眾多的「無邊」、「無數」之義率意改造成「思想純正無邪」的對《詩》的贊美概括之詞或評《詩》標準；我們只能這樣認為：「《詩》三百，一言之蔽之〔註10〕，曰：『思無邪。』」其中「思無邪」一語，即為「無圉」，本是《詩・魯頌・駉〔註11〕》中贊揚牧馬得人，馬匹繁殖眾多，「無邊」、「無數」的意思，是對上述內容的概括與議論。孔子加以借用，引申發揮為「廣闊無邊，包羅萬象」之意，用來概括《詩經》中那豐富廣闊的內容；而後儒把它解釋成「思想純正無邪」的贊美概《詩》之詞或評《詩》標準，固然與不明訓詁有關，但是，更深層的原因則是由於對孔子的神化所造成，因為孔子及其言論已經被罩上一層神

〔註 8〕原文此處空一字符，疑當為「駉」。
〔註 9〕同上註。
〔註 10〕原文作此，疑當為「一言以蔽之」。
〔註 11〕同〔註8〕。

聖的光圈，非理論化、人倫化不足以見其偉大，於是這「廣闊無邊，包羅萬象」之意，竟被附會闡釋為「思想純正無邪」之說，以與孔子對「仁」、「禮」等的規範要求一致，實在是一種尊孔心態的扭曲和歷史的誤會！簡言之，這個扭曲與誤會的主要過程是這樣的：先用「思想純正無邪」的解釋來證明孔子有一個詩教標準，再以這個標準去設法解釋《詩經》中那些不合標準的詩使之合乎標準，然後又用孔子這樣一個詩教標準來論證孔子本來就是據此來評價《詩三百》的。於是，真義隱去，假義流傳，使得一代又一代的通儒、學者對這誤解迷惘、困惑、莫知究竟，而沿襲相因，不敢提出異議，越雷池一步，深深陷入了循環論證的困境而無法解脫。〔註12〕

宋鋼：朱熹《論語集注》：「思無邪，《魯頌・駉篇》之辭。……且或各因一事而發，求其直指全體，則未有若此之明且盡者。故夫子言詩三百篇，而惟此一言足以盡蓋其義，其示人之意亦深切矣。」

按：朱子之意是，如果用其中一句話來概括詩三百篇的中心意思，就是《魯頌・駉篇》中的「思無邪」這三個字。此解甚確！一般人皆認為「思無邪」是孔子談詩之功用和目的，此說為多數人所認同，參之朱注，實不足取。

蕭民元說：「千百年來的解釋，都解成孔子說：三百篇詩的總評，可以用一句話來涵蓋，就是『沒有邪思』。」「『詩三百，一言以蔽之曰：思無邪。』不是孔子在總評三百詩篇的內容，而是在說他選詩的標準。」〔註13〕蕭氏之解，不無道理，可備一說。〔註14〕

張旭：但我們這裏是對《詩經》中孔子引用「思無邪」這句話意圖作出新的解釋即孔子引用這句話的意思是：讀詩之法而非論詩。

《論語》中除此句有「思」字外，還有 7 句含有「思」字，大多數作為「考慮」「思考」「想念」講。例如：

　a 子曰：「學而不思則罔，思而不學則殆。」（《論語・為政》）

　b 唐棣之華……豈不爾思？……子曰：「未之思也……」（《論語・子罕》）

　c 孔子曰：「君子有九思：視思明，聽思聰……」（《論語・季氏》）

〔註12〕孫以昭：《孔子「思無邪」新探》，《安徽大學學報（哲學社會科學版）》1998年第4期，第59～60、61頁。

〔註13〕原註：蕭民元. 論語辨惑〔M〕. 北京：中國社會科學出版社，2001，第13～15頁。

〔註14〕宋鋼：《〈論語〉疑義舉例》，《貴州大學學報（社會科學版）》2005年第2期，第108頁。

以上例子中的「思」皆在楊伯峻先生的《論語譯注》中作「思考」「想念」「考慮」講，而無「思想內容」的解釋。統觀《論語》「思」的意思，應作為「考慮或思考」講，這樣不僅能夠符合孔子的原意，也可與整篇《論語》的思想統一起來。

另外，古代「无（無）通毋」。王力先生認為二字是同源關係，意味著二者音近義通，當「沒有」或者「不要」講，明瞭二者的意義關係，我們再來看「思無邪」在《詩經》中的意思，以確定「無」的意思。

高亨先生在《詩經今注》中指出：《駉》篇主要是「描寫公家的馬的盛大，並警告養馬的官吏和奴僕要好好地養馬」。〔註15〕「邪」指養馬者盜賣馬草料的行為，「思無邪」言養馬者不要做這種邪事，起告誡作用。「無」這裏譯作「不作，不要做作」與「毋」義同。無疑「思無邪」在《論語》中應為「不要有邪念」的意思。

此外，《論語》中有子曰：「吾自衛反魯，然後樂正，《雅》《頌》各得其所。」（《論語‧子罕》）可見，孔子曾對《詩經》進行過整理，去蕪存菁，故孔子說：「小子何莫學夫詩？詩可以興，可以觀，可以辨〔註16〕，可以怨，邇之事父，遠之事君，多識鳥獸草木之名。」（《論語‧陽貨》）比較重視詩的教化作用。既然《詩》是正的，就不要帶有邪念去讀詩、學詩，所以孔子教導他的學生們要持「思無邪」的觀點去讀詩、學詩。程子曰：「思無邪者，誠也。」范氏曰：「學者必務知要，知要則能守約，守約則足以盡博矣。」〔註17〕這裏「守約」就是按一定的規則去學習，很明顯學詩也要按一定的原則去學即「思無邪」，這與孔子的意思比較貼近。

總之，從「思無邪」的解釋和孔子對《詩經》態度的分析中，「《詩》三百，一言以蔽之，曰『思無邪』」確實是指導我們讀《詩經》的總綱。〔註18〕

趙玉敏：《駉》中的「思無邪」的「無邊」義的確定有助於我們理解孔子「思無邪」的本義。從前文的論述來看，孔子對「思無邪」的使用，屬於斷章取義，並且不是脫離《詩》文本的隨意發揮，而是立足於《詩》文辭本身

〔註15〕原註：高亨. 詩經今注〔M〕. 上海：上海古籍出版社，1982，第509頁。

〔註16〕原文作此，實當為「群」。

〔註17〕原註：朱熹. 論語集注〔M〕. 上海：上海古籍出版社，1982，第4頁。

〔註18〕張旭：《〈論語〉中「思無邪」新解》，《浙江萬里學院學報》2007年第1期（期刊上無頁碼標注）。

的思想引申。在這個基礎上,「《詩》三百,一言以蔽之,曰:『思無邪』。」可以直譯為「詩經三百篇,用一句話來概括它,就是無邊無際。」這就又遇到了一個新問題:此處的「無邊無際」是指《詩》的思想內容還是指《詩》的功用呢?以往的研究者對思想內容多有肯定,如王德培稱此語是孔子用來「總括《詩》三百的豐富內容」「無窮無盡」〔註19〕。孫以昭認為:「孔子所說的『思無邪』也正是借用了《詩經‧魯頌‧駉》中『思無邪』的本意來概括《詩經》的,應作無圉(無邊)解,指的是《詩經》的內容廣闊無邊、包羅萬象之意。」〔註20〕許全亮認為:「孔子引『思無邪』來評價《詩經》,是嘆服《詩經》內容充實,豐富多彩。」〔註21〕近年來的研究者中也有支持「功用說」的。楊敏認為孔子此語是對《詩》的功用而言,其義為:「《詩經》三百篇,有一句話概括它,就是它使人從中得到的啟示、聯想和教育是深遠廣大,無邊無際的。」〔註22〕李蹊同樣認為此語是對《詩》的功用而發,「原來這句話,並不是對《詩經》內容的評價,也不是要求學生閱讀《詩經》時應以『無邪』的思想對待它,而是說《詩經》三百篇,給我們的政治生活提供了無比廣闊的應用手段,或者說,《詩經》在現實生活中的應用是不可窮盡的。」〔註23〕

　　從春秋時代的用詩實踐和孔子的詩學觀念來看,楊敏、李蹊的觀點更符合孔子的《詩》學精神。《詩》是周代禮樂文明的重要載體,是周代貴族參與社會政治活動的重要方式,孔子以《詩》為教,是他承傳周代禮樂文明的文化理想的重要實現途徑。孔子所關注的,不是《詩》本身,而是《詩》的禮樂教化意義。正是從這一點出發,可以較為肯定地說,「《詩》三百,一言以蔽之,曰:『思無邪』」和上博簡《孔子詩論》中的「《詩》其猶旁門」一樣,都是對《詩》寬泛廣闊、包羅萬象的實用功能的概括,與「《詩》可興〔註24〕、可以觀、可以群、可以怨,邇之事父,遠之事君,多識於草木鳥獸之名」(《論語‧陽貨》)及「授之以政」、「使於四方」「達政」、「專對」(《論語‧子路》)

〔註19〕原註:王德培.「思無邪」新解〔J〕. 天津師大學報,1984,(3):76.
〔註20〕原註:孫以昭.「思無邪」新探〔J〕. 安徽大學學報,1998,(4):60.
〔註21〕原註:許全亮. 解讀「思無邪」〔J〕. 語文學刊,2003,(3):13.
〔註22〕原註:楊敏:「思無邪」別論〔J〕. 阜陽師院學報,1996,(1):43.
〔註23〕原註:李蹊:「思無邪」別解及孔子的論《詩》系統〔J〕,太原師範學院學報,2002,(2).
〔註24〕原文作此,疑「可」字後缺一「以」字。

等社會文化功能是相銜接的。因此,「思無邪」既不是對《詩》的思想內容的概括,也不是強調學《詩》、讀《詩》之法,而是指稱《詩》全面而廣泛的社會文化功能,實質是強調學《詩》的重要意義。〔註25〕

　　姚娟:從以上分析得知,「思無邪」作為孔子最重要的詩論,其原始意義清晰、明朗。孔子從禮的層面給於〔註26〕界定,認為詩即周代禮樂制度的有機組成部分,因此詩三百篇合於禮。然而,隨時代變遷,人的情欲得到社會的廣泛關注,而對思無邪的認識也蒙上層層迷障。對思無邪二千多年來的聚訟紛紜,基本上是情與禮二者矛盾的體現。〔註27〕

　　姜南秀:這句話後世產生歧解的地方在於「思」。「思無邪」出自《詩經・魯頌・駉》,「思」本是無義的句首語助詞,在《詩經》中這樣的用法還有許多,如《關雎》「求之不得,寤寐思服」等。對「思」的解釋向來有兩種說法:其一,「思」仍作語助詞解,「無」字解作「毋」字;其二,「思」作名詞「思想」解。

　　劉寶楠在《論語正義》云:「《論語》之言《詩》獨詳,曰誦,曰學,曰為,皆主於誦詩者也。今直曰《詩》三百,是論《詩》,非論讀《詩》也。」劉寶楠認為,孔子是在評論《詩》,而非講述如何讀《詩》,「思」被解作「作者的思想感情」,從潛意識裏已經有意避開了邪淫東西了。然而孔子並非不知道有《桑中》《溱洧》這樣的刺世、邪淫的詩,而是從文學作品的教化意義來看的。那些所謂的邪淫詩,是用來教育人的,是希望人們「不要想到邪淫的方面去」〔註28〕的。南懷瑾認為:「人活著就有思想,凡是思想就一定有問題,沒有問題就不會思想,孔子的『思無邪』就是對此而言。不經過文化的教育,不經過嚴正的教育,不會走上正道。」〔註29〕孔子刪詩書,定禮樂,親自精選整理出三百篇來,並且將它當做教材。孔子特別推崇《詩經》,如果作者的思想感情中出現了有傷風化的內容,還要教育學生刻意回避的話,顯然是不合情理的。

〔註25〕趙玉敏:〈「思無邪」本義辨正〉,《學術交流》2007年第6期,第156頁。
〔註26〕原文作此,疑當為「給予」。
〔註27〕姚娟:〈「思無邪」新論〉,《商丘師範學院學報》2008年第1期,第39頁。
〔註28〕原註:劉又辛. 文字訓詁集〔M〕. 北京:中華書局,1993:77.
〔註29〕原註:南懷瑾. 論語別裁〔M〕. 上海:復旦大學出版社,2005:45.

因此，「思無邪」三字，「論功頌德，止僻防邪，大抵皆歸於正，故此一句可以當之也」〔註30〕。「思」在這裏應當解作名詞，指的是「詩歌的思想內容」。〔註31〕

吳欣：綜上，我們可以得出這樣的結論：孔子並沒有刻意強調「詩三百，思無邪念」的必要性和可能性。因此，「思無邪」的語言意義並不是「思無邪念」的意思，而是孔子對《詩經》「無算、無數」的內容及「無邊、無已」的作用的一個概括和總結。〔註32〕

楊逢彬：其中「思」是句首語助詞（古人所謂「語詞」「詞」「辭」），自來注《詩》者無異議；王先謙《詩三家義集疏》云：「思無邪者，思之真正無有邪曲。」〔註33〕王說誤。項安世《項氏家說》云：〔註34〕

> 思，語辭也。用之句末，如「不可求思」「不可泳思」「不可度思」「天惟顯思」；用之句首，如「思齊大任」「思媚周姜」「思文后稷」「思樂泮水」，皆語辭也。說者必以為「思慮」之「思」，則過矣。

俞樾《茶香室經說》（卷四）云：〔註35〕

> 《駉》篇：「思無疆，思馬斯臧。」……王氏引之《經傳釋詞》曰：思，乃發語詞。引「思變季女逝兮」、「思皇多士」、「思齊大任」、「思媚周姜」諸句為證。《魯頌‧泮水》篇「思樂泮水」亦以為語詞。而此篇八「思」字，則以「思無邪」一句《論語》引之，故不敢以為語詞。今按：《論語集解》引包氏，但曰「歸於正」並不及「思」字。《正義》曰：「《詩》之為體，論功頌德，止僻防邪，大抵皆歸於正。」亦不及「思」字，疑《論語》家舊說不用「思」字為說也。皇侃《義疏》引衛瓘云：「不曰思正，而曰思無邪，明正無所思邪，邪去則合於正。」此晉人清談，未必其為古義矣。竊謂此篇八「思」字皆語詞，並承上句而言。

〔註30〕原註：何晏，邢昺. 論語注疏〔M〕. 北京：中華書局，1957：16.

〔註31〕姜南秀：《〈論語‧為政〉歧解評議》，《蘭州教育學院學報》2010 年第 5 期，第 51 頁。

〔註32〕吳欣：《也談「思無邪」》，《現代交際》2010 年第 11 期，第 96 頁。

〔註33〕原註：王先謙. 詩三家義集疏〔M〕. 北京：中華書局，1987.

〔註34〕原註：項安世. 項氏家說〔M〕. 叢書集成初編〔Z〕. 上海：商務印書館，1935.

〔註35〕原註：俞樾. 茶香室經說〔M〕. 春在堂全書.

我們以為王說誤而項、俞說是。所以然者，下文一並論證。然則「思無邪」當言馬直行無邪。或曰「邪」當訓「徐」，謂馬疾行也。此無關我們論證之宏旨，不贅。

楊伯峻先生《論語譯注》說：

「思無邪」一語本是《詩經・魯頌・駉篇》之文，孔子借它來評論所有詩篇。「思」字在《駉篇》本是無義的語首詞，孔子引用它卻當「思想」解，自是斷章取義。俞樾《曲園雜纂》說這也是語辭，恐不合孔子原意。

因此，《論語譯注》翻譯為：「《詩經》三百篇，用一句話來概括它，就是『思想純正』。」

我們認為孔子這裏沒有將「思」理解為「思想」。之所以如此認為，之所以認為王先謙說誤而項安、世〔註36〕俞樾說是，乃是因為孔子時代的典籍中，「思」字從未見用為名詞可解作「思想」者。據我們全面調查，孔子時代及之前，「思」只有兩種用法：一是用作動詞，意為思念、思考，如「鬱陶思君爾」（《孟子・萬章上》），「學而不思則罔」（《論語・為政》）；一是用作語助詞，如「漢之廣矣，不可泳思。江之永矣，不可方思」（《詩經・周南・漢廣》）以及上文項安世所舉諸例。「思」用作名詞表示「思想」已經是很晚近的了。可以認為，孔子於此如果有所斷章取義，也只是將具體馬無邪（斜）行，當作抽象的沒有邪僻了。因此，俞樾之說是對的。〔註37〕

趙付美：「為政」篇談「為政之道」，那麼，出現在這樣語境中的「思無邪」自然圍繞「為政」而來，談論「詩」在「為政」上的具體功用。

其實，早在朱熹的注解中，「思無邪」的「詩教」意旨就已經呼之欲出了。《詩集傳》「孔子曰：『《詩》三百，一言以蔽之，曰思無邪。』蓋詩之言，美惡不同，或勸或懲，皆有以使人得其情性之正」〔註38〕，在《四書章句集注》中，他提出「凡詩之言，善者可以感發人之善心，惡者可以懲創人之逸志，其用歸於使人得其情性之正而已」〔註39〕。朱熹的訓釋突出一個「使」字，「使」字的使用凸顯了「詩」的教育功能，無疑是合「為政」篇的語義框架的。……

〔註36〕作者原文作此，標點錯誤，當為「項安世、」。
〔註37〕楊逢彬：《〈論語〉語詞瑣記》，《古漢語研究》2011年第2期，第17～18頁。
〔註38〕原註：〔南宋〕朱熹. 詩集傳〔M〕. 北京：中華書局，2011，第318頁。
〔註39〕原註：〔南宋〕朱熹. 四書章句集注〔M〕. 北京：中華書局，1983，第53頁。

　　……我們認為，朱熹對孔子「思無邪」中的「使（object）xx」的語用理解完全吻合「為政」篇的語境，只是，在語言文字問題上存有瑕疵。其實，「思無邪」中「使」義來源於「思」。

　　在上古漢語中，「思」有「使」義。根據孟蓬生的考釋，在以下語篇中，「思」訓作「使」。

　《上海博物館藏戰國楚竹書》

　　　禹然後始為之號旗，以辨左右，思民不惑。（19簡《容成氏》）

　　　思民蹈之。（44簡《容成氏》）

　　　知天之道，知地之利，思民不疾。（49簡《容成氏》）

　《逸周書》

　　　皇天哀禹，賜以彭壽，思正夏略。

　　　……

　　可見，在上古漢語中，「思」有「使」義是確鑿的。而孟蓬生對《國語·魯語》《說怨[註40]·辨物》《孔子家語·辯物》三部文獻同一句話用詞差異的比較則為我們理解後世對孔子「思無邪」理解偏誤提供了很好的借鑒。

　　　使無忘職業。（《國語·魯語下》）

　　　思無忘職業。（《說怨·辨物》）

　　　而無忘職業。（《孔子家語·辯物》）[註41]

　　據此，我們可以推測，在西漢劉向時期，「思」「使」互訓還是較為常見的，而最遲到《孔子家語》時期，「思」的「使」義在時人的概念中就基本沒有了。也許，孔子「思無邪」現存最早的包咸的注「歸於正」，其本源義為「使歸於正」，由於在當時「思」作「使」解家喻戶曉不構成歧解，所以就沒再贅以解釋「思」字。而到後代，「思」的「使」義消失，因而，未加注釋的「思」字就有了意義衍生的無限空間。

　　「詩三百」是承載著「教化」之使命刪定的，其自身具有「教化」的特質，而「教化」的終極目的即為「去邪」，也就是包咸所言「歸於正」。《論語·為政》通篇談「為政」之道，出現在這樣語用框架下的「詩三百」自然與「為政」相關聯，是孔子關於「詩」在治國功用上的精微闡發；而在語言文字上，

〔註40〕原文作此，當為「說苑」，趙文中下同。

〔註41〕原註：例證源於「超星學術視頻」──孟蓬生「假借字與古文獻閱讀（三）」視頻。

「思無邪」之「思」字，同樣秉承著「教」的意旨，「思」訓為「使」體現出「詩」的「政教」功用，與「為政」的篇章旨意完全吻合。〔註42〕

崔海東：一則「思無邪」出自《詩經・魯頌・駉》。其中「思」為語助詞，無義。此在《詩經》中常見，「用之句末，如『不可求思』、『不可泳思』、『不可度思』、『天惟顯思』；用之句首，如『思齊大任』、『思媚周姜』、『思文后稷』、『思樂泮水』」〔註43〕。「無邪」則為「直」義，此本《駉》詩，《詩》云「以車祛祛，思無邪，思馬斯徂」，祛祛為強健貌，徂乃行義，此是詠馬之直，謂馬行直前。二則孔子刪詩所依據的準則是直道而行、直抒胸臆，故正好借此「思無邪」來概括。此正如錢穆先生云：「無邪，直義。三百篇之作者，無論其為孝子忠臣，怨男愁女，其言皆出於至情流溢，直寫衷曲，毫無偽託虛假，此即所謂『《詩》言志』，乃三百篇所同。故孔子舉此一言以包蓋其大義。」〔註44〕

故本章義為：孔子云：「《詩經》三百篇，用一句話來概括它，就是『直抒胸臆』。」〔註45〕

楊璐：回到孔子作《詩》朝代可以看出，斷章取義，賦詩言志是當時普遍的風氣，古人在春秋時期已然形成微言大義的著書風格，往往不顧及其所引詩句原句的特殊語境和其意義，只是為了引用而引用，「古者諸侯卿大夫交接鄰國，以微言相感，當揖讓之際，須稱《詩》以論其志。蓋以別賢不肖而觀盛衰焉」。〔註46〕孔子引用《詩》三百篇，很可能也是斷章取義，對於本身字面意義是重視，但是不顧這句話的原本質疑和原文語境。

從《論語・為政篇》整體的創作風格和創作理念來看，把思無邪解釋成性情真實，無矯揉造作之情是最為合適的，在《為政篇》中有大量關於社會人生政治理想的言論見解。第一章有「為政以德，譬如北辰居其所而眾星拱之」，這是該篇章的靈魂所在。當代文學界對於它的理解並未有太大的分歧，均認為「為政以德」就是為政的人首先要取得萬物之性，萬物即指黎民百姓，

〔註42〕趙付美：《孔子「思無邪」之「思」解詁》，《遼東學院學報（社會科學版）》2013年第2期，第100～101、102頁。

〔註43〕原註：高尚榘. 論語歧解輯錄〔M〕. 北京：中華書局，2011，第37～38頁。

〔註44〕原註：錢穆. 論語新解〔M〕. 北京：三聯書店，2005，第24～25頁。

〔註45〕崔海東：《楊伯峻〈論語譯注〉義理商榷》，《合肥師範學院學報》2014年第1期，第55頁。

〔註46〕原註：班固《漢書・藝文志》。

也就是說執政者要瞭解百姓真實的生活環境和生活願望，讓百姓能循其本性，即為德。〔註47〕總之，《論語・為政篇》講的是為德為民，在第一章中提出觀點，認為統治者應當知民意，遵循百姓的本性，滿足百姓的願望；第二、三、四章是具體分析問題，指出使民以德的可行性和必要性。後面則是提出並解決問題。整體而言，孔子為政篇的主題十分明確，這一章中引用思無邪，應當是有明確的目的，也是切中本題的目的，就是為了證明政治以民以德的可能性。〔註48〕

2.3 子曰：「道之以政，齊之以刑，民免而無恥；道之以德，齊之以禮，有恥且格。」

（1）道

張詒三：「道之以政」、「道之以德」的「道」，歷來都認為是「導」的假借字。據程樹德《論語集解》〔註49〕：「皇本兩『道』字作『導』。」〔註50〕「道」與「導」古書中常常相通也是事實。《論語集注》：「道，猶引導，謂先之也。」〔註51〕

我們認為，認為「道」通「導」，解釋成「引導」是對的，但在這句具體的語境中，是專指「以語言引導」，即「告訴、教導」，先秦典籍中有類似的例子：

> 古之王者知命之不長，是以並建聖哲，樹之風聲，……予之法制，告之訓典，教之防利，委之常秩，道之禮則，則使毋失其土宜，眾隸賴之，而後即命。〔註52〕

該句中「道」與「予」、「告」、「教」、「委」為對文，意義當相近，即具有「交付、給予」義，交付、給予「禮則」的表現形式只能是「告訴、教導」，楊伯峻《春秋左傳注》謂：「此『道』謂教導之。」〔註53〕

〔註47〕原註：霍偉. 再論孔子的「思無邪」〔J〕. 牡丹，2016（08）.
〔註48〕楊璐：《思無邪之淺探》，《北方文學》2017年第24期，第93頁。
〔註49〕原文作此，當為「《論語集釋》」。
〔註50〕原註：程樹德著《論語集釋》第68頁，中華書局，1990年版。
〔註51〕原註：〔宋〕朱熹著《論語集注》第4頁，上海古籍出版社，1987年版。
〔註52〕原註：《左傳・文公六年》，本文所引《左傳》例句依據楊伯峻《春秋左傳注》，中華書局，1990年版。
〔註53〕原註：楊伯峻著《春秋左傳注》第549頁，中華書局，1990年版。

下列兩例中的「道之以……」也與該例相同：

> 謂穆叔曰：「自今以往，兵其少弭矣。齊崔慶新得政，將求善
> 於諸侯。武也知楚令尹。若敬行其禮，道之以文辭，以靖諸侯，兵
> 可以弭。」（《左傳·襄公二十五年》）

> 叔向曰：「汏侈已甚，身之災也，焉能及人？若奉吾幣帛，慎
> 吾威儀；守之以信，行之以禮；敬始而思終，終無不復；從而不失
> 儀，敬而不失威；道之以訓辭，奉之以舊法，考之以先王，度之以
> 二國。雖汏侈，若我何？」（《左傳·昭公五年》）

該句中「道之」與「奉之」相對，也是「告訴、教導」義。

《爾雅·釋詁》：「迪、繇、訓，道也。」可見「道」、「訓」同義。

「道之以政」、「道之以德」的「道」讀 dǎo，同「導」，只是它不僅僅是「引導」義，而是專指「以語言引導」，即「訓導、教導」。〔註54〕

廖名春：《論語》此章「道之以政」、「道之以德」，《大戴禮記·禮察篇》又作：「或導之以德教，或驅之以法令。」王聘珍《解詁》：「導，引也。驅，謂駕馭之。」可知《論語》之「道」字，不但可以訓為導引，也還有驅使、駕馭的意思。由此看來，包咸訓為「治」，較之邢昺的「化誘」、朱熹的「引導」應該更通達。劉寶楠云：「道如道國之道，謂教之也。」而「教」字除了有「化誘」、「引導」之義外，其字也從「攵」，有以杖教子之義。這與「驅」〔註55〕字從「攵」的意義一樣，都含有一定的強制性。這種「教」，也就是管教、管治。所以，《論語》此章之「道（導）」字，諢言之，可訓為治；析言之，可訓為管教或引導。所謂「道之以政」，即「驅之以法令」，也就是以法令來管教；所謂「道之以德」，即「導之以德教」，也就是以德教來引導。潘重規將「道」釋為「領導」，與包咸說神似，既含有管治義，亦含引導義，值得肯定。〔註56〕

（2）政

崔海東：……政既與刑互文，則來看此刑義。馬融注為：「齊整之以刑

〔註54〕張詒三：《「道之」、「齊之」與「羞而不爭」新解》，《中國文化研究》2005 年第 3 期，第 141 頁。

〔註55〕原文作此，據文意，此處字形當作「敺」，古與「驅」同。

〔註56〕廖名春：《〈論語·為政〉篇「道之以政」章新證》，《學習時報》，2007 年 12 月 17 日第 009 版。

罰。」劉寶楠《論語正義》疏云:「《說文》:『刑,剄也。㓝〔註57〕,罰辠也。』二字義別,今經典多混用。『罰』者,《說文》云:『辠之小者也。』罰本小辠,制之以法,故亦曰罰。《周官·司救》云:『凡民之有衺惡者,三讓而罰。』注:『罰,謂撻擊之也。』是也。」則此「刑」本當作「㓝」,「辠」即罪,可見本章之「刑」乃「罰罪」──「撻擊」之義。則「政」亦當與之同質。考《說文》:「政,正也,從攴,從正」,再考攴:「小擊也,從又〔註58〕。」《標準漢語字典》則稱:「政,會意兼形聲字,從攵,從正,正兼表音。」而「攵,俗稱反文兒,本作攴,象手(又)持棍棒狀,義為擊打,即後來的『撲』字,從攴的字多與強制、強力義有關」《漢字詳解字典》則稱:「政,會意形聲字,從攴(攵)正聲,指手拿棍棒敲打。」以上解釋,政與「刑」之罰撻義同。

……此「政」與「德」相反,我們知道儒家素以力德對舉,正如王霸、義利等對舉一樣。《論語》之例可見《憲問》篇:「南宮适問於孔子曰:『羿善射,奡盪舟,俱不得其死然,禹稷耕稼,而有天下。』夫子不答。南宮适出,子曰:『君子哉若人,尚德哉若人。』」羿、奡均長於武力,終死於非命,禹、稷則相反,躬於德行,終能得有天下。又如同篇中孔子云:「驥不稱其力,稱其德也。」其「德」,指「鳴和鸞,逐水曲,過君表,舞交衢,逐禽左」所謂「五御」等內容。〔註59〕

故至此,本章「政」義已明。孔子乃是取政的原始義「武力、暴力」,從而以力、刑相互文,以力、德相對文。孟子:「以力假仁者霸,霸必有大國。以德行仁者王,王不待大。」(《公孫丑上》)此處假仁、行仁均指仁政,故力政與德政相對文,亦可作為本章之明證。至於後世則更為常見,如朱子云:「中國所恃者德,夷狄所恃者力」〔註60〕等。〔註61〕

(3)齊

張詒三:我們認為,「齊」在這裏通「齎」,是「給予」的意思。理由如下:

〔註57〕原文作此,疑當為「㓝」,崔文中下同。

〔註58〕原文作此,疑其後當有「卜聲」二字。

〔註59〕原註:劉寶楠. 論語正義〔M〕. 北京:中華書局,1990:590～591.

〔註60〕朱熹. 答汪尚書〔A〕. 朱子全書(第21冊)〔M〕. 上海:上海古籍出版社,2002:1299.

〔註61〕崔海東:《〈論語〉幾則新解》,《理論界》2010年第11期,第133～134頁。

從讀音上說，「齊」是「齎」的聲符，聲符相同的字讀音往往相近、相同，據《漢字古音手冊》：齎，精母脂部；齊，從母脂部。〔註62〕兩字韻部相同，聲母屬於同一發音部位，都是齒音，區別只在清濁方面。「齊」和「齎」的讀音差別很小，很容易通假。

從用字方面看，古籍中「齊」與「齎」常常通假：

《詩經‧小雅‧甫田》：「以我齊明。」《經典釋文》：「齊本又作齎。」

關於「齎」的意思，《說文‧六下》：「齎，持遺也，從貝齊聲。」看來，「齎」是「給予、交付」的意思，那麼，「齊之以刑」就是「交付給他們刑法律令」；「齊之以禮」就是「交付給他們禮儀制度」。〔註63〕

楊婧：張詒三先生在《「道之」「齊之」與「矜而不爭」新解》中認為：「齊」通「齎」〔註64〕，應取「給予」意。……

筆者認為這種考證的方法欠妥。張詒三先生雖從語言系統內部進行考察，但是並未涉及「齊」在「齊之以禮」「齊之以刑」這類句法中的分佈特徵。而情理、義理只能作為考證的次要依據，凡是語言系統外部的依據都是不必要、不自足的。因此，筆者以語言系統內部尤以考察分佈為主軸，對「齊之以刑」「齊之以禮」中的「齊」重新進行考察。

首先，筆者在《論語》《孟子》《左傳》和《國語》這 4 部典籍中，考察與「齊之以刑」句式結構相類似的「V＋之＋以＋N」的使用情況，共 228 例。筆者發現，當「N」為抽象名詞時，此結構應解釋為「以 N（來）V 之」，即「用（依）……來（去）……」，例如：

（1）親之以德（用德行去親近他們）（《左傳‧文公七年》）

（2）子曰：「約之以禮。」（用禮儀來約束他們）（《論語‧雍也》）

（3）故制之以義，旌之以服，行之以禮，辯之以名，書之以文，道之以言（用德義來制約它，……）（《國語‧楚語上》）

（4）祿之以天下（把天下的財富都作為俸祿給他）（《孟子‧萬章章句上》）

〔註62〕原註：本文漢字的上古音韻地位依據郭錫良《漢字古音手冊》，北京大學出版社，1986 年版。

〔註63〕張詒三：《「道之」、「齊之」與「矜而不爭」新解》，《中國文化研究》2005 年第 3 期，第 140～141 頁。

〔註64〕原文作此，然張詒三先生文中作「齎」字。楊文中下同。

　　大量例句可證之。「齊之以禮」和「齊之以刑」中的「禮」和「刑」都是抽象名詞，故譯為「以禮齊之」「以刑齊之」。……

　　其次，在春秋戰國時期的典籍中，「齊」作為動詞、後跟指示代詞「之」，即「齊＋之」這一句式，共 12 例。例如：

　　　　（5）齊之以味，濟其不及，以洩其過（使味道適中，味道太淡就增

　　　　　　加調料，味道太濃就加水沖淡）（《左傳・昭公二十年》）

　　　　（6）故令之以文，齊之以武，是謂必取（要用「文」的手段即用政

　　　　　　治道義教育士卒，用「武」的方法即用軍紀軍法來統一步調）

　　　　　　（《孫子・行軍篇》）

　　　　（7）整之齊之（讓它們步伐整齊，讓它們行動劃一）（《莊子・外篇・

　　　　　　馬蹄》）

　　　　（8）致齊三日以齊之（然後再致齋三天加以整齊）（《禮記・祭統》）

　　這裏的「齊」都有「使整齊」的意思，而無一例是通「賫」、用作「給予」義。

　　最後，通過查閱字詞典，筆者沒有發現：「齊」讀「jī」時，通「賫」，作「交付，給予」義。《說文解字注》：禾麥吐穗上平也。引伸為凡齊等之義。……《康熙字典》：又《玉篇》整也。又與「臍」通，又莊皆切。與「齋」同，又箋西切，音「齎」，與「齏」同，又與「躋」同。〔註65〕又《廣韻》整也，中也，莊也，好也，疾也。〔註66〕《漢語大字典》：「齊」，讀「jī」時，通「躋」，「升，登」義。又通「齏」，泛指醬菜。兩本字典中均無「交付，給予」義。〔註67〕

　　（4）刑

　　張詒三：「道之以政」的「政」，朱熹《論語集注》說：「政，謂法制禁令也。」「齊之以刑」的「刑」與「政」為對文，同樣是介詞「以」的賓語，也應該是名詞性的，指「刑律」。〔註68〕

〔註65〕原註：張玉書，陳廷敬. 現代版康熙字典〔M〕. 北京：九州圖書出版社，1998：
　　　　3308.

〔註66〕陳彭年. 鉅宋廣韻〔M〕. 上海：上海古籍出版社，1983：24.

〔註67〕楊婧：《〈論語〉考證二則》，《三江高教》2018 年第 2 期，第 41～42 頁。

〔註68〕張詒三：《「道之」、「齊之」與「矜而不爭」新解》，《中國文化研究》2005 年
　　　　第 3 期，第 141 頁。

（5）民免而無恥

廖名春：《論語》此章之「民免而無恥」，今本《禮記・緇衣》作「民有遯心」，而郭店楚竹書和上海博物館藏楚竹書《緇衣》則作「民有免心」。遯，逃也。「免」與其義同，也當是逃避、離開之義，而非「免罪」、「免刑」、「免禍」之意。《禮記・曲禮上》：「臨財毋苟得，臨難毋苟免。」《論語・陽貨》：「子生三年，然後免於父母之懷。」《後漢書・申徒剛傳》：「今聖主幼少，始免繈褓。」李賢注：「免，離也。」楚竹書兩《緇衣》所謂「民有免心」，就是今本《禮記・緇衣》的「民有遯心」，有逃離之心。此是說用「政」、「刑」來治民，民就會逃離。

筆者頗疑「恥」當讀作「止」。「恥」古音為之部透母，「止」為之部章母，韻同聲近。《國語・晉語八》：「文子曰：『止。為後世之見之也：其驕者，仁者之為也；其碁者，不仁者之為也。』」宋庠本之「止」，明道本作「恥」。而「恥」、「止」為一字之異體，足證「恥」、「止」可互用。

由此可見，《論語》此章的「民免而無恥」當讀作「民免而無止」，意思是說「道之以政，齊之以刑」，用「政」、「刑」來管治百姓，「苛政猛於虎」，「則民有遯心」，就會逃離不止。「民免而無止」是說逃離的程度，而《緇衣》篇的「民有遯心」或「民有免心」是說有逃離之心，基本意思還是相同的。〔註69〕

張俊成：本章的「免」字，廖名春先生指出：「《論語》此章之『民免而無恥』，今本《禮記・緇衣》作『民有遁心』，而郭店楚竹書和上海博物館藏楚竹書《緇衣》則作『民有免心』。遁，逃也。『免』與其義同，也當是逃避、離開之義，而非『免罪』、『免刑』、『免禍』之意。」〔註70〕廖說甚是。「免」作「離開」解，於《論語》中還有其他書證，如《論語・陽貨》：「子生三年，然後免於父母之懷。」〔註71〕

侯乃峰：《論語・為政》「子曰：道之以政，齊之以刑，民免而無恥；道之以德，齊之以禮，有恥且格」章中兩個「恥」字似乎也應當依上說讀為「止」，訓為「止度」、「節度」。此章文字的解釋歷來眾說紛紜。清人劉寶楠《論語正

〔註69〕廖名春：《〈論語・為政〉篇「道之以政」章新證》，《學習時報》，2007年12月17日第009版。

〔註70〕原註：廖名春：《〈論語・為政〉篇「道之以政」章新證》，《學習時報》2007年12月17日。

〔註71〕張俊成：《〈論語譯注〉商榷三則》，《孔子研究》2011年第4期，第76頁。

義》於「有恥且格」下引漢代《祝睦碑》異文「有恥且恪」為說,《爾雅・釋詁》「恪,敬也」,又《漢書・貨殖傳》「於是在民上者,道之以德,齊之以禮,故民有恥而且敬」,以為此句是說「言民知所尊敬而莫敢不從令也」。劉氏此說於理甚洽。「莫敢不從令也」自然與上引《孔子家語・五刑解》中的「是以上有制度,則民知所止,民知所止則不犯」之義相因。「格」既讀為「恪」訓為「敬」,則「恥」讀為「止」訓為與「禮」有關係的「止度」、「節度」,適足以發明《論語》此章二「恥」字之義。又如《逸周書・周祝解》:「教之以禮民不爭,被之以刑民始聽。」孔晁注:「有禮則讓,故不爭。」「民不爭」即「民知所止」,當即《論語・為政》中的「有恥(止)」之義。〔註72〕

(6)有恥且格

廖名春:同理〔註73〕,《論語》此章的「有恥且格」當讀作「有止且格」,就是說「道之以德,齊之以禮」,對百姓施以仁政,自己原來的百姓就不會逃離,就會安居樂業,這就是「有止」;而且別國的百姓也會被招徠過來,這就是「格」。自己的百姓「有止」,別國的百姓「格」至,也被吸引過來,顯然是遞進關係,故中間用「且」表示。〔註74〕

姜南秀:這句話中產生歧解的地方在於「格」。《爾雅・釋詁》:「格,至也。」《釋言》:「格,來也。」《儀禮・士冠禮》:「孝友時格,永乃保之。」鄭玄注「格,至也」。同樣的用法如《尚書・湯誓》:「格爾眾庶,悉聽朕言。」

何晏、邢昺解作「正」。朱熹認為有兩說:「格,至也。一說,格,正也。」〔註75〕「格」作「至」,當動詞「到達」講;「正」,當形容詞正直講。《禮記・緇衣》:「夫民,教之以德,齊之以禮,則民有格心;教之以政,齊之以刑,則民有遯心。」《論語正義》曰:「《注》云:『格,來也。遯,逃也』。彼言『遯』,此言『免』,義同。《廣雅・釋詁》:『免,脫也。』謂民思脫避於罪也。」楊伯峻《論語譯注》引此處「格心」和「遯心」相對,「遯」即「遁」,作「逃避」解。因此,「格」應是「歸順,投奔」的意思。

〔註72〕侯乃峰:《〈天子建州〉禮學字詞疏證三則》,《古籍研究》2013 年 Z1 期,第69 頁。

〔註73〕在「民免而無恥」一句中作者已論「恥」當讀作「止」,故此處謂同理。

〔註74〕廖名春:《〈論語・為政〉篇「道之以政」章新證》,《學習時報》,2007 年 12月 17 日第 009 版。

〔註75〕原註:朱熹. 論語集注〔M〕. 長沙:嶽麓出版社,1985:7.

所以，「格」應當訓為「至」比較恰當。〔註76〕

趙映環：「有恥且格」中的「恥」，古做「恥」，《說文》曰：「辱也。」在先秦漢語中它有三種用法：一為名詞，指人的羞恥之心；一為動詞，含有受到侮辱而感到羞恥，或使別人受到侮辱而感到羞恥之義；一為形容詞，形容個人或某些人有羞恥之心。「有恥且格」之「恥」顯然屬於第三種。「恥」乃形容詞，那麼，「格」也應為形容詞而非動詞。

……筆者認為「格」為「正」義，然此處「正」為形容詞，宜釋為「正直、正派、有正義感」之義更為恰當。以下試為之說。

首先應該強調的是，「正」的「正直、正派、有正義感」之義在古書中不勝枚舉，如：

（1）凡牧民者，欲民之正也。欲民之正，則微邪不可不禁也。（《管子·權修》）

（2）屏棄典刑，囚奴正士。（《書·泰誓》）

其次，《禮記·緇衣》有曰：「夫民，教之以德，齊之以禮，則民有格心；教之以政，齊之以刑，民有遯心。」楊伯峻先生認為「這話可以看作孔子此言的最早注釋，較為可信。……「遯」即「遁」字，逃避的意思，逃避的反面應該是親近、歸服、嚮往，所以用『人心歸服』來譯它。」然「遯（遁）」除了「逃避」，另有「欺騙」一義，且此義不乏於古書。例如：

（1）非自遁。（《淮南子·繆稱》）高誘注：「遁，欺也。」

（2）審於形者不可遯以狀。（《淮南子·繆稱》）高誘注：「遯，欺也。」

（3）遁上而遁民者。王念孫按：「遁，欺也。」（《管子·法禁》）

「格心」與「遯心」相對成文，「遯心」譯為「欺詐之心」，那麼，「格心」應為「誠實，正直之心」。

此外，近年出土的《郭店楚墓竹簡·緇衣》記載：「子曰：『長民者教之以德，齊之以禮，則民有懂心。』」裘錫圭先生按語：「『懂』，也有可能讀為『勸』。」〔註77〕李零《郭店楚簡校讀記》亦讀為「勸」。〔註78〕《呂氏春秋·

〔註76〕姜南秀：《〈論語·為政〉歧解評議》，《蘭州教育學院學報》2010年第5期，第51頁。

〔註77〕原註：荊門市博物館. 郭店楚墓竹簡〔M〕. 北京：文物出版社，1998，第130頁。

〔註78〕原註：李零. 郭店楚簡校讀記〔A〕//道家文化研究：第十七輯〔C〕. 北京：三聯書店，1999，第483頁。

上德》有曰：「上賞而民勸。」高誘注：「勸，善也。」故「民有懽心」應為「民有善心」，即，「人民有正直之心，有正義感。」

再者，釋「格」為「正直、正派、有正義感」，更符合孔子的本意。第一，儒家崇尚正直。……第二，「正直、正義」也是作為儒家思想綱領的「義」的一個重要方面。……第三，孔子主張「為政以德」。朱熹注：「政之為言正義也，所以正人之不正也；德之為言得也，得於心而不失也。」為政，就是要用德使別人端正、正直。「道之以德，齊之以禮」，德治之下，百姓同時具有了「羞恥心（恥）」和「正義感（格）」兩種美德，更突現了德治的重要性。

由此，應當將「有恥且格」順理疏解為「即有羞恥心又有正義感」。〔註79〕

張俊成：我們可以結合其它有關的先秦文獻來解讀本章。《禮記·緇衣》：「夫民，教之以德，齊之以禮，則民有格心；教之以政，齊之以刑，則民有遁心。故君民者，子以愛之，則民親之；信以結之，則民不倍。」這段話可以看作是對本章最早的注釋，也是理解本章最好的參照物。有一點很明顯，《禮記·緇衣》中的「格心」和「遁心」正好和本章中「格」和「免」對應。因此，正確理解了《禮記·緇衣》中「格心」和「遁心」的含義，也就正確把握了本章中「格」和「免」的含義。就整體而言，《禮記·緇衣》主要談的是治民方式和民心離合的問題，認為統治者應該愛民並且用誠信使民團結，這樣民眾就會歸服而不背離於你。儒家對於民心向背是非常看重的，儒家文獻中有很多關於民心的論述，如《孟子·離婁上》：「得天下有道，得其民，斯得天下矣。得其民有道，得其心，斯得民矣。得其心有道，所欲與之聚之，所惡勿施，爾也。」《孟子·公孫丑下》：「得道者多助，失道者寡助。寡助之至，親戚畔之；多助之至，天下順之。」《說文》：「遁，逃也。」「遁心」即逃離之心，因此「格心」就是歸服之心。〔註80〕

孫景龍：「格」有「規格」「法式」「標準」義，如《禮記·緇衣》：「子曰：『言有物而行有格也，是以生則不可奪志，死則不可奪名。』」鄭玄注：「格，舊法也。」孔穎達疏：「格，謂舊有法式。」今語有「規格」「格式」「格律」「出格」「破格提拔」「降格以求」等等，「格」都是「法式」「標準」的意思。

〔註79〕趙映環：《〈論語〉新解二則——「因不失其親」、「有恥且格」》，《廈門教育學院學報》2011 年第 1 期，第 52～53 頁。

〔註80〕張俊成：《〈論語譯注〉商榷三則》，《孔子研究》2011 年第 4 期，第 75～76 頁。

如果訓「格」為「標準」，「有恥且格」則可以解釋為「有恥辱觀念並且知道做人標準」。通觀孔子整段話，這樣訓解似乎更為準確。《說文》：「格，木長貌。」段玉裁注：「木長言長之美。木長貌者，格之本義。」木長則高；長高，木之美。「高」和「美」為木生長之標準、法式。訓「格」為「標準」「法式」是本義之引申。人的成長也為追求崇高，追求崇高是人成長之美。「禮」為人接近崇高的行為準則，所以孔子說「道之以德，齊之以禮，有恥且格」。「有恥且格」，「恥且格」為「有」的賓詞，民行「有恥又有格」之義，正與《禮記・緇衣》「行有格」所言一致。〔註81〕

高敏：諸解比較，唯釋「格」為「正」符合文意。《辭源》：「格：糾正。《書・冏命》：『繩愆糾謬，格其非心。』《論語・為政》：『有恥且格。』」《漢語大字典》：「格：正，糾正。《方言》卷三：『格，正也。』」清吳善述《說文廣義校訂》：『製器者以木為法，所以正不正者曰格。』《孟子・離婁上》：「惟大人能格君心之非。」趙岐注：「格，正也。」《後漢書・范滂傳》：「豈宜以公禮格之？」李賢注：「格，正也。」〔註82〕

張涵蕾：「格」從「各」得聲，按照音近意通原則也可以從「各」得其義。「各」的本義為「行止於一定的範圍」，「有恥且格」可以釋為「人民不但有羞恥、廉恥之心，且行為能限於一定的範圍之內」。

孔子四處奔波，其政治理想是恢復周初的社會秩序，創造一個和諧的社會環境，他認為實現他政治理想的途徑是讓人「克己復禮」，因為「不知禮，無以立也」。「禮」是一種行為規範，雖然「刑」與「禮」的最終目的都是要限制百姓的行為，使其行為止於一定的範圍。「禮」從積極的角度，從道德的角度，告訴人們怎樣做，而「刑」則從消極的角度，禁止人們怎樣做。「齊之以刑」，民畏懼而免於犯法，知道不能怎樣做，但不知應該怎樣做；「齊之以禮」，則人人「知禮」，百姓知道不能怎樣做，應該怎樣做。「德」是指擁有向善之心，而「禮」則是一些典章制度，使百姓遵守不得逾越，因此，與「禮」對應的「格」宜訓為「行止於一定範圍」，即：行為限制於一定的規章制度中。〔註83〕

〔註81〕孫景龍：《〈論語〉文義新解六題》，《孔子研究》2012 年第 4 期，第 24～25 頁。
〔註82〕高敏：《〈論語〉疑難句辨惑六則》，《齊魯學刊》2013 年第 6 期，第 11 頁。
〔註83〕張涵蕾：《〈論語・為政〉中「有恥且格」之「格」字新解》，《宿州學院學報》2016 年第 5 期，第 48、95 頁。

（7）對整章的理解

崔海東：故此章義為：如果導之以暴力，齊之以刑罰，則民眾或四散奔逃或毫無羞恥苟安現狀。如果導之以德性，齊之以禮樂，則民眾自然四方來歸並有恥心。〔註84〕

高敏：孔子的這句話是說，用政令來管理領導，用刑法來整治規範，民眾只求免於受罰，而心中並無恥辱感；如果用道德來管理領導，用禮制來整治規範，民眾就會有恥辱感，就會自覺糾正錯誤，即格其非心（糾正不正確的思想）。〔註85〕

2.4 子曰：「吾十有五而志於學，三十而立，四十而不惑，五十而知天命，六十而耳順，七十而從心所欲，不逾矩。」

宋鋼：俞樾說：「此當於心字絕句。《禮記‧樂記篇》『率神而從天』。鄭注曰：『從，順也。』六十而耳順，七十而從心。耳順從心，錯綜成文。亦猶迅雷風烈之比。……柳宗元《與楊晦之書》曰：『孔子七十而從心』。正於心字絕句。……六朝人讀從字為放縱之縱，故唐宋人引此文多作縱心，實非。」〔註86〕

葉適認為：「耳順、從心，孔子安得以最後之年自言之？又其所為限節者，非所以為進德之序，疑非孔子之言也。」〔註87〕

孟子曰：「我四十不動心。」按敦煌卷羅本無「不」字。

按：俞氏自文字言，葉氏自邏輯言，兩相結合，意思自安。孟子所謂「不動心」，即是「不惑」。羅本無「不」字，文氣既乖，文意亦謬。前後意思皆從正面說，若無「不」字，則變成從反面說，殊不妥。〔註88〕

崔海東：句讀當作：七十而從心，所欲不踰矩。

此句讀之發展略撮如下。唐柳宗元首斷為「孔子七十而縱心」〔註89〕，但是以「縱」解「從」則誤。因為孔子即便未至不思不勉，也不必自作放縱。宋張載斷句同於柳氏，但是解「從」作「順之至也」，即「七十與天同德，不

〔註84〕崔海東：《〈論語〉幾則新解》，《理論界》2010年第11期，第134頁。
〔註85〕高敏：《〈論語〉疑難句辨惑六則》，《齊魯學刊》2013年第6期，第11頁。
〔註86〕原註：俞樾. 論語平議〔A〕. 群經平議〔C〕. 清同治五年刻本.
〔註87〕原註：葉適. 習學記言〔M〕. 中華書局，1977，序目第176頁。
〔註88〕宋鋼：《〈論語〉疑義舉例》，《貴州大學學報（社會科學版）》2005年第2期，第110～111頁。
〔註89〕原註：柳宗元. 柳宗元集〔M〕. 北京：中華書局，1979：852.

思不勉，從容中道」〔註 90〕。朱子開始斷句同於馬氏，但是後來又常常斷為「從心」，如言「孔子『七十而從心』，不成未七十心皆不可從」，「孔子『六十而耳順，七十而從心』，這處如何用力得！只熟了，自然恁地去」〔註 91〕。清俞樾亦斷在「心」後，並解「從心」同於「六十」之「耳順」〔註 92〕。如此斷句的義理如下：道體下貫，天降衷於人，以其呈載、著形在人性，故稱性體；以其寓控、發動在人心，故稱心體，二者本一也。然即著形，又各分為二。孔子云「克己復禮」（《論語·顏淵》，下引僅稱篇名），又云「為仁由己」（《顏淵》），則同是一己，已含二性，即宋儒所言之氣質與天地。前者乃私利之小我，如趨利避害之生理屬性，其本為善，過或不及則為惡，本章「所欲」之「欲」正指此氣質之性。後者是仁義諸道德屬性，其純善無惡。凡庸之樸實頭，依氣質而行，時能暗合天地，然不能一貫，是為自然狀態。其餘則由於後天之習染，暗合時少，過或不及為多。故常常陷溺邪曲，處於異化狀態，是以凡庸皆「性近習遠」（《陽貨》）。聖人卻純是天地氣象，完全自由。則凡庸之病何在？亦只是心體昧而不明。心本一官，然亦有孟子所言之大小。小體之心，只是感應器官，能思慮憂懼，同於口食足走，並列於氣質。大體之心，則超拔形役，自作主宰，能豁醒天地之德，控制氣質諸性（包括小體心之作用），即「不踰矩」。故可「興天理、滅人欲」，更能超越上達，「峻極於天」（《中庸》），從而對越道體。由此，諸般融洽，心體明覺，已不必故意、橫硬地存在，遂二性合為一，二心合為一，心性歸於一，天人歸於一。故此章義謂：吾年七十，其動也天，若寒暑之運，列星之旋，皆自然而然。〔註 93〕

廖名春：其實「六十而耳順」之「耳」應該讀為「聏」。「聏」字從「耳」得聲，跟「耳」字音完全相同，所以從音上來講，它跟那個「耳」完全可以通用。較早的字典《類篇》就說，「聏，又人之切，和也，調也。」《莊子·天下》篇中也說「以聏合歡，以調海內」。陸德明《釋文》則直接指出，「聏，崔、郭、王云：『和也』。聏和萬物，物合則歡矣。」所以「六十而聏順」也可以寫成「六十而耳順」。

〔註 90〕原註：張載. 正蒙〔M〕//張載集. 北京：中華書局，1978：40.

〔註 91〕原註：朱熹. 朱子語類〔M〕//朱子全書（第 14 冊）. 上海：上海古籍出版社，2002：458、1346.

〔註 92〕原註：高尚榘. 論語歧解輯錄〔M〕. 北京：中華書局，2011：46〜47.

〔註 93〕崔海東：《楊伯峻〈論語譯注〉句讀商榷》，《江蘇科技大學學報（社會科學版）》2013 年第 3 期，第 25〜26 頁。

古代的字是左右結構，也可以反過來，比如安靜的「靜」……左右結構的字也可以寫成上下結構，因此「聏」可以寫成「䎶」，也可以寫成「聏」，這時會出現兩個「而」字。後人把其中的一個「而」字刪掉，「六十而聏順」就變成了「六十而耳順」。所以，「六十而耳順」實際上就是「六十而聏順」，「六十而聏順」就是「六十而和順」。「和順」這個詞在先秦文獻裏很常見，就是孔子講自己到了六十歲的時候，心境平和，性情和善溫順，不容易與人相爭了。〔註 94〕

譚若麗：《論語》是一部優秀的語錄體散文集，語言簡練，含義深刻，句式整齊，節奏鮮明是歷來公認的特色。就此句來看，「三十而立，四十而不惑，五十而知天命」與「七十而從心所欲」皆是數字加動詞或動賓短語的形式，「六十而耳順」位於二者之間，其結構不可能大變，「順」已經承擔了動詞的作用，「耳」字的存在顯然打破了語言形式的統一。從語義上來說，作為聖人的孔子，四十、五十之時已能分辨是非不迷惑，明白世間規律；六十之時則應是對世情有更深一步的認識，不可能又折返到外部器官「耳」順的低級層次。因此，從語句結構和邏輯意義上分析，「耳」字為虛詞和衍詞的可能性更大。又由於「六十而耳順」中已有「而」字，「耳」只能判定為衍詞。

此外，本文作上述結論，並非是一廂情願的推測，而是有文獻可供佐證：程石泉在《論語讀訓》中根據陳鐵凡《敦煌本論語異文匯考》提到的敦煌殘簡編號 S.4696，G.7089，V.568，其內容為「六十如順」(《為政》) 乃何晏《集解》之殘卷，此一發現意義重大。此《敦煌殘卷》無「耳」字；又「而」字作「如」字。同時引用王引之在《經傳釋詞》中謂：「如猶而也。」同時本號《敦煌殘卷》中有「譬而北辰」，而今本《論語》作「譬如北辰」。可見，唐人於「如」字及「而」字是不加以區別的。〔註 95〕

出土文獻為「六十而耳順」中的「耳」字是《論語》在傳抄中而衍生出來的提供了實證。〔註 96〕

〔註 94〕廖名春：《孔子其人其書——以〈論語〉誤讀為中心》，《人文天下》2015 年第 7 期，第 17～18 頁。

〔註 95〕原註：程石泉. 論語讀訓〔M〕. 上海：上海古籍出版社，2005，第 11 頁。

〔註 96〕譚若麗：《「六十而耳順」的釋義》，《牡丹江師範學院學報 (哲學社會科學版)》2017 年第 6 期，第 103 頁。

陳緒平：「耳順」即為「聖賢」之聖。聖賢之聖觀念的建立和文字產生之前，人類大量使用口耳傳佈知識緊密相關。所以，《說文》說：「聖，通也。」「知天命」後可以「聖」，所以鄭玄注說：「耳聞其言，而知其微旨。」〔註97〕最後是「七十」可以隨心所欲，不逾越法理，因為已經到達「道」之化境。在古代，七和七十二是神秘數字，比如「北斗七星」「二十八宿」，《史記》有如此多的合傳，偏偏要湊成「七十列傳」「七十古來希〔註98〕」（這裏的七十是舉成數），魏晉人物有「竹林七賢」，孔子有「七十二」賢達，孫悟空有七十二般變化，直到今天，民間所傳藥方、手工技藝等還有「七十二道」手續的說法，等等。筆者有個看法，七是和天象觀測有關的數字，五行觀念流行，一形為七十二，五行恰恰是三百六十天，正好是一個週年。這是個複雜問題，需另寫文章加以辨析。又按：這是錢老所云的夫子自傳，細讀之，可見孔子完成了自我的超越，其路徑是：十五志於學（興於詩），三十而立（立於禮），四十不惑（人不知而不慍），五十知天命（知命），六十耳順（即聖），七十則（聞道）。〔註99〕

2.6 孟武伯問孝。子曰：「父母唯其疾之憂。」

鄧宗榮：我們認為這句話的是與非是十分明確的：「其」字在這裏只能代父母。「父母唯其疾之憂」只能理解為「（兒女）唯父母疾之憂」。理由如下：

（1）從原話背景看，孔子是為回答孟武伯問孝而言的。既然孟武伯向孔子請教怎樣做才算盡孝道，那麼孔子就應該就「孝」（舊謂善事父母）的方面來回答。……

（2）從《為政》篇有關「問孝」的章節來看，孔子的回答無不是說明「孝」的，如：

孟懿子問孝。……（第5章）

子游問孝。……（第7章）

子夏問孝。……（第8章）

〔註97〕原註：阮元. 十三經注疏〔M〕. 北京：中華書局，1980年影印本，第2461頁。

〔註98〕原文作「希」，古通「稀」。

〔註99〕陳緒平：《〈論語〉字義疏證舉例》，《西華師範大學學報（哲學社會科學版）》2018年第5期，第75頁。

　　這三章都是問孝，而孔子的回答都是有關孝的，只不過孔子的答話因人而異：對孟懿子，主要強調對父母的生養死葬不要違背禮節；對子游，主要強調對父母的恭敬；對子夏，主要強調對父母要和顏悅色。我們再來看看孔子對孟武伯問孝的回答——「父母唯其疾之憂」，這顯然是在強調做兒女的要時刻擔心父母的疾病。孟懿子和孟武伯是父子關係，與孔子同時。從孔子的答話中我們可以看出，懿子的父親已經去世，所以孔子提出「葬」與「祭」的問題；而當孟武伯問孝的時候，孟懿子可能年老多病了，所以孔子有針對性提出「要為父母的疾病擔心」。

　　（3）從句法上看，「父母唯其疾之憂」不是一般的施動主語句，而是一種複指式，王力先生把這類句子的構造稱為「複說法」（見《中國語法理論》下冊），呂叔湘先生稱之為「外位句」（見《中國文法要略》8.8 節）。這種句式的特點就是，說話人把心目中認為最重要的一個名詞或名詞性詞組從句中提到句首作為話題，然後加代詞複指。《論語》中，主語提前加「是」複指的，如「富與貴，是人之所欲也。」（《里仁》）賓語提前加「之」複指的，如「聖人，吾不得而見之矣。」（《述而》）定語提前加「其」複指的，如「由也，千乘之國，可使治其賦也。」（《公冶長〔註100〕》）「父毋唯其疾之憂」便是屬於定語提前作話題這一類。孟武伯問「孝」，孔子答「孝」，而「孝」是對父母的一種行為，所以把「父母」置於句首做話題，然後加「其」複指，構成這樣的複指式。朗讀時，話題後應有一定的語音停頓，書面上一般要加逗號；翻譯時，話題前有的可加「對」或「對於」，比如這句，我們可以譯為：「對於父母，〔兒女〕只有憂慮他們的疾病〔才是孝道〕。」為什麼「憂」的施動者「子」（兒女）不在文中出現呢？因為話題是「父母」，說的又是「孝」，所以「憂」的施動者就不言而喻勿須明說了。〔註101〕

　　廖煥超：「疾」，當然作「病」解。問題是誰憂誰之疾。王充、高誘等人都以為是孝子憂父母之疾；馬融則以為是父母憂兒子之疾。現代學者楊伯峻認為「兩說皆可通」，而採用了馬融之說，「做爹娘的只是為孝子的疾病發愁。」《孝經》說：「身體髮膚，受之父母，不敢毀傷，孝之始也。」又說：「孝子之事親也，病則致其憂。」如果單是引經來解釋，的確是「兩說皆可通」，爭

〔註100〕原文作此，然當為「公冶長」。
〔註101〕鄧宗榮：《「父母唯其疾之憂」的是與非》，《邏輯與語言學習》1987 年第 1 期，第 40 頁。

論不出個所以然來。如果考察一下「問孝」的背景，其情立刻改觀，我們就會得出不同的結論。

「孟武伯問孝」的前一章，是「孟懿子問孝」，原文是這樣：

......

孟懿子，姓仲孫名何忌，是孟僖子之子，孟武伯的父親。他生於昭公十二年，死於哀公十四年，終年五十歲。孟僖子臨終時，曾囑咐孟懿子和南宮敬叔「師事仲尼」；所以，孔子與孟懿子，除了官方關係之外，尚有半師生之誼。樊遲，是孔子歸魯之後新收的學生；「樊遲御」，表明此事一定發生在哀公十二年及其以後，即孟懿子死前的一二年內。此時，孟武伯已長大成人，在哀公十一年的齊魯之戰中，曾任魯軍右師的統帥。

一個年屆半百而又即將謝世之人問孝，多半不是因為不知道如何孝敬父母（孟懿子之父已逝世三十多年），而是遇到了麻煩問題，有所針對而發的。《左傳‧哀公十四年》載：

> 初，孟孺子洩將圍馬於成。成宰公孫宿不受，曰：「孟孫為成之病，不圍馬焉。」孺子怒，襲成。從者不得入，乃反。成有司使，孺子鞭之。秋八月辛丑，孟懿子卒。成人奔喪，弗內。袒免哭於衢。
>
> 聽共，弗許。懼，不歸。

杜預注說此段文字，是為哀公十五年成邑叛魯歸齊作解說。但它卻給我們理解《論語》提供了資料。原來，孟懿子父子關係不太融洽。孟孺子洩，即孟武伯。他要在孟孫氏的采邑成中養馬；成宰以孟懿子的意圖為理由，拒絕了他的要求。於是，孟孺子便襲擊成邑，鞭打成邑有司的使節，鬧得很僵。就在這個糾紛的過程中，孟懿子死去。成人前來奔喪，孟武伯都不接納，讓他們在大街上哭臨。以致於後來成邑叛魯歸齊。多虧子貢的外交辭令，使成重歸於魯，而公孫宿卻帶兵留齊而不返。

很顯然，在孟懿子臥病期間，由孟武伯攝理孟孫氏的家務。孟武伯利用了這個權利，擅自決定要在成邑養馬，並且進而擅自襲擊成邑，鞭打成邑的使者。對這些舉動，孟懿子是很不滿意的，他認為是違背了自己的意願，責備孟武伯不孝。孟武伯不服氣，他以為自己昏定晨省，哪裏是不孝？至於處理成邑的方法，那是他掌管孟孫氏家族所應該幹的，錯在成邑，而不在他孟武伯身上。父子二人為此爭論不休。

就在這個背景下，可能某一天孔子過府去探望孟懿子，孟懿子順便問了一句什麼是孝？孔子針對孟孫氏父子的情況，回答一句「無違」，就是不違禮。語意中含有寬慰之義；意思是說，只要兒子能夠以禮事父，就算是孝了，至於兩人的處事方法，就不能過於要求兒子了。這個意思，孟懿子是明白的。孔子所以要主動告訴樊遲，其本意是要告知他孟孫氏父子的關係，即告知「孟懿子問孝」。不料樊遲入道未深，不理解「無違」之意，問了一句「何謂也？」孔子不得不解釋一番，從而沖淡了本意。

可能，也在這個時期，孟武伯向孔子提出了同樣的問題，孔子回答了一句「父母，唯其疾之憂」。語意中含有教誨和責備之意。意思是說，不管你有什麼理由，你不該惹你爸爸生氣，因為他正在病中；作為孝子，最耽心〔註102〕的就是父母的疾病。看來，王充、高誘的理解，還是正確的。〔註103〕

樊彩萍：首先，孔子是針對孟武伯問「孝」而回答「父母唯其疾之憂」的，因此，「孝」是前提是核心，要解決「其」字所指，必須聯繫「孝」，從「孝」的角度看問題。「孝」的基本含義是「善事父母」（《說文解字》），而「善事父母」的當然只能是子女。也就是說，「孝」永遠是指向子女的，是對子女如何善待父母提出的基本要求，是子女單方面的責任和義務。子女對父母「孝」，父母則對子女「慈」。「孝」固然要求子女憂父母之疾，而「慈」也會同樣要求父母憂子女之疾，——如此，則以上兩說皆可通，然而，這裏的前提是孟武伯問「孝」而不是問「慈」，孔子回答的也是「孝」的問題而不是「慈」的問題！這個前提就規定了「父母唯其疾之憂」只涉及「孝」，而與「慈」無關，從而「其」字只能指子女。

其次，再聯繫孟武伯其人來看。據《左傳》記載，孟武伯曾經因為是否在成邑養馬等問題上與其父孟懿子發生過不愉快的爭執，使得其父孟懿子大為光火。再後來，孟懿子生病臥床，孟武伯代行父權，越發大膽，恣意行事，更把老父的意見置諸腦後。這自然會加重其父的病情。恰恰這時孟武伯來問「孝」於孔子，而孔子則正好抓住機會對孟武伯提出了「溫而厲」的批評：「父母唯其疾之憂」——孝子對父母，必憂其疾啊。這裏的針對性是十分明確的。

〔註102〕原文即作「耽心」，「耽心」同「擔心」，故無錯。
〔註103〕廖煥超：《〈論語〉考辨一則》，《孔子研究》1991年第4期，第118～119頁。

又，這句話的標點若改為：「父母，唯其疾之憂」，似乎更易於把握其文義。〔註104〕

裴傳永：那麼「父母唯其疾之憂」的含義就應當是：對於父母，只有在他們有疾病時才可以面帶憂慮之色。我們這樣解釋「父母唯其疾之憂」是有佐證的。《孝經》曰：「孝子之事親也。……病則致其憂。」《禮記・曲禮》曰：「父母有疾，冠者不櫛，行不翔，言不惰，琴瑟不御，食肉不至變味，飲酒不至變貌，笑不至矧，怒不至詈，疾止復故。」《孝經》、《禮記》都是儒家經典，上舉兩段文字皆與我們所闡發的孔子「父母唯其疾之憂」這句話的意蘊相貫通，這顯然意味著，它們當是對《論語》中「父母唯其疾之憂」的引用和闡發，僅此即可確證我們之理解和詮釋的恰切得當。至於孔子為什麼在孟武伯「問孝」時以「父母唯其疾之憂」作答，筆者認為這當與當時孟武伯時常在父母面前表現出憂慮之情有關。王充在《論衡・問孔篇》中指出：「武伯善憂父母」，「武伯憂親」，孔子「攻其短，答武伯云『父母唯其疾之憂』」。王充之所以說「憂親」是「短」，乃是因為在古代社會，孝敬父母的一個重要表現就是平時能以愉悅和順的容色面對雙親，即《禮記・祭義》所謂：「孝子之有深愛者必有和氣，有和氣者必有愉色，有愉色者必有婉容。」後人稱之為「色養」。「色養」是一種不易達到的孝的境界，也正因為如此，虞舜五十而慕、老萊子兒戲娛親才會成為千古傳誦的佳話。「色養」的要求和佳話，準確而又強烈地向我們傳遞了這樣的信息：以憂慮重重的樣子面對雙親有悖於孝道。所以，當有此短處的孟武伯向孔子「問孝」時，孔子便懇切而又明確地告誡他：對於父母，只有在他們有疾病時才可以面帶憂慮之色。〔註105〕

侯之虎：今按：《論語》中的「父母唯其疾之憂」與《孝經》中的「身體髮膚，受之父母」句意義並不相關。因為如果以《孝經》「身體髮膚，不敢損傷」作為孝的標準的話，那麼，所有損害身體髮膚的方式，都應該認為是不孝的，而此章獨以孝子生病父母憂才為孝，不正與《孝經》互相矛盾嗎？可見楊氏所持之錯。而他所引的《孟子》之文，筆者認為《孟子》是轉承《孝經・開宗明義章》而來，而《論語》中這一章所談到的「孝」主要是和《孝

〔註104〕樊彩萍：《〈論語〉辨惑三則》，《孔子研究》1999年第2期，第119頁。
〔註105〕裴傳永：《朱熹〈論語集注〉辨誤》，《文獻》1999年第3期，第214～215頁。

經‧經〔註106〕孝行章》有關。這裏有必要區分一下《孝經》中《開宗明義章》和《紀孝行章》所論「孝」的不同。筆者認為，這兩章講的「孝」實際上是有關「孝」的兩個方面：《開宗明義章》主要是針對孝子個人而言，講的是個人的修身養學的孝；而《紀孝行章》講的則是孝子在具體侍奉父母時需要注意的行為。而侍奉父母的具體行為包括五個方面：即《紀孝行章》所說的「五者備」。個人修養的孝和侍奉父母的孝這兩大方面有機的結合起來，才構成「孝」全部內涵。很明顯《論語》中所說的孝，主要是指事親而言的，所以探索其本義，應從《紀孝行章》去解釋。〔註107〕

劉精盛、吳青峰：我們認為，「其」指父母符合原意。理由如下：

首先，所謂孝，是兒女對父母怎麼樣，而不是父母對兒女怎樣，如果按第二種解釋，則孔子有答非所問之嫌，如楊伯峻先生所翻譯的「做爹娘的只是為孝子的疾病發愁」。……其次，按第二種解釋，如馬融的說解，需增字解釋而義明，所以我們認為是注釋家個人的發揮而非孔子的原意。「父母唯其疾之憂」這句話與一般句子語法上不同，然而父母是行孝的對象，「唯其疾之憂」是行孝的行為，不應迂曲解之，這句話語法上可以理解為父母前省略了介詞「於」。古文有省略介詞現象，如《史記‧太史公自序》：「惠之早隕，諸呂不台（按：台為怡之古字，言諸呂不為百姓所悅），崇強祿、產，諸侯謀之，殺隱幽友，大臣洞疑，遂及宗禍。」「諸侯謀之」，諸侯是呂后咨詢商議的對象，高祖崩後，呂后與諸侯商議，加強其侄呂祿、呂產的權勢（《史記‧呂后本紀》：丞相王陵以劉邦刑白馬盟「非劉氏而王，天下共擊之」反對呂后王諸呂），而與王陵、陳平、周勃等商議，是所謂「諸侯謀之」也。「諸侯謀之」，如果理解為諸侯謀呂后，則與事實不合。呂后稱制之時，諸侯未敢謀之也。……其次，《論語》孔子論孝，皆直言孝子當如何侍奉父母。《為政》：「子夏問孝。子曰：『色難。……曾是以為孝乎！』」所謂「色難」，指孝子侍奉父母保持愉悅的容色難，尤其父母久病時，更能考驗一個人的孝心，俗話說：「久病床前無孝子。」……《禮記‧文王世子》：「文王有疾，武王不脫冠帶而養。」《禮記‧曲禮上》：「父母有疾，冠者不櫛，行不翔，言不惰，琴瑟不御，食肉不至變味，飲酒不至變貌，笑不致矧（矧通哂），怒不致詈，疾止復故。」《孝

〔註106〕原文作此，然作者下文均寫作「紀」，故疑此處出錯。
〔註107〕侯之虎：《從〈孝經〉看〈論語‧為政〉「問孝」四章的原義》，《淮南師專學報》2000年第2期，第32頁。

經·紀孝行章第十》言:「孝子之事親也,居則致其敬,養則致其樂,病則致其憂,喪則致其哀,祭則致其嚴,五者備矣,然後能事親。」這些文獻中言父母生病時孝子的行為規範正是〔註108〕孔子論孝「父母唯其疾之憂」的要求是一脈相傳的。〔註109〕

陳飴媛:兩種說法不同,主要是對「其」的理解不同。馬融等將「其」理解為「子女」,王充、高誘解「其」為「父母」。讀原文可知孔子是在回答什麼是「孝」,要正確理解「其」的意思必須要知道在古代「孝」的內涵。段玉裁的《說文解字注》:「孝,善事父母者。從老省,從子,子承老也。」即「孝」的本意為「子女能很好地奉養父母」。從金文的「孝」字也可以看出它的上部像一個傴僂的老人,下部是「子」,合起來變夠成〔註110〕了子女對老人的攙扶,這實際上是「孝」的自然意義。不論從「孝」的本義還是從它的自然意義上講都應是從子女的角度闡釋「孝」。

其次看一下此句的前後文,前文為「孟懿子問孝」後文為「子游問孝」、「子夏問孝」。孔子根據他們的情況不同,從四個方面解釋了如何做才是「孝」。《孝經·紀孝行章》:「子曰:『君子之事親也,居則致其敬;養則致其樂;病則致其憂;喪則致其哀;祭則致其嚴。』」《孝經》也是從這五個方面講子女應如何侍奉父母。

古代典籍中對「孝」的理解也大都是從子女的角度說的,《墨子·墨經》:「孝,利親也。」《詩經·小雅·六月》:「侯誰在矣?張仲孝友。」毛亨傳:「善父母為孝,善兄弟為友。」《爾雅·釋訓》:「善父母為孝。」《書·君陳》:「惟孝友於兄弟,克施有政。」孔傳:「善父母者,必友於兄弟,能施有政令。」

所以我們認為,王充、高誘解「其」為「父母」比較合理。「孝」是指子女很好地侍奉父母。孝敬父母可以從很多方面,具體到當父母有疾病時,做子女的就應該為父母的病情擔心、憂慮。所以此句「其」應理解為「父母」,這句話的意思:(孝就是)子女只擔心、憂慮父母的疾病。〔註111〕

〔註108〕原文作此,然作此則文意不通,故疑此處存在錯誤。
〔註109〕劉精盛、吳青峰:《楊伯峻先生〈論語譯注〉三則商榷》,《學術界》2007 年第 2 期,第 109 頁。
〔註110〕原文作此,似當為「便構成」。
〔註111〕陳飴媛:《〈論語〉札記二則》,《科技信息》2009 年第 20 期,第 474 頁。

姜南秀：首先，孔子的回答是針對「怎樣才算孝」。《說文解字》解釋為：「善事父母為孝。」《尚書・堯典》曰：「克諧以孝。」可見，孝是指子女對父母的行為。其次，孔子在教學活動中是注意因材施教的，面對不同的學生會給出不同的回答。《為政》篇孟懿子、孟武伯、子由〔註112〕三人相繼問孝，孔子就給出了不同的回答。孟武伯是懿子的兒子，《左傳》記載，孟武伯曾因為是否在成邑買馬問題上與懿子發生爭執，後懿子臥病不起，孟武伯自作主張任意行事，使懿子病情更加嚴重。所以為了教育他，孔子自然會抓住這個機會，告訴他「父母的健康是子女最擔憂的事情」，這樣解釋才更加合情合理。〔註113〕

黎千駒、黎哲：按，程樹德《論語集釋》引梁氏《旁證》曰：「案如馬（融）義，則夫子所告武伯者止是餘論，其正意反在言外。聖人之告人未有隱約其詞若此者。朱子守身之說雖善，然捨人子事親之道而言父母憂子之心，似亦離其本根也。唯王（充）高（誘）二氏說文順義洽。蓋人子事親，萬事皆可無慮，唯父母有疾病為憂之所不容已。或疑『父母』字與『其』字意複，當以『父母』字略讀則得之。」這種解釋較為合理。

古代漢語裏「之」和「是」都是賓語前置的標誌。有時為了強調動作對象是單一的、排他的，這種格式又往往在賓語前面加上「唯（惟）」，構成「唯（惟）……之……」、「唯（惟）……是……」格式。

其：指代「父母」，則「唯其疾之憂」就是「唯憂其疾」，即「唯憂父母之疾」。《論語》為語錄體，此處又是對話，這裏的「父母」並非主語，而是插說成分。此句相對於今之口語則是：「父母嘛，只擔憂他們的疾病」。〔註114〕

楊逢彬、蔣重母：這裏的「其」指的是父母，還是兒女，有不同說法。王充《論衡・問孔篇》說：「武伯善憂父母，故曰，唯其疾之憂。」《淮南子・說林訓》說：「憂父之疾者子，治之者醫。」高誘注云：「父母唯其疾之憂，故曰憂之者子。」可見王、高都認為「其」是指代父母；也即整個句子的受事主語。如果是這樣，「父母唯其疾之憂」當譯為「孝子只為爹娘的疾病發愁」。馬融卻

<hr/>

〔註112〕原文作此，然當為「子游」。
〔註113〕姜南秀：《〈論語・為政〉歧解評議》，《蘭州教育學院學報》2010 年第 5 期，第 52 頁。
〔註114〕黎千駒、黎哲：《〈論語〉「為政」和「八佾」疑難詞語札記》，《畢節學院學報》2011 年第 3 期，第 91 頁。

說：「言孝子不妄為非，唯疾病然後使父母憂。」認為「其」指代孝子。朱熹《集注》也說：「言父母愛子之心無所不至，唯恐其有疾病，常以為憂也。」按馬融、朱熹所說，「唯其疾之憂」是將動詞「憂」的賓語「其疾」前置了，而「父母」是施事主語。如果如馬、朱所說，則當如楊伯峻先生所譯「做爹娘的只是為孝子的疾病發愁」。根據我們的考察，後說、後譯較為妥當。我們考察了《論語》《左傳》《國語》《孟子》四部書中的全部這類句子，發現這種句子的主語全都是施事主語，未見一例是受事主語。如：「爾貢包茅不入，王祭不共，無以縮酒，寡人是征。昭王南征而不復，寡人是問」（《左傳》僖公四年），這句的「寡人是問」是「寡人問的就是這個」，而不是「（某某）問的就是寡人」。又如「民不見德而唯戮是聞，其何後之有」（僖公二十三年），這句的「民……唯戮是聞」是「民眾只是聽說屠戮」，而不是「（某某）只聽說屠戮民眾」。……以上「寡人」「民」「寡君」「鄭國」「老夫」「王」「君」等都是施事主語。語言科學的規律性極強，我們完全可以以此例彼，因此我們認為，「父母唯其疾之憂」的「父母」應該也是施事主語，也即是「憂」的發出者，而不是「憂」的承受者。所以我們採馬融、朱熹之說，楊伯峻先生所譯是正確的。〔註 115〕

朱明勳：筆者認為，「其」字指代兒女，「父母只擔憂兒女之疾」為此句的本義，這可用先秦古文的語法規則及孔子的孝道思想進行證明。

先以語法規則證之。通常情況下，一個較為完整的句子應該有主語、謂語和賓語，並且充當主語、謂語和賓語的詞「在句中的次序比較固定，從古至今變化也比較小，主語在謂語之前，動詞在賓語之前，修飾語在被修飾語之前，古今都是一致的。但是，古代漢語也有少數特殊的詞序是現代漢語所沒有的，這些特殊的詞序實際上只存於先秦以前的上古漢語裏」，漢以後的文人為了仿古亦採用之。這種「特殊的詞序」之一就是先秦古文的作者有時為了強調賓語，故意將賓語置於動詞之前，並在賓語和動詞之間加上「是」字或「之」字複指一下賓語。〔註 116〕實際上，上述這種情況在先秦古文中確實比較普遍，如：「秉國之均，四方是維」（《詩經‧小雅‧節南山》）、「姜氏何厭之有」（《左傳‧隱公元年》）等即如此。《論語》中亦有此類句式，如《先

〔註 115〕楊逢彬、蔣重母：《〈論語〉詞語考釋五則》，《上海大學學報（社會科學版）》2011 年第 5 期，第 128～129 頁。

〔註 116〕原註：郭錫良，等. 古代漢語〔M〕. 修訂本. 天津：天津教育出版社，1998，第 288～292 頁。

進》篇：「吾以子為異之問，曾由與求之問。」在用這種賓語前置的格式時，先秦人有時還在賓語之前再加上「惟（唯）」字，構成「惟（唯）……是……」或「惟（唯）……之……」的固定格式，如：「余雖與晉出入，余唯利是視」（《左傳・成公十三年》）、「不務張其義，齊其信，唯利之求」（《荀子・王霸》）等即如此。這種固定格式「並不只是簡單利用『是』或『之』使賓語前置，而是『惟（唯）』含有『只』之類的意思，強調了動作行為對於賓語的單一性和排它性」。〔註117〕上述「父母唯其疾之憂」即屬於這種情況。明乎此，則知此句的正常語序應為：「父母（唯）憂其疾」。很顯然，這是一個主、謂、賓齊全的句子，「父母」為主語，「（唯）憂」為謂語，「其疾」為賓語。故上述認為「其」字指代兒女，釋此句為「父母只擔憂兒女之疾」，符合語法規範，順理成章。……

　　……為了能更好地說明問題，我們還可用孔子的孝道思想對此結論作進一步的印證。由上下文可知，此句是孔子回答什麼是「孝」的。故，上述認為「其」字指代父母，釋此句為「兒女只擔憂父母之疾」，則不但不能說明兒女行孝，反而暗示著兒女失職甚至不孝，因為孔子認為：「孝子之事親也，居則致其敬，養則致其樂，病則致其憂，喪則致其哀，祭則致其嚴。五者備矣，然後能事親。」（《孝經・紀孝行章》）……所以，父母在世時，若兒女「只憂父母之疾」而不顧父母其它的兩個方面，則明顯不符合孔子關於「生前之孝」的要求，於孝行有虧，有悖於孔子的孝道思想。因此，訓此句為「兒女只擔憂父母之疾」不能成立。上述認為「其」字指代兒女，釋此句為「父母只擔憂兒女之疾」，則十分吻合孔子的孝道思想，因為孔子曾說：「身體髮膚，……孝之終也」（《孝經・開宗明義章》）、「天之所生，……不辱其身，可謂全矣。」（《禮記・祭義》）所以，貴體全生、遠辱揚名，乃孔子之重要孝道思想。故為人子女者，修身慎行，不妄為非，愛護身體，珍惜名節，只使父母憂其疾而不憂其它，則為大孝。孔門後學樂正子春的孝道思想應該與孔子有淵源關係，他的話是孔子的這種孝道觀的最好詮釋：他說，為人子者須「一舉足而不敢忘父母，……可謂孝矣。」（《禮記・祭義》）因此，將此句釋為「父母只擔憂兒女之疾」正合孔子的上述孝道思想。

〔註117〕原註：程觀林. 古代漢語〔M〕. 3 版. 上海：華東師範大學出版社，2006，第211頁。

……不過，另有一說古今無見，為了論證的嚴密，在此有必要單獨提出，即如果非得將「其」字訓為指代父母，則不應像上面一樣將此句釋為「兒女只擔憂父母之疾」，而應釋為「父母只擔憂（父母）自己之疾」，這樣才與先秦古語法規則不相抵觸。另外，亦基本符合孔子的孝道思想。因為做兒女的平時「修身慎行，不妄為非，愛護身體，珍惜名節」，並對父母照顧周到，使父母只憂他們自己之疾，既不憂生活有無保障的問題，也不為兒女們的身體安全、名節毀譽等擔憂，是可以稱為孝子（女）的。所以，如果單從純理論的角度論之，此一說是基本符合上述先秦語法要求和孔子的孝道思想的，似可備為一說。不過，筆者認為，為兒女的無論做得多好，斷不至於達到十全十美而使父母對其完全無憂的程度；從另一方面說，做父母的恐怕沒有誰能自私到或者說開朗到完全不為兒女擔憂的。號為「聖人」的孔子斷不會不明此二理。故筆者認為，孔子論孝時應該不會從這個角度去闡述自己的觀點。所以，此說亦不應是此句的本義。〔註 118〕

高敏：筆者認為，此章言孝，孝行的主動體現者應是子女，所以理解為「子憂父母」為當。父母擔憂子女是「慈」，子女擔憂父母才是「孝」，不可把倫理概念相混淆。此句應解作：對於父母，唯有他們身上的疾病最令人擔憂（因為疾病能導致父母痛苦乃至死亡）。常為人所記誦的「父母在，不遠遊」之古訓，恰與此語相發明。清臧琳《經義雜記》卷五案曰：「《論衡・問孔》云：『武伯善憂父母，故曰唯其疾之憂。』又《淮南子・說林》：『憂父母之疾者子，治之者醫。』高《注》云：『《論語》曰：父母唯其疾之憂。』故曰『憂之者子』。則王充、高誘皆以為人子憂父母之疾為孝，與馬說不同。……王、高二氏說文順義洽，蓋人子事親，萬事皆可無慮，唯父母有疾，獨為憂之所不容。」〔註 119〕嚴靈峰《讀論語札記》曰：「此為『問孝』，當以子對父母之關切而言。《禮記・曲禮篇》：『父母有疾，冠者不櫛，行不翔，言不惰，琴瑟不御，食肉不知變味，飲酒不至變貌，笑不至矧，疾止復故。』……皆可證明此說。」〔註 120〕〔註 121〕

〔註 118〕朱明勳：《〈論語〉「父母唯其疾之憂」本義詁證》，《內江師範學院學報》2012年第 7 期，第 81～82 頁。

〔註 119〕原註：臧琳：《經義雜記》，見《續修四庫全書》第 172 冊，上海，上海古籍出版社，1995 年版，第 72 頁。

〔註 120〕原注：嚴靈峰：《讀論語札記》，見《無求備齋論語集成》第 26 函，臺北，藝文印書館，1966 年版，第 5 頁。

〔註 121〕高敏：《楊伯峻〈論語譯注〉獻疑》，《孔子研究》2015 年第 1 期，第 52 頁。

畢桐昊：「其」字指代「父母」的證據要比較充分一些，尤其從語法句式、盡孝對象和歷史背景角度看，更能說明問題。〔註122〕

2.7 子游問孝。子曰：「今之孝者，是謂能養。至於犬馬，皆能有養；不敬，何以別乎？」

裴傳永：朱熹對本章的注解〔註123〕可謂直截了當。但是可惜，其注解仍有不可掩飾的「硬傷」，這個「硬傷」便是以「養親」與「養犬馬」相類比。對於朱熹《集注》的這個「硬傷」，清代以來不斷有學者予以指出，比如……

……筆者認為，朱熹之所以會出現這樣的錯誤，關鍵就在於他對「至於犬馬，皆能有養」一句的理解出現了偏差。《集注》云：「犬馬待人而食，亦若養然。」顯然，在他看來，「犬馬」用來喻指父母是孔子的本意。這是大錯特錯的。「犬馬」一詞在古代文獻中，除實指此二種動物外，皆用以借喻身份卑賤、地位低下之人，孔子不可能在對舉兒子和父母時以之喻指父母，否則便是天大的不孝了。事實上，孔子答子游「問孝」的那番話毫無疑問地是沒有用「犬馬」喻指父母的意思的。我們不妨稍作一番分析。揣摩可知，「至於犬馬，皆能有養」乃是緊承「今之孝者，是謂能養」而來，是對「今之孝者，是謂能養」的退而言之和類比，「至於」表退讓，「犬馬」則與「今之孝者」相對應。因此，「犬馬」並非借喻之詞，而是實指，至多是借代家禽家畜，在具體語境中，它與「今之孝者」皆被孔子視作「養」的施體，至於作為受體的人之父母，在兩句話中皆被省略。

朱熹出現引喻失義的錯誤，根子在於對「有」字的理解失當。誠然，《集注》沒有明確地在「子游問孝」章下注解「有」這個字，但是體味注文中「犬馬待人而食」和「人畜犬馬，皆能有以養之」兩處文字，則可斷定，朱熹是把「有」當作「得到、獲得」來理解了。「有」字儘管很早就有作「得到、獲得」講的用法，但在孔子答子游「問孝」的具體語境中卻是不可以的，這是

〔註122〕畢桐昊：《「父母唯其疾之憂」議》，《哈爾濱學院學報》2017年第2期，第103頁。作者此篇似可視為這句話的一個研究綜述，其將學界成果分別歸入到「盡孝對象」、「語法結構」、「歷史背景」、「文獻證明」及「其他方面的研究」幾個方面，整體呈現「其」字指代「父母」的證據更充分，故此處只錄其結論。

〔註123〕朱熹謂：「養，謂飲食供奉也。犬馬待人而食，亦若養然。言人畜犬馬，皆能有以養之，若能養其親而敬不至，則與養犬馬者何異。甚言不敬之罪，所以深警之也。」（《四書章句集注》，中華書局2016年版，第55～56頁。）

前面所述「至於犬馬，皆能有養」是「今之孝者，是謂能養」的退而言之和類比的句式特點和語言邏輯所決定的。

……以筆者拙見，全章應這樣標點：

子游問孝。子曰：「今之孝者，是謂能養，至於犬馬皆能。有養，不敬，何以別乎？」

將「能養」後面的句號改為逗號，刪去「犬馬」後面的逗號而於「皆能」後斷句，再以「有養」起句並改其後的分號為逗號，這樣使「至於犬馬皆能」緊承前文，「有養」與「不敬」對舉，讀來令人豁然開朗。全章譯成現代白話文則是：

子游請教孝道。孔子說：「如今所謂的孝，只是說能夠供給父母生活所需，這個就連狗馬都可以做到。供給生活所需，但不尊敬父母，這與狗馬又有什麼區別？」〔註124〕

侯之虎：對於這一章的理解，劉寶楠的《論語正義》備有五說：① 說為：犬馬也能養活人，人養活人，若不加以敬，人與犬馬何異？② 說為：人能養父母，人也能養犬馬，不敬，人與犬馬有何區別？③ 說為：以犬馬喻小人，意為君子能養父母，小人也能養父母，不敬，何以別君子和小人？④ 說為：犬馬，是大夫自謙之辭，引申為賤者，這就與上說近似了。⑤ 說為：引《禮記・內則》文「父母之所愛亦愛之，父母之所敬亦敬之，至於犬馬盡然，況於人乎？」意為：孝子連父母所愛敬之犬馬都能愛敬之，何況生身父母呢？如果不敬的話，父母與犬馬何異？以上五說，影響最大的 ① 說和 ② 說，其餘三說都認為於義迂曲不可通而棄之。就這兩方而言，明顯地以 ① 說為勝。原因有三個：首先，採取此說文意較為通暢，人養活父母，犬馬也能供養父母，如果不敬，人與犬馬何異？孝子與犬馬相對比，很自然。至於楊伯峻先生認為犬馬不能養活人，故棄此義，我認為這種方式不可取。對「養」解釋，不一定非要按楊先生所言要釋為「養活」之義，《說文》上就有「養，供養也」的意義，「至於犬馬皆能有養」中的「養」字，我認為可以靈活處理，包咸說「犬以守禦，馬以代勞，皆養人者。」這不也是一種「養」嗎？其次，後世的許多文獻和詞語也可證明。如《漢語大詞典》在解釋「犬馬之養」條時說：《論語・為政》今之孝者，是謂能養。至於犬馬，皆能有養，不敬，

〔註124〕裴傳永：《朱熹〈論語集注〉辨誤》，《文獻》1999年第3期，第215～217頁。

何以別乎？」後以犬馬之養作為供養父母的謙詞。宋・王安石《上相府書》：「故輒上書闕下，願殯先人之丘冢，自託於管庫，以終犬馬之養焉。」清・袁枚《隨園隨筆・諸經》：「疏稱：臣早失父母，犬馬之養，已無所施。」今按：諸如「犬馬之養」引申為自謙之詞的詞語很多，如「犬馬心」、「犬馬齒」、「犬馬之勞」、「犬馬之年」、「犬馬之報」等。如《史記・三王世家》：「臣不勝犬馬心，昧死願陛下詔有司，因盛夏吉時定皇子位。」最後，《論語》中的這一章講的實行上〔註125〕就是《孝經・紀孝行章》中的「孝子之事親也，居則致其敬；養則致其樂」這句話，只不過《論語》是從反面講的，而《孝經》是從正面說的。〔註126〕

劉育林：此句頗為費解，歧義多端：

一、包咸曰：「犬以守禦，馬以代勞，皆養人者。」皇侃亦曰：「犬能為人守禦，馬能為人負重載人，皆是能養而不能行敬者，故云：『至於犬馬，皆能有養也』。」此解為犬馬能養人。

二、《集解》存另一解曰：「人之所養，乃至於犬馬，不敬，則無以別。」朱熹注：「犬馬待人而食，亦若養然。言人畜犬馬，皆能有以養之；若能養其親而敬不至，則與養犬馬者何異？」此解為人養犬馬。

三、李光地批評舊注引喻失義，另有新說：「蓋言禽獸亦能相養，但無禮耳，人養親而不敬，何以自別於禽獸乎？」〔註127〕此解為犬馬亦能養其親，人之孝與犬馬之養的區別則在於敬。

辨正：歧解一解為犬馬養人，歷來被指解釋牽強，我們所知犬守禦，馬負重，是為人所役使，若解為「養人」，則頗為曲解。錢穆辨曰：「以『養』字兼指飲食、服侍兩義，已嫌曲解。且犬馬由人役使，非自能服侍人。果謂犬馬亦能養人，則逕曰『犬馬皆能養』可矣，何又添出一『有』字？」〔註128〕錢氏所言有理，犬馬作為人所役使的工具，豈能服侍人的飲食？若解為依賴犬馬而生活，則勉強疏通句意，卻在語法上又難以講通。歧解二釋為人養犬馬，於文意較為恰當，於情理則不易被接受，飽受清儒責難，劉寶楠責其「以

〔註125〕原文作此，疑當為「實際上」。
〔註126〕侯之虎：《從〈孝經〉看〈論語・為政〉「問孝」四章的原義》，《淮南師專學報》2000年第2期，第32頁。
〔註127〕原註：〔清〕李光地. 讀論語札記（綠猗堂藏本）〔M〕. 無求備齋論語集成〔Z〕. 臺北：臺灣藝文印書館，1966：12.
〔註128〕原註：錢穆. 論語新解〔M〕. 北京：三聯書店，2002：33.

犬馬喻父母，於義難通」，毛奇齡亦責其「斥親為犬馬」，孔子乃聖人心懷，以孝為先，豈有以犬馬喻父母之理？然而品讀此章，仍當以朱熹所注為勝，孟子也曾說過「食而弗愛，豕交之也；愛而弗敬，獸畜之也」，可見，古人皆認為只養父母口體還不足以稱得上「孝」，以「犬馬」模擬父母更能見聖人對不孝斥責之深苛，清儒之非難，太過拘泥。歧解三為後起之義，荀子有云：「乳彘不觸虎，乳狗不遠遊，不忘其親也」，其實在動物界也有親倫關係，乳彘、乳狗皆能反哺父母的哺育之恩，可知人養父母不敬則無別於禽獸之反哺，李氏所言既能通達文意，亦能平清儒非難，可備為一說，且深得贊許。〔註129〕

　　姜南秀：「至於犬馬，皆能有養」。錢穆認為此句有兩解：犬守禦，馬代勞，亦能侍奉人，是犬馬亦能養人。〔註130〕另一說，《孟子‧盡心上》曰：「食而弗愛，豕交之也；愛而不敬，獸畜之也。」趙岐注云：「人之交接，但食之而不愛，若養豕也。愛而不敬，若人畜禽獸，但愛而不能敬也。」引之以證孝必須敬。彼言「豕交之」，此作「獸畜之」者，所見本異，或傳寫誤。是犬馬亦得人之養，可見徒養口體不足為孝。前解以養字兼指飲食服侍兩義，已〔註131〕嫌曲解。且犬馬由人役使，非自能服侍人。果謂犬馬亦能養人，則徑曰犬馬皆能養可矣，何又添出一有字。皆能有養，正謂皆能得人養。或疑不當以親與犬馬相比，然此正深見其不得為孝。孟子固明言豕畜獸畜矣，以孟子解《論語》，直捷可信。今從後解。不敬何以別乎：若徒知養而不敬，則無以別於養犬馬。何孝之可言？子游問：「怎樣是孝道？」先生說：「現在人只把能養父母便算孝了。就是犬馬，一樣能有人養著。沒有對父母一片敬心，又在何處作分別呀？」

　　除了上述直接用「犬馬」本義的，還有將人子喻為犬馬，將小人喻為犬馬。產生歧解的原因在於對詞彙不同修辭角度的把握。儘管有若干不同的說法，這句話同上句孟武伯問孝，都是強調對父母的尊敬，對父母發自內心的敬愛，才算得上是真正的孝道。白話試譯：「現在人只把能養父母便算孝了。就是犬馬，一樣能有人養著。沒有對父母一片敬心，又在何處作分別呀？」〔註132〕

〔註129〕劉育林：《〈論語〉歧解成因類析及選例辨正》，曲阜師範大學，2009 年碩士學位論文，第 27 頁。

〔註130〕原註：錢穆. 論語新解〔M〕. 北京：三聯書店，2002，第 34 頁。

〔註131〕原文作此，疑當為「已」字。

〔註132〕姜南秀：《〈論語‧為政〉歧解評議》，《蘭州教育學院學報》2010 年第 5 期，第 52 頁。

高敏：此章的難解之詞是「養」字。皇侃《論語集解義疏》曰：「至於犬馬皆能有養者，此舉能養無敬非孝之例也。犬能為人守禦，馬能為人負重載人，皆是能養而不能行敬者，故云至於犬馬皆能有養也。云不敬何以別乎者，言犬馬者亦能養人，但不知為敬耳。人若但知養而不敬，則與犬馬何以為殊別乎？」包慎言《論語溫故錄》曰：「犬馬二句，蓋極言養之事。雖父母之犬馬，今亦能養之也。《禮記·內則》：『父母之所愛亦愛之，父母之所敬亦敬之，至於犬馬盡然，而況於人乎？』此敬養兼至，故為貴也。若今之孝者，不過能養，雖至於父母所愛敬之犬馬，亦能養之，然只能養父母，不能敬也。何以別，謂何以別乎今也。」楊伯峻《論語譯注》譯曰：「孔子說：『現在的所謂孝，就是說能夠養活爹娘便行了。至於狗馬都能夠得到飼養；若不存心嚴肅地孝順父母，那養活爹娘和飼養狗馬怎樣去分別呢？』」

筆者認為，上述「犬馬養人」說與「人養犬馬」說，都是對本章的誤解。孔子這裏所說的「養」，是人與人之間、動物與動物之間皆能做到「相養」。烏鳥反哺其母之佳話以及動物中眾多相養的真實例子，證實禽獸長幼之間確實能做到相養。《本草綱目·禽部》載：「慈烏：此鳥初生，母哺六十日，長則反哺六十日。」《初學記·鳥賦》云：「雛既壯而能飛兮，乃銜食而反哺。」我們看媒體拍攝的有關動物的紀錄片，常常能看到動物之間相養的真實畫面。人能相養，動物也能相養，人若在贍養老人時體現不出「敬」來，那麼與禽獸有何區別？這個「別」字，孔子強調的是人與禽獸的區別。孔子的境界高，對人在孝的方面要求高，認為只做到「養」是不夠的，還要做到「敬」，只「養」不「敬」就是停留在禽獸的水準上。後人多體會不出，以致誤解。〔註133〕

楊逢彬：何晏《集解》是這樣說的：「包曰：『犬以守禦，馬以代勞，皆養人者。』一曰：『人之所養乃至於犬馬，不敬則無以別。孟子曰：「食而不愛，豕畜之也；愛而不敬，獸畜之也。」』」按：所引《孟子》文，現行《孟子》版本作「食而弗愛，豕交之也；愛而不敬，獸畜之也。」見於《盡心上》。簡言之，何注前說為犬馬養人，後說為人養犬馬。到底孰是孰非？古今諸多注本並不一致，而以主張後說者為多：清代劉寶楠《正義》存而不論，楊伯峻先生《論語譯注》、錢穆《論語新解》、李澤厚《論語今讀》、孫欽善《論語本解》、李零《喪家狗——我讀〈論語〉》都主張後說，即犬馬被養；皇侃《義

〔註133〕高敏：《〈論語〉疑難句歧解辨正》，《孔子研究》2011年第4期，第71頁。

疏》、潘重規《論語今注》主張前說，即犬馬養人。另外，蔣紹愚先生《讀〈論語〉札記》一文〔註134〕，根據《經典釋文》標注此章的兩個「養」讀作去聲的音義，也主張前說……

我們以為，大多數注本雖然主張後說，但對這一解說的關鍵一句未多留意，即「人之所養乃至於犬馬」。現行的許多標點本都是這樣標點的：「子游問孝。子曰：『今之孝者，是謂能養。至於犬馬，皆能有養；不敬，何以別乎？』」今譯以楊伯峻先生《論語譯注》為例：「子游問孝道。孔子說：『現在的所謂孝，就是說能夠養活爹娘便行了。對於狗馬都能夠得到飼養；若不存心嚴肅地孝順父母，那養活爹娘和飼養狗馬怎樣去分別呢？』」我們不同意如此標點和今譯，其關鍵點在於對其中「至於」這個詞語的理解。我們認為，「乃至於犬馬」是對「至於犬馬」的解釋，意為「甚至延及到狗和馬」「甚至惠及到狗和馬……」。

此章應該如此標點：「子游問孝。子曰：『今之孝者，是謂能養，至於犬馬；皆能有養，不敬，何以別乎？』」由此，此章可譯為「子游問孝道。孔子說：『現在的所謂孝，是說能夠養活（爹媽），甚至連狗和馬都能夠飼養。若不心存敬畏地孝順父母，那養活爹娘和飼養狗馬有什麼區別呢？』」〔註135〕

楊逢彬、孫鵬程：1. 到先秦漢語末期，具有輕微轉折作用的連詞「至於」，它所銜接的，必須是較長的一個語段，「今之孝者是謂能養至於犬馬」的「至於」，不具備這一條件。

2. 在《論語》成書年代的漢語中，隨著「至於」的賓語由處所擴展到人物和謂詞性結構，「至於」由「到達」義已經虛化出了「一直到」「擴展到」「甚至於」「以至於」的意義。

3.「今之孝者是謂能養至於犬馬」的「至於」，其分佈條件與表達「一直到」「擴展到」「甚至於」「以至於」意義的「至於」較為接近。

4.《論語》成書於戰國早期，與具有輕微轉折作用的連詞「至於」形成的戰國中、晚期，時代上有差距；而與表達「一直到」「擴展到」「甚至於」「以至於」意義的「至於」，時代則完全吻合。因此，《論語·為政》第 7 章不應當如傳統的標點：「今之孝者，是謂能養。至於犬馬，皆能有養；不敬，何以別乎？」而應標點為：「今之孝者，是謂能養，至於犬馬。皆能有養，不敬，

〔註134〕原註：蔣紹愚：《讀論語札記》，《中國語言學》第四輯。
〔註135〕楊逢彬：《〈論語〉「至於犬馬皆能有養」解》，《長江學術》2012 年第 2 期，第 96～97、98～99 頁。

何以別乎？」其今譯是：「現在的所謂『孝』，是說能夠養活父母，甚至於〔能養活父母的〕狗和馬。父母、狗、馬全都能夠養者，如果不對父母心存敬畏，那養活父母和飼養狗、馬有什麼區別呢？」

5. 何晏《集解》引包咸說：「人之所養，乃至於犬馬；不敬，則無以別。」這和我們的標點以及今譯，也完全吻合。〔註 136〕

2.8 子夏問孝。子曰：「色難。有事，弟子服其勞；有酒食，先生饌，曾是以為孝乎？」

（1）色難

裴傳永：「難」字不讀如字，而是「戁」的假借。《字彙·心部》：「戁，恭也。」《漢語大字典》則釋「戁」為「恭敬」。「色難」即是「色戁」，意謂容色恭敬、恭順。如此解釋，則孔子答子夏「問孝」之語即豁然貫通矣。需要說明的是，以「戁」訓「難」，古代典籍中多有例證，如《禮記·儒行》：「儒有居處齊難。」王引之《經義述聞》：「難，讀為戁。……戁、難聲相近，故字相通。」又如《荀子·君道》：「故君子恭而不難。」王念孫《讀書雜志》：「難，讀《詩》『不戁不竦』之戁。」訓「色難」之「難」為「戁」，取其恭敬、恭順之義，也與《荀子》所載孔子言論相契合，《荀子·子道》曰：「子路問於孔子曰：『有人於此，夙興夜寐，耕耘樹藝，手足胼胝以養其親，然而無孝之名，何也？』孔子曰：『意者身不敬與？辭不遜與？色不順與？』」《韓詩外傳》卷九第四章亦載有孔子與子貢的這番問對而只是文字稍有出入。《荀子》和《韓詩外傳》講「色順」，《論語》講「色難」，且都是用來界說「孝」，此亦是「色難」即「色戁」的一個有力旁證。〔註 137〕

侯之虎：今按：此處「色難」當指「孝子之色難」。原因是：首先儒家經典文獻對此之〔註 138〕有闡述。如《禮記·祭義》：「孝子之有深愛者，必有和氣；有和氣者，必有愉色；有愉色者，必有婉容。」同樣在《孝經·紀孝行章》中也云：「孝子之事親也，居則致其敬；養則致其樂；病則致其憂；喪則致其哀；祭則致其嚴。五者備矣，然後能事親。」《論語·里仁》：「事父母幾

〔註 136〕楊逢彬、孫鵬程：《再論〈論語〉「至於犬馬皆能有養」》，《陝西師範大學學報（哲學社會科學版）》2018 年第 6 期，第 122 頁。
〔註 137〕裴傳永：《朱熹〈論語集注〉辨誤》，《文獻》1999 年第 3 期，第 220 頁。
〔註 138〕原文作此，「此」與「之」意思重複，疑當刪去「之」字。

諫，見志不從，又敬不違，勞而不怨。」《論語・子路》：「孔子曰：『吾黨之直躬者異乎是：父為子隱，子為父隱。直在其中矣。』」《禮記・檀弓上》：「事親有隱而無犯。」連父親做了錯事或者惡事，所謂孝子都不得犯之，可見孝子之事親，需要在生活的每一個方面都要保持正確的容色，孔子對此說「色難」實在是有其深意的。其次，從文意的本身也可以得出這個結論。孔子先是指出孝子保持和顏悅色之難，其下文接著就說孝子孝順父母，光能「有事，弟子服其勞；有酒食，先生饌」是遠遠不夠的，這也正從反面說明了「養色」之孝的難處。〔註 139〕

廖名春：這裏的「色」，前賢今人都訓為「容色」，很不好解。我覺得，「色難」之「色」也應讀為「諰」，訓為「敬」。所謂「色難」，就是「諰難」，是說為孝之道，難就難在一個敬字，敬最為重要。這與《為政》上章、《禮記・坊記》篇「子曰」「不敬，何以別乎」的意思如出一轍。只是一稱「敬」，一稱「諰（色）」而已。〔註 140〕

崔罡：綜上所述，「色難」二字均應取其本義，直解為「面有難色」。「色」也可活用為動詞，解作「難形於色」。此時，「色難」的主體是父母，因心中有「不易」之情，故流露於「顏色之間」。父母之情，則是子女「服勞」的根據。因而「色難」必須「察其所難」。因能「察其所難」，固能「知其所安」，方可舉措得當。「服勞、先食」不是簡單化的、程序性的按部就班，不應被理解為並列的兩件事情。「色難」是在恰當的時候、以恰當的方式使得父母安享愉悅。〔註 141〕

（2）有酒食，先生饌

裴傳永：以「父兄」訓「先生」緣起於東漢的馬融，朱熹承襲之，……但是以「父兄」訓「先生」，在先秦典籍中是別無佐證的，而且本章中「先生」是與「弟子」對舉的，按照漢語慣常的表達方式，「先生」與「弟子」對舉，所及必是師生關係方面的問題。因為訓「先生」為「父兄」太過荒謬，所以前代學者對此多有詰責。……

〔註 139〕侯之虎：《從〈孝經〉看〈論語・為政〉「問孝」四章的原義》，《淮南師專學報》2000 年第 2 期，第 33 頁。

〔註 140〕廖名春：《〈論語〉新解——從出土與傳世文獻談起》，《人民政協報》，2017年 4 月 10 日第 011 版。

〔註 141〕崔罡：《選擇孝的方式——〈論語〉「色難」說新解》，《孔子研究》2018 年第3 期，第 37 頁。

朱熹把「先生」訓為「父兄」，目的是要使孔子所答子夏「問孝」之語達到文句的前後貫通。朱熹察覺到，在孔子的答語中，「色難」與其後的幾句話聯繫並不緊密，存在著一定的「脫節」。……恰好，馬融注解孔子答覆子夏「問孝」之語時注曰：「先生，謂父兄也。」……

「有事，弟子服其勞；有酒食，先生饌」，這種「事師」之道雖然不遜於事父，甚至還有「事師如事父」的說法，但是師與父畢竟有所不同，這種不同就表現在「父子主恩，……君臣主義，……而師者道之所在」，「親者，仁之所在，……君者，義之所在，……師者，道之所在」〔註142〕。……

孔子以反問的語氣向子夏說明，弟子對先生的「服勞奉養」是敬不是愛、是尊不是孝，意在強調孝子所特有的「事父母深愛，和氣自心，即有他事，一見父母便欣然藹然」〔註143〕的容色表情，使其明辨「事師」與「事父」的這種本質差別。……〔註144〕

宋鋼：按：「有酒食先生饌」斷句不同，「食」之讀音與詞性亦隨之改變。其一是現行斷句法，即於「食」字絕句，酒食連用，「食」音實，名詞，「飯」、「食物」之義；其二是於「酒」字絕句，「食」音嗣，動詞，「伺候」、「進奉」之義。然前賢舊典於此紛亂不堪。

陸德明：「食，音嗣。」〔註145〕

朱熹《論語集注》：「食，音嗣。……食，飯也。」以讀音言，「食」當為動詞；以釋義言，「食」當為名詞。兩相抵牾，不成邏輯。又《雍也》「一簞食」，朱熹《論語集注》：「食，音嗣。食，飯也。」

《論語集注大全》：「食，音嗣。食，飯也。」〔註146〕

流行頗廣之楊伯峻《論語譯注》，錯誤盡同朱子及《大全》。

《日講論語解義》：「若夫父兄有事，為弟子者代任其勞；子弟有酒食，進奉於父兄以供飲饌。此則力之所可勉，而事之無難為者。」〔註147〕將「食」釋作「進奉」，則其讀音與釋義吻合，是為的解。

〔註142〕原註：元代陳皓：《禮記集說・檀弓上》。

〔註143〕原註：劉沅：《四書恒解》。

〔註144〕裴傳永：《朱熹〈論語集注〉辨誤》，《文獻》1999年第3期，第217～219頁。

〔註145〕原註：陸德明. 論語音義〔A〕. 經典釋文〔C〕. 上海古籍出版社，1985，第1352頁.

〔註146〕原註：文淵閣. 四庫全書205卷〔M〕. 上海古籍出版社，1987，第141頁。

〔註147〕原註：文淵閣. 四庫全書208卷〔M〕. 上海古籍出版社，1987，第90頁。

又按：雖先秦典籍《詩經・唐風・山有樞》及《孟子・萬章》有「酒食」連文例，但此處仍於「酒」字絕句為佳。原因有三：一是「有事」、「有酒」，對應成句；二是「服」與「食」（音嗣）同為動詞。服勞，食饌，錯綜成文。三是吃酒已包括吃飯，不必如此拘泥加一「食」字。

黃永年校點《論語》作：「有事，弟子服其勞；有酒食，先生饌：曾以為孝乎？」〔註148〕「孝」本該「有事服勞、有酒食饌」兩義，若於「饌」後加冒號，則只對應「有酒食饌」一項，其乖謬殊不可解！

又，何晏《論語集解》：「馬曰：饌，飲食也。」朱熹《論語集注》：「饌，飲食之也。」

再按：「饌」本可既是名詞，又是動詞，此當作動詞，故馬注欠妥。〔註149〕

（3）對整章的理解

裴傳永：子夏請教孝道。孔子說：「對父母要態度恭敬和順。出力氣的事情，弟子們代勞；飲酒吃飯，做先生的優先，這難道能算作孝嗎？」〔註150〕

2.9 子曰：「吾與回言終日，不違，如愚。退而省其私，亦足以發，回也不愚。」

楊新勳：孔安國注：「察其退還與二三子說釋道義，發明大體，知其不愚也。」〔註151〕後人及今人多從此說，只是朱熹以燕居獨處解「私」與劉寶楠以燕私、居學解「私」略異。余於此未安：疑「省」當反省、省悟之省。《論語》中「省」字凡4見，其它3處皆主體自省之意，若此處作察看解，則必需調換「退」、「省」位置，而且還要在「退」前添加主語（即孔子察顏回退後行為，孔安國將「其」由「私」前提至「退」前正為此故）方可，否則不合語序、語法。若「省」為孔子自省，則「退」為孔子「退還」，主語一貫〔註152〕，「省」後順承指代顏回的「其」字，文從字順，了無窒礙，遠

〔註148〕原註：新世紀萬有文庫. 論語・孟子・孝經・爾雅〔M〕. 瀋陽：遼寧教育出版社，1997，第5頁。

〔註149〕宋鋼：《〈論語〉疑義舉例》，《貴州大學學報（社會科學版）》2005年第2期，第111頁。

〔註150〕裴傳永：《朱熹〈論語集注〉辨誤》，《文獻》1999年第3期，第220頁。

〔註151〕原註：《十三經注疏・論語注疏》，中華書局1980年，第6頁。

〔註152〕原註：《論語》中除此和《子游》「子夏之門人小子，當打掃應對進退」外，「退」字前多有主語，施事明確。《孝經》「君子之事上也，進思盡忠，退思補過，將順其美，匡救其德，故上下能相親也」與此相似，歷來無異說，可見孔安國於此確有歧出之解。

較孔安國之說意愜。「發」亦應為孔子之「發」，孔子因自省弟子顏回之行處，而得認識有所突破之「發」。《論語》中「發」凡3見，它2見「不憤不啟，不悱不發」、「發憤忘食」正此「發」意。《說文》：「發，射發也。從弓，癹聲。」「發」本指發射箭矢，由此引申為開啟、發端、發佈、揭露，「闡明」之發相對較後起。孔子此「發」正「起予」之意，亦孔子「三人行，必有我師」、「發憤忘食，樂以忘憂，不知老之將至」之印。孔子於弟子言行多能究質反思〔註153〕，見顏回「於吾言無所不說」而有「如愚」之感，然顏回「語之而不惰」，其行處實醇正多能且一以貫之，這反而使孔子認識上有所突破，故而有「亦足以發，回也不愚」之嘆，此正孔子自嘆「以貌取人，失之子羽」之比。以此解「發」文理妥當，自不俟「大體」之增。〔註154〕

羅凌、鄭水晶：除了《為政篇》「退而省其私」這一處之外，《論語》其他地方有十二次用到「退」字，其釋義：一則有「畏縮」、「約束」義，如「求也退」、「故退之」，共二處；一則為一般意義的進退，如「與其進也，不與其退也」、「當灑掃應對進退」等，共二處；一則為離開、退離義，語境或為「退朝」，如「子退朝」、「冉子退朝」等，共四處，餘下四處的語境，都是夫子與學生論學之後學生的退離，如「樊遲退」、「鯉退而學禮」、「鯉退而學詩」、「陳亢退」等。不難看出，在夫子與後學論學之後，所謂「退」，無一例外，都指向後學的退離，這堪為《論語》中的解釋「退」字的內證材料。《禮記・學記》云：「大學之教也，時教必有正業，退息必有居學。」所謂「退」，故當是學生之退。《論語》的編訂，出自孔門弟子以及再傳弟子之手，師生論學結束，如果闡釋為孔子退，殊有違尊師重道之禮儀。而「退而省其私」的背景是「吾與回言終日」，終日論學之後，師為尊，弟子為卑，理解為顏回退，亦更加符合情理。兼之從漢代孔安國一直相沿下來的漢學注疏傳統，有訓詁文獻作為堅實的印證材料，因此，我們判斷「退而省其私」，當為顏回退。理解為孔子退，或有不當。

《論語》中「省」字凡四見，其他三處分別是「吾日三省吾身」、「見不賢而內自省也」、「內省不疚」，楊新勳以為「皆主體自省之意」，但楊氏將整句理解為「孔子因自省弟子顏回之行處」〔註155〕。特別是《論語》中使用「省」

〔註153〕原註：邢昺疏：「凡師資問答以相發起，若與子夏論《詩》，子曰『起予者商也』，如此是有益於己也。」《十三經注疏・論語注疏》第42頁。

〔註154〕楊新勳：《〈論語〉詁解五則》，《古籍整理研究學刊》2011年第5期，第72頁。

〔註155〕原註：楊新勳：《論語詁解五則》，《古籍整理研究學刊》，2011年第5期：72.

字，與「察」、「視」等詞並非完全相同的語境，如《為政》「退而省其私」下一章就有所謂「視其所以，觀其所由，察其所安」等表述，「視」、「觀」、「察」在這裏明顯是旁觀之意，與「主體自省」存在一定的語用區別義。既然我們可以確定《論語》中的「省」字有主觀內省之義，「省其私」則可以理解為孔子自省其私，或者理解為顏回自省其私。……

……「私」字之解，本不複雜，但是歷代注疏家的意見也並不統一。孔安國訓釋為「與二三子說釋道義」，殊無訓詁依據。《論語集解義疏》則訓釋為「退還私房與諸子復述前義」，完全屬於增字解經，「私房」之訓詁，純屬空穴來風。程頤解釋為「私所自得」和「中心」，當指顏回之私所自得和內心。朱熹的闡釋令人費解，一則在《晦庵集‧答范伯崇》卷三十九解釋為「竊謂私是顏子自受用處」，一則又以為「以私為顏子自受用處恐未安」，猶豫不決。錢穆則解釋為「私人言行」。而楊伯峻將整句解釋為「等他退回去自己研究」，研究什麼？沒有著落，也就是說根本沒有解釋「私」字。相比較而言，程頤和錢穆對「私」的詮釋，包括朱熹「顏子自受用處」的解釋，於文義更為允洽。……

為什麼我們將「省其私」解釋為「顏回自省其私」？而不是理解為孔子省顏回之私？除了《論語》中「省」字更加側重內省之外，還有旁證。《朱子語類》卷二十三有載：「問『退而省其私』。曰：『私者，他人所不知，而回之所自知者，夫子能察之。如心之所安，燕居獨處之所為，見識之所獨見，皆是也。』」〔註156〕朱子對「私」的解釋可謂詳盡精微，然而明顯有不合情理之處。既然「私者，他人所不知，而回之所自知者」，顏回之「自知」處，誠所謂「子非魚，安知魚之樂」，夫子如何能夠「察之」？「心之所安，燕居獨處之所為，見識之所獨見」，夫子如何一個察法？朱子的闡釋，頗有禪宗以心傳心、以心鑒心的風味，應該屬於過度闡釋。實際上，這裏涉及到認知中旁觀與自省的交葛。綜合比對，「省其私」釋為顏回自省其私，可能較孔子旁省顏回之私更合理。

「退而省其私」，如果從語法角度進行闡釋，其中對連詞「而」的不同理解，滋生出不同的語義。本句的「而」字，可以有兩種闡釋：其一，將「退而省其私」視作單句，「而」字的語法功能則僅僅是連接「退」和「省」兩個述語，表順承關係；其二，將「退而省其私」視作複句，「而」字連接的則是兩個緊縮複句。何樂士認為：「『而』在複句中的特點有二，一是標誌分句主

〔註156〕原註：（宋）黎靖德：《朱子語類》卷二十三，中華書局，1986 年：571.

語的轉換，二是配合文義表示分句之間的關係。」前述「退」和「省」的施動者出現多種情況，原因即在此。何樂士辨析：「如果『而』後隱含著另一個主語，則是複句；如果『而』前後動詞同一主語則是單句。」也就是說，我們將「退而省其私」釋為「孔子待顏回退還之後省顏回之私」，「而」後動詞的主語界定為孔子，則表明這是一個複句；釋為「孔子自退而省顏回之私」和「顏回退而省己之私」，則表明這是一個單句。何樂士窮盡性分析《左傳》中的「而」字，以為在單句中，「『而』所連接的前後成分以〔動而動〕佔絕大多數，共 2003 次，佔『而』總數 2408 次的 83%。可見『而』的最重要的作用是連接謂語動詞。」〔註157〕……既然我們可以判斷「退」的施動者是顏回，而且「而」字更常用的功能是連接單句中的兩項述語，那麼，前所述《論語》歷代注疏的三種主要觀點中，第三種「顏回退而省己之私」的闡釋，亦有語法學上的依據。

另外我們從歷代文獻引用或者化用「退而省其私」的用例進行分析，如《史記·仲尼弟子列傳》云：「賢哉回也！一簞食，……退而省其私，亦足以發，回也不愚。」司馬遷的轉述中，將「退」和「省」的施事者判斷為顏回，並無大礙。王維《能禪師碑並序》：「每大師登座，學眾盈庭，中有三乘之根，共聽一音之法。禪師默然受教，曾不起予，退省其私，迥超無我。……」〔註158〕按王維的表述，「退省其私」只能是六祖惠能自退自省。又，蘇軾《皇伯仲部贈使相》：「皇伯具官仲部，生於高明，克自祇畏。出就外傅，聞好禮之稱；退省其私，有為善之樂。」〔註159〕「退省其私」與「出就外傅」屬於對文，「退省其私」的施動者同樣只能是皇伯仲部。

綜上而言，「退而省其私」最具訓詁依據且最符合情理的一種闡釋，當為程頤、戴溪和楊伯峻等人主張的「顏回退而省己之私」。〔註160〕

陳劍：簡單說來，我認為問題就出在最為關鍵的「私」字上。此字應本為「和」字。

〔註157〕原註：何樂士：《左傳虛詞研究》，商務印書館，2004 年：469、476.

〔註158〕原註：（唐）王維.（清）趙殿成注：《王右丞集箋注》卷二五，上海古籍出版社，1961 年：669.

〔註159〕原註：（宋）蘇軾：《東坡全集》卷一百六，文淵閣《四庫全書》1108 冊，商務印書館，1986 年：446.

〔註160〕羅凌、鄭水晶：《文化元典閱讀與文本細讀──〈論語〉「退而省其私」解詁》，《三峽論壇（三峽文學·理論版）》2015 年第 4 期，第 89、90～91 頁。

……

總之，由以上豐富的例證可見，「私」字與「和」字相亂，在秦漢人筆下，可以說是非常普遍的。《論語》中此「和」字在這一階段有或本被誤認誤寫為了「私」，並流傳成為通行之本，一點都不奇怪。……

「和」在此指師生對談中顏回的「應和」「附和」之語。……

……顏回的「表贊同的回應」，即「其和」。用今語講，猶「順著說（的話）」。

……這裏是夫子自語，與其他一般敘述性的語境不同。孔子自可在事後稱自己「退」，亦即離開當時談話的場合（《論語》中所記孔子自己在談到與學生互動時，如前所舉《學而》《八佾》兩例，多用「與言」，可以看出他自己也並不以「教」自居，故此我用「談話」而不用大家多用的「講學」語）。這可以從兩方面來解釋。一則，言「退下」「退離」之「退」並不一定限於只用在身份低的一方，如以下數例：

……

所以孔子於講到師生的場合而言自己「退」，也並不奇怪。另一方面，古書講某人「退而+動詞（或動賓結構）」，常係「於某事之後」或「在某情況之後」之類義，而不一定是具體地指「退（自）學」「退（自）朝」或「退自某對話場合」等。

……所以孔子所說自己「退而」云云，也不必理解為一定是說孔子先「退下」，從而覺得與其身份不合；也不一定是顏回「退下」後孔子就馬上「省其和」，而完全可以說為兩人皆「脫離那個具體場合之後」，亦即「事後」，甚至完全可能是已經隔了一段不短的時間之後，孔子再「回想」而發此感慨，並聞於在側的弟子從而被記錄下來——我們今天還常有這類的生活經驗，在不經意間偶然想起以前甚至可能是很久之前的某次談話，並另有所悟。孔子此語本即係事後回想所說，跟前舉《史記·仲尼弟子列傳》的「（孔子）退而（陳司敗揖）揖巫馬旗」係對一件具體事實的動作發生先後的自然描述，二者還是有所不同的。我們一方面說此所指事實是「孔子（與顏回都）離開談話的場合之後」、「事後」，一方面又強調肯定「退」的主語確實是孔子，還因為，如此理解，則此文孔子自謂「我與回言……我退而省其和，我亦足以（之）發（我亦足以之受到／得到啟發）」，三句主語一貫，讀來要自然流暢得多。

「發」即啟發之「發」（《論語·述而》所謂「不憤不啟不悱不發」），「亦足以發」從語法上看即「亦足／以（之）發」，「以」字後「隱含」的賓語「之」字，係指代上文的「其和」。「亦足／以（之）發」即「我也足夠拿顏回之和來啟發自己」。……「發」與「起」義亦相近，故可連言「發起」「起發」。前引「回也非助我者也」章邢昺疏謂：「凡師資問答以相發起，若與子夏論《詩》，子曰『起予者商也』，如此是有益於己也。」「起予者商也」，可謂乃孔子於談論中當時即感知、即得到啟發而感嘆者；而孔子之於顏回，所謂「亦足以發」，則係談話過後回想，始從中得到啟發因而發此感慨者。

總結本文所論，《論語》此章可大致翻譯作：

孔子（感嘆）說：「我跟顏回說一整天話，他都沒有什麼不贊同我的，像很愚笨。事後回頭想想他所應和我的那些話，也有足以啟發我的地方。顏回其實並不笨啊！」〔註161〕

2.10 子曰：「視其所以，觀其所由，察其所安。人焉廋哉？人焉廋哉？」

姜南秀：由上觀之，「以」大概可解作動詞「為」、「因」、「用」，或解作名詞「欲」。從「以」「由」「安」三字在句中的結構關係可知，它們分別和「所」字構成「所」字短語，作前面動詞「視」「觀」「察」的賓語，所以「以」「由」「安」應該解作動詞。

孔子以這三點觀察人，所以他說「人焉廋哉？人焉廋哉？」這個「廋」字是有所逃避的意思。用「視其所以，觀其所由，察其所安」三點來觀察人，就沒有什麼可逃避的了。看任何一個人為人處世，他的目的何在？他的做法怎樣？再看他平常的涵養，他安於什麼？有的安於閒逸，有的安於貧困，有的安於平淡。而這三句是層層遞進的，所以安心最難。以這三點觀人，在《為政》篇中，就是知人勵品的重點所在了。〔註162〕

楊逢彬：何晏《集解》云：「以，用也，言視其所行用也。由，經也，言觀其所經從也。」通過對《論語》時代典籍中這兩個較為常見的詞組的全面考察，我們以為此說對「所以」的解釋是比較可靠的。「所以」往往表示行事

〔註161〕陳劍：《〈論語〉「退而省其私」之「私」當為「和」字之誤》，待刊稿。

〔註162〕姜南秀：《〈論語·為政〉歧解評議》，《蘭州教育學院學報》2010年第5期，第53頁。

的方法和途徑，如《公冶長》：「歸與！歸與！吾黨之小子狂簡，斐然成章，不知所以裁之。」《左傳》隱公三年：「去順傚逆，所以速禍也。」桓公八年：「弗許而後戰，所以怒我而怠寇也。」……「所由」則往往表示如此行事的緣由，如《左傳》文公七年：「義而行之，謂之德、禮。無禮不樂，所由叛也。」昭公元年：「患之所生，污而不治，難而不守，所由來也。」昭公十三年：「不明棄共，百事不終，所由傾覆也。」……至於「所安」，這個詞組也較常見，是所賴以生存，所賴以安身立命者之意。如《左傳》莊公十年：「衣食所安，弗敢專也，必以分人。」《國語·晉語一》：「孝、敬、忠、貞，君父之所安也。」《吳語》：「寡人其達王於甬句東，夫婦三百，唯王所安，以沒王年。」……因此我們今譯這段話為：

考查一個人做事的方法、途徑；觀察他為什麼做的緣由；瞭解他賴以安身立命的是什麼。那麼，這個人如何能隱藏得住呢？這個人如何能隱藏得住呢？〔註163〕

楊新勛：竊以為朱熹有見「視」、「觀」、「察」遞進之次，甚是〔註164〕。進階之序，必在一事情之前中後、一系列相關事情或者一可進展體系之內，即「所以」、「所由」、「所安」必有前後相因或相承關係，這樣才合乎思維和言語邏輯，而不可能是並列平行或互不相關的事情。余疑「所以」、「所由」、「所安」似針對同一（或說每一）事件，「所以」指事先考慮，「所由」指事中遵循，「所安」指事後感受和表現，其中既包含有動機認識，也包含有行為和後果的考察。可見，孔子綜合、全面地考察、考慮後再來認識人、評價人，故而有「人焉廋哉」之嘆。當然，從孔子「視」、「觀」、「察」之序來看，孔子明顯更看重做事和事後表現，而此正「如有周公之才之美，使驕且吝，其餘不足觀也已」（《論語·泰伯》）之意。〔註165〕

2.11 子曰：「溫故而知新，可以為師矣。」

陳憲猷：傳統的意見，是把後一句的話理解為「可以做老師了」。其實，這是一個誤解。我以為，這裏的「師」字也應訓為「法」，指的是儒家的學習

〔註163〕楊逢彬：《〈論語〉語詞瑣記》，《古漢語研究》2011年第2期，第18頁。

〔註164〕原註：楊按：從《論語·學而》「子曰：『學而時習之，不亦說乎？有朋自遠方來，不亦樂乎？人不知而不慍，不亦君子乎？』」，《雍也》「子曰：『知之者不如好之者，好之者不如樂之者』」等語來看，孔子對進深之序多能擅用。

〔註165〕楊新勛：《〈論語〉詁解五則》，《古籍整理研究學刊》2011年第5期，第73頁。

方法。它包涵著兩個相關連的內容——「溫故」與「知新」。所謂「溫」者，鄭玄注：「溫，尋也。」劉寶楠更申說之曰：「尋，繹理也，謂抽繹理治之也。」這個說法是對的。「溫故而知新」，就是對已有的知識作分析、鑒別，從而獲取新的知識。孔子認為，這可以作為一種為學之法。故《諡法》直截了當地說：「溫故知新曰師。」意思是說，死者生前最大的優點是善於學習，而並非說他是「老師」。

綜觀《論語》一書，從已有的知識中去推求新的知識，孔子是十分重視的。他強調「舉一隅，不以三隅反，則不復也」（《述而》）。又說，「學而時習之，不亦樂乎」（《學而》）他對子貢「告諸往而知來者」的做法和能力大加贊賞（《學而》）。然而，孔子卻從來不主張以師長自居。他諄諄告誡子路、曾晳、冉有、公西華「以吾一日長乎爾，毋吾以也」（《先進》），力圖與學生取得平等的地位。即使是向人們傳授知識，他也只是說「善人教民」（《子路》），並不自命為師長。可見，「溫故而知新，可以為師矣」應是孔子對具體的為學之道的概括，把這裏的「師」訓為「法」，是比較恰當的。〔註166〕

武樹臣：言歸正傳，說「溫故而知新，可以為師矣」。我私下揣測，孔子的這句話是為應答學生問「為師」而發的。這裏的「師」與其理解為「教師」，不如理解為「師傅」、「士師」更為妥當。在孔子生活的春秋末期，「師」的廣泛而又久遠的含義是官名，而教師只是剛剛問世的相對狹小而新鮮的事物。

至於「溫故而知新，可以為師矣」，我這樣理解：「故」是涉及政治和司法的故事、典故、判例；「新」有二義，一是初次出現的事物，二是其本義——修正、改良、革新。《說文解字》載：「新，取木也，從斤新〔註167〕聲」；「斤，斫木也」。《詩經‧魯訟〔註168〕‧閟宮》載：「新廟奕奕。」鄭玄箋：「修舊曰新。」「取木」，貌似伐薪，而實為修剪，即修正。去除亂枝，使木成材。因此，從政治角度而言，熟悉典故而又善於修正、改良的，才可以當君主的「師傅」；從司法角度而言，熟知判例、故事，又能因時制宜加以改良的，才可以當法官「士師」。

〔註166〕陳憲猷：《〈論語〉「師」字四例新解》，《華南師範大學學報（社會科學版）》1988年第3期，第67頁。
〔註167〕原文作此，《說文》作「亲」聲。
〔註168〕原文作此，實當為「頌」。

　　上述二義當中，我更傾向於後者。西周春秋是貴族政體時代，在法律上實行的是「判例法」，即創制使用判例。亦即《左傳・昭公六年》的「昔先王議事以制，不為刑辟」（選擇合適的判例來斷案，不制定成為法典）。「事」與「故」都指判例、故事。在貴族政體下，君主、職官都是世襲的，因此，按先輩的先例去做，不僅符合法度，又符合「帥型先考」的孝道。〔註169〕

　　趙建成：首先，要想理解「溫故而知新」的內涵，我們應該明確「故」和「新」的含義。……其實孔子的這個論斷並不是著眼於學習方法的問題，而是有著更為深遠的社會視角。《說文解字》：「古，故也。」（卷三上）則故者，古也。「故」與「古」為同源字，皆有古舊義，與時間過程的往昔、過去有關。因此「故」不應單指以前學過的知識，它囊括所有歷史，尤其應為歷史上曾經發生的一切有助於當下判斷的歷史事件、經驗教訓等可資借鑑的東西，其中包括古代的文化典籍、文物古跡。「故」不一定是你學過的或者已經掌握的，但至少是可查考的。同是從學習的角度出發，楊萬里認為「故」謂「古人已往之跡」（《誠齋集》卷九五，《庸言》十七），則較為公允。與「故」的概念相對應，「新」的內涵則應為當前或即將發生的事件等，即社會現實。所謂「即時所學新得者」、「今所得」、「所未得」、「新體會」、「新發現」云云，皆是對「新」的誤讀。「故」與「新」對我們來說都是非常重要的。王充《論衡・謝短篇》云：「夫知古不知今，謂之陸沉。……夫知今不知古，謂之盲瞽。」（卷一二）黃式三《論語後案》云：「趨時者厭古，而必憚溫之。泥古者薄今，而必審知之。」（轉引自程樹德《論語集釋》，第94頁）

　　第二，我們應該進一步明確的是「溫故」與「知新」的含義及其邏輯關係。……首先，「溫故」是「知新」的前提和基礎，只有「溫故」才能「知新」。……「溫故」就是立足於過去，從林林總總的歷史事件找出這些規律，……從而應用於當下的判斷而「知新」。所以孔子特別重視歷史，不斷地強調自己「信而好古」（《述而》一），「好古，敏以求之者也」（《述而》二十）。……其次，「知新」是「溫故」的目的。劉逢祿《論語述何》云：「知新，謂通其大意以斟酌後世之制作，漢初經師皆是也。」（轉引自程樹德《論語集釋》，第95頁）找到規律僅僅是一個開始，最根本的目的則在於「知新」，即運用規律對眼前的社會、人生各個方面的現實或事件的未來與發展做出判斷和預見，

從而更好地認識和解決我們所遇到的問題。「故」和「新」之間有一線相連，那就是潛藏於其間的共同的規律。

第三，我們談談對孔子這個論斷的整體理解。……人類社會不斷向前發展，人們的生活日新月異，然而在發展和變化中，有些東西是不變的，就是紛繁複雜的表象之下的本質和規律。一旦我們掌握了這些本質和規律，在認識和處理問題的時候就會得心應手，……「溫故」而「知新」，孔子更重視的是「知新」。他主張學以致用，掌握規律固然重要，但更重要的則是運用規律，觸類旁通。……

最後，我們還應該注意的是「溫故而知新，可以為師矣」這句話的重心在前而不在後。皇侃疏云：「此章明為師之難也。」此言差矣。在孔子的思想體系中，「溫故而知新」是一種很難達到的思想高度。孔子認為，一個人能夠從歷史、個人經歷、前代典籍中洞燭幽微，發現規律並運用於現實，或者說他掌握了真理，那麼他就達到了教誨別人的水平。所以，這裏孔子是以「可以為師矣」作為對「溫故而知新」的一種高度評價，而不是以「溫故而知新」作為對「為師」標準的規定。〔註170〕

陳峰：前文已揭，若依據《論語》文本，「溫故而知新」章中「師」字解為「老師」最為合理。《論語》中相關諸多篇章對「師道」有所涉及，並對老師進行教育的內容、方法、態度均有揭示。儘管孔子在教育生徒時主張因材施教、有教無類，但其教育的最高目標無疑是使學生擁有君子的教養、實現君子的理想人格。《論語‧先進》篇載孔門「德行」「言語」「政事」「文學」四科，《述而》篇載「子以四教：文、行、忠、信」。從某種意義上說，「溫故而知新」章詮釋史上的教學義、尊德義、治事義諸說，皆導源於孔門「四科」「四教」之中。由此，亦可明晰後世歧解的多樣性其實早已醞釀於《論語》自身的文本系統之中。〔註171〕

陳緒平：錢穆說：「溫，溫燖義。燖者以火熟物。後人稱急火曰煮，慢火曰溫，溫猶習也。」比較今人注，也只有錢先生懂得這句話的微妙。……這句話關鍵在這個「溫」字上。錢先生已經指出了它的具象。由此可以說，

〔註170〕趙建成：《〈論語〉二則考辨》，《文學遺產》2011年第2期，第125～126頁。
〔註171〕陳峰：《〈論語〉「溫故而知新」章詮釋與儒家師道德建構》，《湖南大學學報（社會科學版）》2018年第4期，第53～54頁。

「溫」就是「時間」，就是「沉潛」，就是「培養」等等。可見說「溫故」就是重「知識」（認識）在時間上的「積累」。而今人往往不得其微，比如《論語本解》（修訂本）就說「這句話強調學習不重在積累，而貴在發明」。人沒有了在時間上的「沉潛」與「培養」如何「發明」呢？後半句強調「為師之難」。一定要把「可以」翻譯出來，「可」是今語的「可以」，「以」是今語的「憑藉」，這裏的「可以為師」就是「可以以之為師」。因此，這句話的意思是，一個人如果能溫習所學的知識，沉潛於斯，時間長了就可以領悟到新的知識。人可以憑藉著這個能力來做年輕人的老師。早期文獻有這樣的記錄：《荀子・致士篇》說：「師術有四，而博習不與焉。」《禮記・學記》載：「記問之學，不足以為人師。」清代大儒戴震說：「記問之學，入而不化者也。」〔註172〕說「化」，就是說「時間」（溫），就是說「涵養」之「養」。可見有些人雖然記誦很多知識，但是不能成為老師，為什麼呢，因為沒有「溫」，即沒有在時間上獲得內涵，當然也就無法開新了。今人錢穆用「慢火」揭示「溫」之具象，誠為高。〔註173〕

2.12 子曰：「君子不器。」

龐光華：我們認為舊注未諦。「君子不器」當讀為「君子丕器」。「不」借為「丕」，訓為「大」意，即君子大器。孔子謂君子器量當大，此為確詁。……

《論語・公冶長》「子貢問曰：『賜也何如？』子曰：『女，器也。』曰：『何器也？』曰：『瑚璉也。』」注：「包曰：『瑚璉之器，夏曰瑚，殷曰璉，周曰簠簋，宗廟之器貴者。』」（高明《中國文字學通論》96年版序言稱《論語》中此處的「璉」為「簋」之誤字，恐難憑信）。據包咸注瑚璉為貴器，「大」與「貴」義近。孔子以為子貢是大器。《文選・任彥升・王文憲集序》曰：「瑚璉之宏器。」亦以瑚璉為大器。又……根據《論語》中孔子此言，我們可知孔子是把子貢比作「器」，而且是「貴器」。如果把孔子「君子不器」之言中的「不」理解為否定詞，那就是說孔子認為子貢不是君子。可是當孔子比子貢為瑚璉的時候，顯然是在贊賞子貢，而不是在批評他。因此，把「君子不器」之言中的「不」理解為否定詞，那將與孔子的思想不相符合。

〔註172〕原註：戴震. 孟子字義疏證〔M〕. 北京：中華書局，2012，第8頁。
〔註173〕陳緒平：《〈論語〉字義疏證舉例》，《西華師範大學學報（哲學社會科學版）》2018年第5期，第75頁。

先秦文籍中頗多「宗器」、「重器」之語，不煩舉例。丕器、不器在結構上與重器、宗器為一律。《史記‧伯夷列傳》：「示天下重器。」《索隱》：「言天下者是王者之重器，故《莊子》云『天下大器』是也。則大器亦重器也。」《三國志‧諸葛亮傳》裴注引《蜀記》曰：「大器無方。」古人以「大器」與「重器」義近。但是有個麻煩的現象，就是《禮記‧學記》：「君子曰『大德不官，大道不器，大信不約，大時不齊』。」此為漢初人或戰國時人之語。這裏的「大道不器」中的「不」明顯是否定詞。究竟該如何解釋這樣的現象呢？我們認為《禮記》「大道不器」與《論語》「君子不器」義各有當，彼此沒有牽連。《禮記》「大道不器」中的「器」是指「形」或「有形之物」，「不器」猶言「無形」，《禮記》及〔註174〕言「大道無形」。今舉證如次，《周易‧繫辭上》：「形乃謂之器。」韓康伯注：「成形曰器。」……《禮記》「大道不器」中的「器」並不是指「器用」或才智而言，與《論語》「君子不器」完全不同，難道我們能說《論語》「君子不器」的意思是「君子無形」嗎？古書中常常有一個詞表示多種意思，彼此不一定有關係。我們還找到了類似的例子，如《文心雕龍‧程器》：「《周書》論士，方之梓材，蓋貴器用而兼文采也。」又曰：「雕而不器，貞幹誰則。」《文心雕龍》中的這個「不器」的「器」只能是襃義詞，「不器」一詞倒是貶義詞，意思是「沒有現實的（或實際的）用處」，與《論語》「君子不器」的「不器」毫無關係。……

……《周易‧繫辭下》云：「君子藏器於身。」又《繫辭上》云：「乘也者，君子之器也。小人而乘君子之，盜思奪之矣。」《韓非子‧喻老》：「此寶也，宜為君子器，不宜為細人用。」《法言‧先知》：「使人有士君子之器者也。」足見君子有君子的器。古人常常比才智之士為器。《三國志‧吳志‧陸遜傳》載陸抗上疏稱：樓玄、王蕃、李勖「皆當世界觀秀穎〔註175〕，一時顯器」。《晉書‧石苞傳》：「苞子雋，少有名譽，議者稱為令器。」令器即美器。《南史‧沈演之傳》：「此童終為令器。」……足證「君子不器」必當釋為「君子大器」。……

除了以上的例證外，我們還能在古書中找到類似的旁證。如《漢書‧薛廣德傳》：「薛廣德字長卿，……蕭望之為御史大夫，除廣德為屬，數與論議，器之。」師古曰：「以為大器也。」蕭望之以薛廣德為「大器」。《三國志‧龐統傳》：「先主領荊州，……吳將魯肅遺先主書曰：『龐士元非百里才也，……

〔註174〕原文作此，疑當為「乃」。
〔註175〕原文作此，《三國志》作「皆當世秀穎」。

始當展其驥足耳。」諸葛亮亦言之於先主,先主見與善譚,大器之,以為治中從事。」劉備以龐統為「大器」……

考《舊唐書‧姚璹傳》:「史臣曰:天子有諍臣七人,雖無道不失其天下。……所謂君子不器者也。」……史臣認為狄仁傑、王方慶都是孔子說的「君子不器」。我們細讀這段文字,可以比較清楚地看到在《舊唐書》的作者是把孔子「君子不器」解釋為「君子大器」,而不是把「不」理解為否定詞。……

又,「丕」字在先秦文獻中可用於名詞前,如「丕時」、「丕績」之類。《尚書‧大禹謨》:「予懋乃德,嘉乃丕績。」注:「丕,大也。」《尚書‧立政》:「其在四方,用丕式見德。」丕式猶言大法、猶言洪範。又同篇:「嚴惟丕式,克用三宅三俊。」又《君奭》:「後人於丕時。」鄭注「丕時」為「大旦」,則「丕」可作形容詞用於名詞之前,昭然不爽。〔註176〕

胡翼:「不」與「丕」古通用,「丕」即「大」,「君子不器」應為「君子丕器」,即為「君子大器」。〔註177〕

「不」與「丕」古音相同,都為「之」部字,故古多用「不」為「丕」。《說文‧不部》:「不,鳥飛上翔不下來也。從一,一猶天也。」「不」與「丕」通用的例子有很多。《爾雅‧釋蟲》:「不蜩,王蚨父。」郝懿行《義疏》引翟氏補郭云。《詩‧大雅‧文王》:「有周不顯。」馬瑞辰《傳箋通釋》。朱駿聲《說文通訓定聲》:「不假借為丕。」《書‧洛誥》:「頒聯不暇。」劉逢祿《今古文集解》引莊云:「不讀丕。」《逸周書‧王會》:「不令支玄貘。」朱右曾《集訓校釋》:「不讀如丕。」《詩‧周頌‧清廟》:「不顯不承,無射於人斯。」段玉裁曰:「不與丕音同,故古多用不為丕。如不顯即丕顯之類。」高亨注:「不,通丕,大也。」《逸周書‧小開》:「嗚呼,敬之哉!汝恭聞不命。」朱右曾《校釋》:「不讀為丕,大也。」《管子‧宙合》:「君臣各能其分,則國寧矣,故名之曰不德。」郭沫若等《集校》引丁士涵云:「古字多以『不』為『丕』,此『不』字當讀為『丕』,『丕』,大也。」以上材料足以證明「不」、「丕」古通用。

「丕」的本義為「大」。《說文‧一部》:「丕,大也。」而「丕」訓「大」也可以找到很多書證材料。《書‧大禹謨》:「嘉乃丕績。」孔傳:「丕,大也。」

〔註176〕龐光華:《〈論語〉「君子不器」新解》,《古籍研究》2004年第1期,第98～101頁。
〔註177〕原註:楊伯峻. 論語譯注〔M〕. 北京:中華書局,1980。

《太甲上》：「先王昧爽丕顯。」蔡沈《集傳》：「丕，大也。」《左傳・僖公二十八年》：「奉揚天子之丕顯休命。」杜預注：「丕，大也。」《逸周書・寶典》：「敬位丕哉。」孔晁注：「丕，大也。」《漢書・匡衡傳》：「殆論議者未丕揚先帝之盛功。」顏師古注：「丕，大也。」《敘傳下》：「丕顯祖烈。」顏師古注：「丕，大也。」《後漢書・班固傳》：「聘文成之丕誕。」李賢注：「丕，大也。」《文選・張衡〈東京賦〉》：「昧旦丕顯。」薛綜注：「丕，大也。」可見，「君子不器」可以訓為「君子大器」。〔註178〕

先秦古籍中頗多「宗器」、「重器」之語，丕器、不器在結構上與重器、宗器一致。《史記・伯夷列傳》：「示天下重器。」《索隱》：「言天下者是王者之重器，故《莊子》云『天下大器』是也。則大器亦重器也。」《三國志・諸葛亮傳》裴注引《蜀記》曰：「大器無方。」「大器」與「重器」意義相近。《後漢書・鄭玄傳》：「玄稱淵為國器。」《墨子・親士》：「聖人者，事無辭也，物無違也，故能為天下器。」此以聖人為「天下器」。「天下器」正是說「大器」。足以說明「君子不器」當釋為「君子大器」。〔註179〕

王大慶：《論語》中的「君子」有兩種含義，一種是指道德品質意義上的「君子」，另一種是指身份和社會地位意義上的「君子」，這句話中的「君子」顯然是指前者，因為其中並非表述一個事實，而是蘊含著某種道德上的訓誡。

綜上所述，「君子不器」應譯為：「對於一個君子來說，不要把自己僅僅當作一件具有一定用途的器皿對待」。〔註180〕

欒貴川：何謂「器」？《周易・繫辭上》有：「形乃謂之器。」又記：「形而上者謂之道，形而下者謂之器。」「器」的含義有二：一是指具體的器物，二是指器物的功用。「不器」則指不作器物，或說不局限於某種、某些具體的器物的功用，實是指形而上的「道」。「君子不器」是說，作為君子，不能夠像器物那樣功用單一，而要作超越具體而專門的才藝，達於「道」的通才。〔註181〕

〔註178〕原註：劉寶楠. 論語正義〔M〕. 北京：中華書局，1990.

〔註179〕胡翼：《淺談「君子不器」》，《吉林師範大學學報（人文社會科學版）》2005年第5期，第73、74頁。

〔註180〕王大慶：《「君子不器」辨析》，《北京師範大學學報（社會科學版）》2007年第2期，第134、137頁。

〔註181〕欒貴川：《君子不器》，《儒學的當代使命——紀念孔子誕辰2560週年國際學術研討會論文集》，2009年9月22日，第189頁。

李寧：孔子雖然完成了君子「德」與「位」的分離，但孔子心目中的「君子」仍然不是後世儒家「人皆可為君子」的單純有德者，而是專以修德、弘德為務的一個特殊的階級，也就是「士」的階級。……孔子對「君子」人格的闡述，就其本分、使命來看，針對的是「士」這一特殊階層，而非普通大眾。只能說，孔子心目中「君子」的部分道德規範，如仁愛、堅毅、守信用、有恆心等，是人人都可以追求的目標。總體而言，在孔子那裏，「君子」的「德」與「位」仍然有密切關係，只不過這裏的「位」並不一定是統治者、貴族之位，而是「士」這一特殊階級的社會地位。

……「不器」反對的是不加反思的世俗生活和追逐私利，「孔子所說的『君子不器』主要是倡導人們要努力從『利』的功利境界提高到『義』的『道德境界』。」〔註182〕

孔子心目中君子的任務是在天下有道、國家有道的時候，協助君主治理國家，其施政的重點不在實際的政務，而是匡正人心，即內以高尚的道德素養感召百姓，外以「禮」的約束來保證國家社會在正軌上運行。這裏所體現的「君子不器」，除了上述涵義外，還包含了「以德治國」、「仁治」的儒家政治原則。〔註183〕

2.13 子貢問君子。子曰：「先行其言而後從之。」

崔海東：當從宋沈括：「《論語》『先行』當為句，『其言』自當後也。」〔註184〕即句讀為：先行，其言而後從之。

一則定州簡本《論語》作「先行其言從之」，無「而後」二字。〔註185〕若依此，則斷在「先行」十分簡潔、清晰〔註186〕。然簡本孤證，不必刪字。二則春秋之際，華夏尚質，此句讀合乎彼時「太上有立德，其次有立功，其次有立言」（《左傳・襄公二十四年》）之次序，先立德，再立事功，立言最後。三則此「先行」實為孔子所授之工夫下手處。此正如清王夫之云：「夫子生平作聖之功，

〔註182〕原註：朱熹：《四書章句集注》，中華書局，1983年，第57頁。

〔註183〕李寧：《〈論語〉「君子不器」涵義探討》，《學海》2015年第5期，第62、64頁。

〔註184〕原註：沈括. 夢溪筆談〔M〕. 長沙：嶽麓書社，2002：214.

〔註185〕原註：河北省文物研究所定州漢墓竹簡整理小組. 定州漢墓竹簡論語〔M〕. 北京：文物出版社，1997：12.

〔註186〕原註：黃懷信. 論語新校釋〔M〕. 西安：三秦出版社，2006：32.

吃緊處無如此言之切。亦以子貢穎悟過人，從學已深，所言所行，於君子之道皆已具得，特示以入手工夫，使判然於從事之際耳。」〔註187〕〔註188〕

2.15 子曰：「學而不思則罔，思而不學則殆。」

于扶仁：《譯注》注云：「罔—誣罔的意思。」「殆—當『疑惑』解。」並譯全句為「只是讀書，卻不思考，就會受騙；只是空想，卻不讀書，就會缺乏信心。」

今按：「罔」通「惘」，意為「迷惑」，「糊塗」。《禮記・少儀》：「衣服在躬而不知其名為罔。」鄭玄注：「罔猶罔罔無知貌。」張衡《東京賦》：「罔然若醒。」李善注：「罔然猶惘惘然也。」可見「罔」與「惘」經常通用。「殆」通「怠」，意為「倦怠」、「懈怠」。全句意為：學而不思就會迷惑，思而不學就會倦怠。這樣理解是符合學習過程中「學」與「思」的本來關係。「學」，不僅指讀書，還指從師學習，它的主要作用是獲得新知；「思」，則是對學來的知識、道理消化、吸收、融會貫通。學而不思，便等於食而不化，必然滿腦子都是孤立、零散、雜亂的東西，本人並未理解，難以把握，更不能自如運用，反而會被這些紛然雜陳的知識、道理搞迷惑，陷入茫然無主的狀態。相反，思而不學，就不能得到新知識、新思想，「思」便會缺乏內容對象、觸媒、動力，結果必將倦怠、停滯。楊說不僅將全章大意弄得彆扭生硬，而且注與譯兩者間也不貫通。如「誣罔」（注文）是「欺騙」之意，怎能譯作「受騙」（譯文），主動和被動豈可混同？「疑惑」（注文）與「缺乏信心」（譯文）也距離太大。〔註189〕

黎千駒、黎哲：「殆」主要存在兩種解釋：一是通「怠」，疲怠。何晏《論語集解》引包咸曰：「不學而思，終卒不得，徒使人精神疲殆。」二是「疑」。王引之《經義述聞・通說》：「殆，疑也。《論語・為政》『學而不思則罔，思而不學則殆。』謂思而不學，則事無徵驗，疑不能定也。何注讀殆為怠，以為精神疲殆。失之。」

〔註187〕原註：王夫之. 讀四書大全說〔M〕. 北京：中華書局，1975：214～215.
〔註188〕崔海東：《楊伯峻〈論語譯注〉句讀商榷》，《江蘇科技大學學報（社會科學版）》2013 年第 3 期，第 26 頁。
〔註189〕于扶仁：《〈論語譯注〉商兌》，《煙臺師範學院學報（哲學社會科學版）》1994年第 4 期，第 74 頁。

按，我們認為王引之的解釋是對的。這可以從另外兩個方面來證明：

第一，「殆」與「疑」為同義詞，因此可以在上下兩句相對應的位置上分別使用。例如：「子張學干祿。子曰：『多聞闕疑，慎言其餘，則寡尤；多見闕殆，慎行其餘，則寡悔。言寡尤，行寡悔，祿在其中矣。』」（《論語・為政》2.18 章）其中的「疑」和「殆」都是「疑問」的意思，「多聞闕疑」，意思是多聽聽，保留疑問。「多見闕殆」，意思是多看看，保留疑問。王引之《經義述聞・通說》：「殆，猶〔註190〕疑也。謂所見之事若可疑，則闕而不敢行也。」

第二，「學」與「思」之關係，乃相輔相成，二者不可偏廢。為什麼說「學而不思，則罔」？孟子認為「心之官則思。思則得之，不思則不得之。」（《孟子・告子上》）「盡信書，則不如無書。」（《孟子・盡心下》）何晏《論語集解》引包咸曰：「學而不尋思其義，則罔然無所得。」皇侃《論語義疏》云：「夫學問之法，……則臨用行之時罔罔然無所知也。」朱熹《論語集注》云：「不求諸心，故昏而無得。」由此可見，只讀書而不思考，則難以理解其中的道理，亦難以明辨其中的是非，最終是無所得而依然迷惑不解。

為什麼說「思而不學，則殆」？「子曰：『吾嘗終日不食，終夜不寢，以思，無益，不如學也。』」（《論語・衛靈公》15.31 章）……荀子也認為：「吾終日而思矣，不如須臾之所學也。」（《荀子・勸學》）心有疑惑則「思」，但僅僅「思」而「不學」，則其疑惑終不得解。〔註191〕

2.16 子曰：「攻乎異端，斯害也已。」

（1）攻

李宗長：我們認為，「攻乎異端」之「攻」當訓為「攻擊」。理由如下：一、「攻」字在《論語》中共使用了四次，除「攻乎異端」句外，還有「小子鳴鼓而攻之」（《先進》）、「攻其惡，無攻人之惡」（《顏淵》）。這三個「攻」字均作攻擊解。因此，「攻乎異端」之「攻」當不能例外。程樹德《論語集釋》按云：「此當以本經用語例決之。」即已指明這一點。二、葉聖陶《十三經索引》錄攻字領首的句子計二十條，除去見於《周禮・考工記》的八條外，其

〔註190〕原文作此，作者引《經義述聞・通說》文，對「殆」的解釋存在「殆，疑也」及「殆，猶疑也」。故疑二者中必有一處存在錯誤。

〔註191〕黎千駒、黎哲：《〈論語〉「為政」和「八佾」疑難詞語札記》，《畢節學院學報》2011 年第 3 期，第 92 頁。

餘的十二條句子中攻字均作攻擊解。可見，在先秦典籍中，攻訓為攻擊的概率要高於訓為治的概率。〔註192〕

　　劉育林：首先，古語云「他山之石，可以攻玉」，古代治木玉金石之工曰攻，因而「攻」可釋為「治」，竹簡《論語》作「功乎異端，斯害也已」，知「攻」、「功」同音通假，皆可解為「治學」，故孫奕解為「攻擊」，失之。其次，「也已」二字連用在《論語》中多次出現「可謂好學也已」(《學而》)、「可謂仁之方也已」(《雍也》)、「其可謂至德也已矣」(《泰伯》)、「斯亦不足畏也已」(《子罕》)等，皆作句末語氣詞，表肯定或語氣加強，無作「止」講的，故解為「已，止也」，當為謬誤。〔註193〕

　　黎千駒、黎哲：按，「攻」宜取「攻擊；批判」義。程樹德《論語集釋》：「此章諸說紛紜，莫衷一是。此當以本經用語例求〔註194〕之。《論語》中凡用攻字均作攻伐解，如『小子鳴鼓而攻之』，『攻其惡，無攻人之惡』，不應此處獨訓為治。」程樹德所提出的「此當以本經用語例求之」，就是古人強調的以經證經的方法。「攻乎異端，斯害也已」意思是「批判異端，禍害也就可以消除了」。〔註195〕

　　孟沖：在定州漢墓竹簡《論語》中「攻乎異端」之「攻」作「功」字〔註196〕。有了出土文獻的佐證，這就使「攻治」說重新為學者所認識。《釋名》云：「功，攻也。攻治之乃成也。」王先謙《釋名疏證補》引王啟原之言曰：「功、攻二字通。」因此，我們認為，這裏的「攻」當釋為「攻治、專治」之義。〔註197〕

　　張華清：從上述材料來看，《論語》的早期譯注並無異議，均將「攻」釋為「治」，作「攻治」講。尤其是較早的版本——定州本所記「攻乎異端」原本為「功乎異端」。該本「攻」作「功」字，應該是「用功」、「攻讀」之意，

〔註192〕李宗長：《「攻乎異端，斯害也已」小考》，《文獻》1997年第3期，第262頁。
〔註193〕劉育林：《〈論語〉歧解成因類析及選例辨正》，曲阜師範大學，2009年碩士學位論文，第28頁。
〔註194〕原文作此，《論語集釋》作「決」，下同。
〔註195〕黎千駒、黎哲：《〈論語〉「為政」和「八佾」疑難詞語札記》，《畢節學院學報》2011年第3期，第92頁。
〔註196〕原註：河北省文物研究所定州漢墓竹簡整理小組. 定州漢墓竹簡論語〔M〕. 北京：文物出版社，1997：12.
〔註197〕孟沖：《孔子「攻乎異端」思想新論》，《管子學刊》2014年第1期，第122頁。

完全沒有「攻擊」的意思，為以「攻治」釋「攻」提供了有力的參考。而以「攻擊」解釋「攻」的譯法出現較晚，直至南宋孫奕才在《示兒編》中提出將「攻」解釋為「攻人之惡」的「攻」，即「攻擊」的意思。其後，這種觀點少有附和者。近現代以來，有些譯注又採用了這種譯法，如楊伯峻的《論語譯注》等。這種譯法雖然在語法上沒什麼問題，但缺乏歷史文獻依據，大有以今釋古的嫌疑。錢穆在《論語新解》中就對這種譯法進行批評，稱：「或說攻，攻伐義，如小子鳴鼓而攻之。然言攻乎，似不辭。」〔註198〕〔註199〕

陳延嘉：從言、行結合起來看，孔子對少正卯的言行能充分地證明他對「異端」的態度：孔子不是一個爭取言論自由者。少正卯是魯國「聞人」。相傳他聚徒講學，與孔子持論相反，影響甚大，使孔門「三盈三虛」。《史記·孔子世家》載，定公十四年（公元前 496 年），孔子「由大司寇行攝相事」，「誅魯大夫亂政者少正卯」。司馬遷把少正卯定性為「大夫之亂政者」，但未有具體內容。我們可以在其他文獻中找出一些線索。劉師培說少正是官名，少正猶言副卿，則官位相當高。《荀子·宥坐》載：「孔子為魯攝相，朝七日，而誅少正卯。門人進問曰：『夫少正卯，魯之聞人也。夫子為政，而始誅之，得無失乎？』」孔子代理丞相才七天，第一個殺的就是少正卯。對此，孔子對學生說：「居！吾語女其故。」這個「居」是命令口氣，說明孔子生氣了。孔子說他必須殺少正卯的「故」有五：「人有惡者五，而盜竊不與焉。一曰心達而險，二曰行辟而堅，三曰言偽而辯，四曰記醜而博，五曰順非而澤。此五者有一於人，則不得失於君子之誅，而少正卯兼有之。」上述五惡，除第二是行為外，皆是思想、言論問題，特別是第四「記醜（怪事）而博」竟然成為必誅之理由。孔子繼續說明「害」在何處：「少正卯居處，足以聚徒成群；言談，足以飾邪營眾；強，足以反是獨立：此小人之桀雄也，不可不誅也。」所謂「聚徒成群」和「飾邪營眾」，應是指少正卯聚眾講學，以「邪」即「異端」迷惑眾人。從他對少正卯的批判看，真是咬牙切齒。孔門的每一「盈」每一「虛」，都說明他們針鋒相對，爭論極為激烈，決非求同存異。有人認為少正卯是農家者流。文獻沒有記載少正卯的一言半語，但從《漢書·藝文志》中能找到線索：「農家者流，蓋出於農稷之官。播百穀，勸耕桑，以足衣食……及鄙者為之，以為無所事聖王，欲使君臣並耕，誖上下之序。」在「無所事

〔註198〕原註：錢穆：《論語新解》，北京：三聯書店，2002 年版，第 55 頁。
〔註199〕張華清：《〈論語〉譯注辨析二則》，《孔子研究》2016 年第 2 期，第 53 頁。

聖王」下，師古曰：「言不須聖王，天下自治。」這很可能是孔子批判他、殺他的理由。孔子還舉出歷史上「不可不誅」的「七子」為證，其中有「太公誅華仕」。楊柳橋引楊倞注：「《韓子》曰：太公封於齊，東海上有居士狂矞、華仕兄弟二人，立議曰：『吾不臣天子，不友諸侯，耕而食之，掘而飲之，吾無求於人；無上之名，無君之祿，不仕而事力。』太公使執而殺之，以為首誅。周公從魯聞，急傳而問之曰：『二子，賢者也，今日饗國，殺之，何也？』太公曰：『是昆弟立議曰：不臣天子，是望（指太公姜望）不得而臣也；不友諸侯，是望不得而使也；耕而食之，掘而飲之，無求於人，是望不得以賞罰勸禁也。』且先王之所以使其臣民者，非爵祿，則刑罰也。今四者不足以使之，則望誰為君乎？是以誅之。」〔註200〕而華仕兄弟二人僅僅是想自食其力，並沒有其他「亂政」的行為。

從《荀子・宥坐》看孔子，有些不像我們平時心目中那個溫文爾雅的聖人形象，故有人對孔子殺少正卯之事提出質疑，認為不可能。筆者以為，他們的質疑缺乏堅實的文獻根據，不可能否定司馬遷言之鑿鑿的記述。從今天的觀點看，孔子殺少正卯是錯誤的。但我們應注意到荀子對太公和孔子的言行都是贊揚的口氣，所以不能以今天的觀點來評價古人。此其一。其二，我們應注意到，作為學者、教育家與作為政治家、官員的孔子是統一的。其作為大司寇和丞相，有其必須履行的職責，而這個官員的職責與他的治國理念是一致的。孔子講以德禮治國，以刑為輔，不排除用刑。《孔子家語・刑政》載，孔子曰：「聖人之治化也，必刑政相參焉。大上以德教民，而以禮齊之；其次以政焉導民，以刑禁之，刑，不刑也。化之弗變，導之弗從，傷義以敗俗，於是乎用刑矣。」〔註201〕在孔子看來，少正卯就是一個「化之弗變，導之弗從，傷義以敗俗」的家伙，在可以「用刑」之列。但是，這要看孔子有沒有這個權力。孔子曰：「巧言破律，遁名改作，執左道與亂政者，殺。……行偽而堅，言詐而變，學非而博，順非而澤，以惑眾者，殺。……此四誅者，不以聽。」〔註202〕為了魯國的長治久安，孔子第一個就殺了少正卯，何況姜太公還為他樹立了榜樣？孔子此處的言行反映了他的另一個方面。這兩個方面看似矛盾，實際是矛盾的統一。所以，把「攻乎異端」之「攻」釋為批判不僅有訓詁上

〔註200〕原註：楊柳橋. 荀子詁譯〔M〕. 濟南：齊魯書社，1985：810～811.

〔註201〕原註：陳士珂. 孔子家語疏證〔M〕. 上海：上海書店，1987：198.

〔註202〕原註：《孔子家語》是一部偽書，但與《荀子》聯繫起來看，以上的話應該是可信的。

的根據，而且符合孔子的思想。他殺「異端」，怎麼能說他不「攻」異端呢？但是，楊伯峻把「已」字解為「消滅」，則有點「過」了。此處之「攻乎異端」是就一般情況而非個別情況而言，不可以殺少正卯一事概括之。〔註203〕

（2）異端

李宗長：「異端」是持論者曲解本章之義的焦點所在。漢儒對「異端」的理解見於何晏《論語集解》中，……《論語集解》釋此章曰：「善道有統，故殊途而同歸。異端，不同歸者也。」雖然漢儒在此已經給我們透出了正確理解「異端」的訊號，但「不同歸者」究竟為何，卻沒有指明。然而，漢代其他學者的著述卻給了我們明確的答案。《公羊傳》文公十二年傳注云：「他技奇巧，異端也。《論語》曰：『攻乎異端。』」何休認為「異端」即「他技」。《禮記・大學》注：「他技，異端之技也。」鄭元〔註204〕的意見與何休合。《孟子・梁惠王上》注云：「孟子復問此五者，欲以致王所欲也。故發異端以問之也。」趙岐則認為「異端」泛指事情的其他方面。又司馬相如《封禪文》：「然無異端，慎所由於前，謹遺教於後耳。」師古注曰：「言既創業定制，又垂裕後昆也。」〔註205〕這裏的「異端」概指「雜學」。綜上可見，上述諸人眼中的「異端」只是他技或雜學，并沒有後人視異端有大逆不道的情緒。〔註206〕

劉育林：最後，來看對「異端」的解說，邢昺以「異端」為「諸子百家之書」，當為不確，當時尚未有諸子之說，而且儒家也僅為一家學說，並未得獨尊地位，怎可稱其它學說為「異端」？錢坫認為「異端即他技，所謂小道也。小道必有可觀，致遠則泥，故夫子以為不可攻，言人務小致失大道。」〔註207〕古籍中確有不少將「他技」、「小道」釋為「異端」，但這些都是建立在以孔儒學說為正統的基礎上，斥「他說」、「他技」為雜說異端，孔子不也說過「吾少也賤，故多能鄙事」〔註208〕嗎？顯然孔子是不以這些普通的技藝

〔註203〕陳延嘉：《孔子「攻乎異端」與言論自由——與劉強先生商榷》，《長春師範大學學報》2017年第7期，第13～14頁。

〔註204〕原文作此，疑或為「鄭玄」的避諱用字。

〔註205〕原註：《漢書・司馬相如傳》。

〔註206〕李宗長：《「攻乎異端，斯害也已」小考》，《文獻》1997年第3期，第262～263頁。

〔註207〕原註：〔清〕錢坫. 論語後錄（錢氏四種本）〔M〕. 無求備齋論語集成〔Z〕. 臺北：臺灣藝文印書館，1966：7.

〔註208〕原註：此句當讀為「吾少也賤，故多能，鄙事君子」，後文有此句辨正，此處暫採用通常斷句，不影響文意表達。

為異端的。戴震解釋道：「端，頭也，凡事有兩頭，謂之異端。」〔註209〕《子罕》有「我叩其兩端而竭焉」，但將「異端」等同於「兩端」，似又不妥。愚以為，並非「事有兩頭謂之異端」而是事之兩頭謂之異端，即焦循所解「異端者，各為一端，彼此互異」，任何事物都有兩個方面，異端是指偏執的一個方面。《論語》的輯錄雖然沒有明確的分篇標準，但我們還是可以發現每一篇所談論的問題都有相同或相近的，如果我們難以理解此章的語意指向，不妨與上章「學而不思則罔，思而不學則殆」聯繫起來，會發現上章講的是如何處理學與思的關係，恰是治學的兩個方面，本章完全可以看作上章的總結，「學而不思」或「思而不學」都為失之偏頗，都可以稱為「攻乎異端」，是有害的。〔註210〕

孟冲：對於「異端」的探究，後儒遍考諸書，已頗詳備，但由於受傳統偽書說的影響，《孔子家語》中的一則材料卻不曾為學者所關注。在考諸《家語・辯政》後我們認為，其「政在異端」的記載不僅對於探究先秦時期「異端」之義具有極大幫助，甚至於對「攻乎異端，斯害也已」整章的理解亦有啟發作用。

《孔子家語・辯政》記載：

> 子貢問於孔子曰：「昔者齊君問政於夫子，夫子曰『政在節財』；魯君問政於夫子，夫子曰『政在諭臣』；葉公問政於夫子，夫子曰『政在悅近而來遠』。三者之問一也，而夫子應之不同。然政在異端乎？」……察此三者，政之所欲，豈同乎哉？」〔註211〕

齊君、魯君、葉公三者曾就政事分別向孔子請教，然「夫子應之不同」，子貢對此極為不解，遂向夫子提出了「政在異端乎」的疑問。此事又見於《韓非子》、《尚書大傳》、《說苑》等書，記述略異。據此記載，子貢所言「政在異端」指的是孔子對為政的不同看法，具體而言則是「各因其事」而勸行的「政在節財」、「政在諭臣」、「政在悅近而來遠」等不同治國之策。子貢發問之句，《尚書大傳・略說》作「三君問政，夫子應之不同，然則政有異乎？」《說苑・政理》作「三君問政於夫子，夫子應之不同，然則政有異乎？」《韓非子・難三》則作「三公問夫子政一也，夫子對之不同，何也？」《尚書大傳》

〔註209〕原註：程樹德. 論語集釋〔M〕. 北京：中華書局，1990：104.

〔註210〕劉育林：《〈論語〉歧解成因類析及選例辨正》，曲阜師範大學，2009 年碩士學位論文，第28～29頁。

〔註211〕原註：楊朝明，宋立林. 孔子家語通解〔M〕. 濟南：齊魯書社，2009：161.

與《說苑》「政有異乎」顯然是「政在異端」的化寫，《韓非子》略去「政在異端」，而記為「三公問夫子政一也，夫子對之不同」，然「問……政一也」與「對之不同」亦已含有「政有異乎」之義。由此可見，「政在異端」與「政有異乎」、「問……政一也，夫子對之不同」，記述有異，其意一也。故此處「異端」與「異」、「不同」詞義當相仿，所強調的是「不同」之義。聯繫「政在異端」的涵義，「異端」更近於「不同觀點（或者看法）」這種解釋。

這樣的意思在其它典籍中亦有使用，如《史記‧十二諸侯年表》：「魯君子左丘明懼弟子人人異端，各安其意，失其真，故因孔子史記具論其語，成《左氏春秋》。」《後漢書‧延篤傳》：「觀夫仁孝之辯，紛然異端，互引典文，代取事據，可謂篤論矣。」嵇康《答釋難宅無吉凶攝生論》：「廣求異端，以明事理。」《新唐書‧儒學傳上‧顏師古》：「帝將有事泰山，詔公卿博士雜定其儀，而論者爭為異端。」

作為孔門「言語」科的高足，子貢以能言善辯著稱於世，故其談人論事之措辭當極為精恰，……那麼，子貢能以「政在異端」指代孔子與齊君、魯君、葉公三者的問對之事，可見「異端」於先秦時期不應是含有貶斥意味亦或容易引起歧義之詞。後儒將其訓作「它技」、「小道」、「雜書」、「邪說」、「不正確的議論」、「兩端」等義顯然不妥。……

據孔安國《孔子家語後序》記載，《家語》與《論語》二書不僅「並時」，材料亦屬同源，皆來自「諸弟子各記其所問」，所以二書中詞義與詞性不會有太大差異。《家語》在孔安國整理以後，「會值巫蠱事，寢不施行」〔註212〕，僅作為孔氏家學流傳，較少受到諸如現實政治、避皇帝名諱、字詞文義變遷等因素影響而造成文字改寫〔註213〕，故文本保存較為原始。如子貢所問之句，《家語》作「政在異端」，而《韓非子》、《尚書大傳》及《說苑》皆對此進行了化寫，以「異」或「不同」取代「異端」，這一現象或與漢以後「異端」愈濃的貶斥色彩有著極大關係。我們認為，《家語》「異端」之義近於先秦本義，而《論語》與《家語》這種「並時」、「同源」的關係，可以佐證《論語》中「異端」之義當同於《家語》〔註214〕。

〔註212〕原註：《孔子家語》後孔安國序。

〔註213〕原註：楊朝明.《孔子家語‧弟子行》研究〔C〕//楊朝明. 孔子學刊：4. 上海：上海古籍出版社，2013.

〔註214〕原註：已有學者指出「攻乎異端」之「異端」當解為「不同的意見」。詳參朱去非：「攻乎異端，斯害也已」新解，《孔子研究》，2000 年第 2 期。

　　……經過認真研究，我們認為《為政》篇看似雜亂，然全篇乃是經過了精心安排，以論「政」為篇旨，對孔子的為政理念展開了層層論述。如……「攻乎異端，斯害也已」章被編者置於該篇，那麼其目的也不應是單純言學，而是為篇旨服務，所論當與為政治國有關。……

　　「攻乎異端」記於《論語・為政》，體現的是孔子「專治於各種不同的觀點（或者看法），這種危害就會停止」思想。「政在異端」記於《家語・辯政》，所論的是孔子強調管理政事需用各種不同的方法，「各因其事」採取正確的政策，影響國政的亂因即可消除的治國主張。以此觀之，二者所論主題不僅相同，篇名皆以「政」為題，同屬於論「政」的範疇，且體現的方法論亦極為相類。《論語》是弟子、後學以「正實而切事」的標準依每篇篇旨有目的挑選之後精心比次編排而成，《家語》則是「其餘則都集錄之」，「七十二子各共敘述首尾，加之潤色」成之，二書成書方式不同，但其各自編者將這兩則材料分置於各自論「政」的主題下，這無疑表明二書編者認為這兩則材料皆屬孔子的為政思想。既然二者所論同為政事，體現的方法論亦相同，那麼，這兩則材料反應的當屬孔子同一種為政理念。結合《家語・辯政》，我們進一步認為，本章所欲專治的「異端」亦或同於「政在異端」之「異端」，為「各因其事」而勸行的「政在節財」、「政在諭臣」、「政在悅近而來遠」等不同治國之策，而其欲止的「斯害」則是由「奢侈不節」、「姦臣蔽主」、「離散」等政弊所致的國亂。〔註215〕

　　張華清：認為「異端」是指諸子百家雜書，乃至楊墨佛老的觀點，混淆了時代，以古釋今。楊朱、墨翟大約與孟子生活在同一時代，墨子主張兼愛、非攻，楊朱主張貴生、重己，他們的見解散見於《莊子》、《孟子》、《韓非子》、《呂氏春秋》等書。楊墨思想盛行在戰國時期。……而孔子時代尚未出現楊墨之言盛行的狀況。范氏將「異端」解釋為「楊墨」思想，有「以今釋古」之嫌，而程子用漢代才出現的「佛家之言」來釋「異端」，更是不足取信。錢穆批評說：「舊說謂反聖人之道者為異端，因舉楊、墨、佛、老以解此章。然孔子時，尚未有楊、墨、佛、老。」〔註216〕楊伯峻也指出：「異端——孔子之時，自然還沒有諸子百家，因之很難譯為『不同的學說』。」〔註217〕至於認為

〔註215〕孟沖：《孔子「攻乎異端」思想新論》，《管子學刊》2014年第1期，第120～121、122頁。

〔註216〕原註：錢穆：《論語新解》，第55頁。

〔註217〕原文標注此語引自劉寶楠的《論語正義》，實際當為楊伯峻的《論語譯注》。

「異端」為「一端」，即「偏執一端」，不能持中、不能會通的說法，穿鑿附會，沒有任何文獻依據。另外，楊伯峻在《論語譯注》中將「異端」譯為「不正確的議論」，《論語今讀》譯為「異端學說」，《四書詳解》認為是「偏離儒家正統之道的學說」等說法，也都語焉不詳，比較含混。筆者以為，倒是何晏以「小道」解釋「異端」的譯法最為可取。此處何晏將「小道」等同於「異端」，是相對「大道」而言。在孔子的思想中，「大道」自然是他所倡導的儒家正統思想和主張；「小道」相對於「大道」而言，雖有可取的地方，但無關乎大統，故而稱為「異端」。〔註218〕

（3）斯害也已

李宗長：「也已」究竟作何解釋，崔適《論語足徵記》對此作了詳盡的考證，認為：「孫奕《示兒編》謂：『攻如攻人之惡之攻。已，止也。謂攻其異端，則害人者自止。』此說亦非也。阮公《校勘記》云：『皇本、高麗本「已」下有「矣」字。』則『也已矣』三字連文，皆語辭，與『吾末如之何也已矣』例同，可證已字不得訓止也。」崔適在此否定了攻訓作攻擊的說法，這是不可取的。儘管如此，他認為「也已」是脫文的見解和論證卻頗有說服力。程樹德認為崔氏此書「考據精確」，大概指的就是崔氏在這方面的貢獻。另程氏在《論語集釋》「考異」條中進一步補充道：「皇本『已』下有『矣』字。」「《天文本論語校勘記》：天文本『已』下有『矣』字，古本、唐本、津藩本、正平本同。」

關於皇侃義疏本，《四庫全書總目》云：「其經文與今本亦多有異同，如『舉一隅』句下有『而示之』三字，頗為冗贅。然與《文獻通考》所引《石經論語》合。『夫子之言性與天道不可得而聞也』下有『已矣』二字，亦與錢曾《讀書敏求記》所引高麗古本合。其疏文與余蕭客《古經解鉤沉》所引，雖字句或有小異，而大旨悉合。知其確為古本，不出依託。觀《古文孝經》孔安國傳、鮑氏知不足齋刻本，信以為真。」可見，皇本即古本在文字上的翻版，確鑿可信。也就是說，「攻乎異端，斯害也已」當作「攻乎異端，斯害也已矣」，「也已」後實脫一「矣」字。從而可證崔適之說不誤。

我們對《論語》一書進行考察，發現以「也已」結尾的句子計七條〔註219〕，

〔註218〕張華清：《〈論語〉譯注辨析二則》，《孔子研究》2016年第2期，第54頁。

〔註219〕原註：這七條句子為：「可謂好學也已」（《學而》）、「可謂仁之方也已」（《雍也》）、「其餘不足觀也已」（《泰伯》）、「末由也已」（《子罕》）、「斯亦不足畏也已」（《子罕》）、「末之也已」（《陽貨》）、「其終也已」（《陽貨》）。

以「也已矣」結尾的句子計八條〔註220〕，均為語辭。此一情況說明《論語》中「也已」或「也已矣」連用時不曾有訓已為止的例子。這又從一個方面為崔適之說提供了論據。〔註221〕

陳曉強：《論語》中「也已」共出現十四次（其中「也已矣」出現七次，「也已矣」為「也已」和「矣」的連用，「矣」的語氣較「已」更強，表事實上、情理上的已然、必然，「也已」、「矣」的連用進一步加強肯定和感嘆語氣）。楊伯峻《論語譯注》將其中兩處「也已」〔註222〕拆開來講，這種處理方法值得商榷。

楊伯峻先生注：「已——應該看為動詞，止也。因之我譯為『消滅』。」楊伯峻將「也」「已」分開來講的理由為《論語》共用四次「攻」字，其他三個「攻」字都作「攻擊」講，這裏也不應例外。這種分析，在其體例上是自相矛盾的：既然「攻」因為作「攻擊」講出現三次而不應解為「治」，那為什麼「也已」作語氣詞講出現十二次後卻仍可另作他解？

「攻」在先秦的常用義是「治學，研究」，現代漢語「攻讀」中還保留這個意義。《論語》作為語錄體著作，只記載孔子一生極個別的言語，以個別的言語規定一個常用多義詞的用例並不具說服力。考察先秦文獻，「也」、「已」連用只作語氣詞講。「研治異端之學，這是嚴重的禍害呀！」將「攻乎異端，斯害也已」中的「也已」看作語氣詞，我們能從中感受到孔子強烈的肯定和感嘆語氣。〔註223〕

孟沖：故此處當從孫奕、焦循二人之說，「已」訓為「止」，「害」訓為「禍害、危害」。這裏的「斯」是指示代詞，訓為「這、這種」。〔註224〕

〔註220〕原註：這八條句子為：「泰伯，其可謂至德也已矣」（《泰伯》）、「周之德，其可謂至德也已矣」（《泰伯》）、「吾末如之何也已矣」（《子罕》）、「亦各言其志也已矣」（《先進》）、「可謂明也已矣」（《顏淵》），「可謂遠也已矣」（《顏淵》）、「吾末如之何也已矣」（《衛靈公》）、「可謂好學也已矣」（《子張》）。

〔註221〕李宗長：〈「攻乎異端，斯害也已」小考〉，《文獻》1997年第3期，第265～266頁。

〔註222〕這裏所提的兩處，除本例外，另一處為《論語‧陽貨篇》「公山弗擾以費畔」章，先秦文獻中的「也已」文例，於「公山弗擾以費畔」章中已錄，故此章中不復錄。

〔註223〕陳曉強：〈《論語》語法札記三則〉，《甘肅聯合大學學報（社會科學版）》2006年第6期，第91頁。

〔註224〕孟沖：〈孔子「攻乎異端」思想新論〉，《管子學刊》2014年第1期，第122頁。

張華清:「也已」,劉寶楠《論語正義》云:「皇本『已』下有『矣』字。」也就是說,皇侃《論語義疏》「斯害也已」作「斯害也已矣」。「也已矣」作為語氣詞連用,是古漢語中常見的語法現象,在《論語》中也不乏其例。……現在各本無「矣」字,「也已」仍然可以表示語氣詞「了」。如《左傳・僖公三十年》:「臣之壯也,猶不如人;今老矣,無能為也已。」歐陽修《洛陽牡丹記》:「此又天地之大,不可考也已。」這些「也已」均為語氣詞,譯為「矣」或「了」。而將「也」與「已」分開解釋,把「已」譯為「止」,顯屬忽視前人之解釋的主觀臆斷,沒有文獻依據,不可取。〔註225〕

蔡英傑:《論語》中,「也已」共出現 13 例,其他 12 例「已」都是用作語氣詞。如:

（1）子曰:「如有周公之才之美,使驕且吝,其餘不足觀也已。」

　　《泰伯》）

（2）子曰:「亦各言其志也已矣。」（《先進》）

　　……

檢索先秦文獻共發現 45 例「也已」組合,除去《論語》的 13 例,剩餘 32 例,「已」全部是語氣詞。如:

（12）其棄諸姬,亦可知也已。（《左傳・襄公二十九年》）

（13）夫差先自敗也已,焉能敗人?（《國語・楚語下》）

（14）後世雖有作者,虞帝弗可及也已矣。（《禮記・表記》）

（15）此其利也,不可失也已,君必滅之。（《國語・越語上》）

先秦文獻中 45 例中的「也已」組合除本例以外的 44 例均為語氣詞組合,足以說明表示判斷語氣的「也」與表示限止語氣的「已」的組配在先秦是一種常見的固定的組合形式,本例中的「也已」也應當是這樣一種組合,出現意外的可能性是很小的。〔註226〕

陳延嘉:故「斯害也已」可譯為:這種危害就可以防止了;或譯為:就不構成危害了。〔註227〕

〔註225〕張華清:《〈論語〉譯注辨析二則》,《孔子研究》2016 年第 2 期,第 54 頁。

〔註226〕蔡英傑:《〈論語〉訓詁疑案的文獻學分析》,《中國語言文學研究》2017 年第 1 期,第 226 頁。

〔註227〕陳延嘉:《孔子「攻乎異端」與言論自由——與劉強先生商榷》,《長春師範大學學報》2017 年第 7 期,第 14 頁。

（4）對整章的理解

李宗長：綜上，我們得出「攻乎異端，斯害也已」當解釋為「攻擊駁雜的技能或學術，那就有害了」的結論，這反映出孔子注重技能、博學兼收的學術思想，成為孔子學術品格的一個重要組成部分，對後世影響極深。〔註228〕

孟沖：統而論之，「攻乎異端，斯害也已」章可作如是解：孔子認為「政之所欲」不同，故「為政殊矣」，因此為政者要「各因其事」針對政弊制定不同的治國之策，專治於這些政策（攻乎異端），政弊所致的危害也就可以消除（斯害也已）。〔註229〕

張華清：綜合以上論述可見，「攻乎異端，斯害也已」一句原本並不複雜，早期譯注分歧不大，只是後人多加闡發，以致歧義百出。實際上，知師莫若徒，在《論語》中，子夏已經對孔子「攻乎異端，斯害也已」這句話進行了很好的闡釋。《論語·子張》記載：「子夏曰：『雖小道，必有可觀者焉。致遠恐泥，是以君子不為也。』」劉寶楠在《論語正義》中引用了何晏對這句話的詮釋，稱：「《集解》以小道為異端。泥者，不通也。不通則非善道，故言『君子不為』，則不攻治之也。」何晏去聖人時代較近，最得聖人之意，以「小道」解釋「異端」。孔子的話和子夏的話聯繫起來看，正所謂相互闡發。「異端」（即小道）雖有可取之處，但攻治（研究）深入就會沉溺其中不能自拔（這樣就很有害），所以君子不會深入研究它們。

因此，在「攻乎異端，斯害也已」這句話中，「攻」當譯為「攻治」、「研習」；「異端」當指偏離儒家正統之道的學說；「斯」，這，那；「害」，禍害，害處；「也已」，語氣詞。整句話應該翻譯為：「研習那些偏離儒家正統之道的小道邪說，（沉溺於其中）這是很有害的事情。」〔註230〕

2.21 或謂孔子曰：「子奚不為政？」子曰：「《書》云：『孝乎惟孝，友於兄弟，施於有政。』是亦為政，奚其為為政？」

崔海東：句讀當為：「《書》云：『孝乎惟孝，友于兄弟。』施於有政，是亦為政，奚其為為政？」〔註231〕

〔註228〕李宗長：《「攻乎異端，斯害也已」小考》，《文獻》1997年第3期，第266頁。
〔註229〕孟沖：《孔子「攻乎異端」思想新論》，《管子學刊》2014年第1期，第128頁。
〔註230〕張華清：《〈論語〉譯注辨析二則》，《孔子研究》2016年第2期，第55頁。
〔註231〕此章中「於」、「于」二字表義不同，故均照錄之而未改。

　　其一,「孝乎惟孝,友于兄弟」是《尚書》逸句,「施於有政」三句是
孔子所說。清劉寶楠《論語正義》(下稱《正義》)對此流變過程做了以下
歸納,愚依時間順敘如下。一是周時,「孝乎惟孝,友于兄弟」皆逸《書》
文,且「孝乎惟孝」本作「孝于惟孝」。二是漢時,《漢石經》及《白虎通‧
五經篇》所引皆作「孝于」而不言「孝乎」。《後漢書‧郅惲傳》鄭敬曰:「雖
不從政,施之有政,是亦為政。」細味鄭言,則「施於有政,是亦為政」
皆孔子之語。三是東晉作偽《古文尚書》者誤將「孝于惟孝,友于兄弟,
施於有政」三句皆採入《君陳篇》,並將「施於有政」更改為「克施有政」。
四是晉後「孝乎」「孝于」兩說並存,如梁皇《疏》作「孝于」,唐宋《石
經》等引作「孝乎」,唐陸德明《經典釋文》兩說並存,宋邢《疏》作「孝
乎」,等等。五是清惠棟《九經古義》揭示出「後儒據《君陳篇》改『于』
為『乎』」〔註232〕之事實。今人如錢穆先生則承之,認為「孝乎惟孝,友于
兄弟」是偽《尚書》語,「施於有政,是亦為政,奚其為為政」則為孔子所
說〔註233〕。

　　其二,「孝乎惟孝」,譯為「孝呀,只有孝順父母」十分彆扭。「惟」不是
副詞「只有」,而是句中助詞,在句中起調整音節之作用,無義。如《尚書‧
召誥》「無疆惟休,亦無疆惟恤」,「孝乎惟孝」之表達相當於今人所說的「神
乎其神」。

　　其三,「施於有政」是施行孝悌自有為政之道的意思。一則「於」「于」
二字不能與簡化字「于」等同視之。清宋翔鳳《四書釋地辯證》認為本章上
文引《書》作「于」,下面「施於有政」作「於」。故孔子此語中「于」「於」
顯有區別〔註234〕。我們知道,「于」本義是動詞「超過」,後一般用為介詞;
而「於」開始主要用作嘆詞,後來漸用為介詞。簡化後合併成一字,遂使各
字本義模糊、湮滅。故此章之「於」是嘆詞。二則「政」字楊譯〔註235〕為「政
治局面」,又引楊樹達說「政謂卿相大臣」,皆非。政即政道,即為政之原則。
三則楊注云「有」為助詞,無義,是古構詞法。「有」的確有此用法,然本章
不是,其只是動詞「擁有」之義。四則「施」亦非「影響、延及」之義,而

〔註232〕原註:劉寶楠. 論語正義〔M〕. 北京:中華書局,1990:66.
〔註233〕原註:錢穆. 論語新解〔M〕. 北京:三聯書店,2005:46.
〔註234〕原註:劉寶楠. 論語正義〔M〕. 北京:中華書局,1990:66.
〔註235〕楊指楊伯峻先生。

是「實踐、施行」之義。故此句義謂：孝敬父母，友愛兄弟。若實踐之亦自有為政之原則。

故此章當譯為：有人問孔子為何不出仕為政，孔子答曰：「《書》云『孝敬父母，友愛兄弟』，施行之，其中亦有為政之原則，我只要做好這些，亦自是為政，又何必一定要出仕得位方謂為政呢？」〔註236〕

鄭濟洲、姬明華：因此本章的正確斷句為：

或謂孔子曰：「子奚不為政？」子曰：「《書》云：『孝乎（于）惟孝，友于兄弟。』施於有政，是亦為政，奚其為為政？」〔註237〕

我們可以將此章翻譯為：

有人問孔子：「你為什麼不（出來）參與政治？」孔子回答道：「《書經》上說，『孝啊，只有孝敬父母，又能友愛兄弟』。把這一道理傳遞給執政者，這也就是『參與政治』了呀，又怎樣才算是『參與政治』呢？」

關於「子奚不為政」章發生的時間，先哲的想法大體可以分為三類。第一類是以朱熹為代表的魯定公初年說，第二類是以王船山為代表的魯昭公之世說，第三類是以劉寶楠為代表的魯哀公十一年之後說。

基於上述判斷，孔子所謂的將「孝悌之道」「施於有政」，實際上是將自己的教化事業視作一種政治行為，在他看來，素位為教就是素位為政。在上文中我們呈現了此章對話所發生的時間之辨，其中王夫之主張的此章發生在魯昭公末期並不符合此章的內在理路，因為當時孔子處於居位為政的狀態。而對比朱熹提出的定公初年說和劉寶楠提出的哀公十一年之後說，筆者更傾向於劉氏的判斷。因為在定公初年孔子雖然也在素位為教，然而此時他對出仕抱有極大的熱情，並在定公八年正式為官。而哀公十一年之後，孔子周遊列國返魯，此時的孔子已經完全投身於教化事業之中，「或人」在這一時段提出「子奚不為政」的問題更加符合孔子的心志。〔註238〕

〔註236〕崔海東：《楊伯峻〈論語譯注〉句讀商榷》，《江蘇科技大學學報（社會科學版）》2013年第3期，第26～27頁。

〔註237〕作者原文中論及：「在《論語》中凡是明確為孔子語者，均用『於』而不用『于』。……『孝乎（于）惟孝，友于兄弟』是孔子引《書》的內容，而『施於有政』一句則是孔子本人的話。」故此處斷句中「于」未改為「於」。

〔註238〕鄭濟洲、姬明華：《教化即為政：〈論語〉「子奚不為政」章辨義》，《福建論壇（人文社會科學版）》2016年第12期，第106、108頁。

2.23　子張問：「十世可知也？」子曰：「殷因於夏禮，所損益，可知也；周因於殷禮，所損益，可知也。其或繼周者，雖百世，可知也。」

崔海東：兩個「禮」字均當屬下句，句讀作「……殷因於夏，禮所損　益……周因於殷，禮所損益……」

一則劉氏《正義》引漢人之說證此頗詳：「《漢書‧杜周傳》：『欽對策曰：殷因於夏，尚質；周因於殷，尚文。』此讀以夏、殷絕句。《漢書‧董仲舒傳》有『夏因於虞』之文，《史記集解》引《樂記》鄭《注》：『殷因於夏，周因於殷。』與杜注同。則知今人以『禮』字斷句者，誤也。」〔註239〕二則，「殷因於夏」是朝代易朝代，正如皇《疏》曰：「言殷代夏立而因用夏禮及損益夏禮，事事可得而知也……又周代殷立，亦有因殷禮及有所損益者，亦事事可知也。」〔註240〕邢《疏》亦稱：「言殷承夏後，因用夏禮……言周代殷立，而因用殷禮。」〔註241〕而「殷因於夏禮」，則是朝代對禮制，不倫不類。〔註242〕

〔註239〕原註：劉寶楠：論語正義〔M〕. 北京：中華書局，1990：72.

〔註240〕原註：皇侃. 論語集解義疏〔M〕//四庫全書（第195冊）. 上海：上海古籍出版社，1987：355.

〔註241〕原註：邢昺. 論語注疏〔M〕//四庫全書（第195冊）. 上海：上海古籍出版社，1987：547.

〔註242〕崔海東：《楊伯峻〈論語譯注〉句讀商榷》，《江蘇科技大學學報（社會科學版）》2013年第3期，第27頁。

三、《八佾篇》新說匯輯

3.1 孔子謂季氏，「八佾舞於庭，是可忍也，孰不可忍也？」

李啟謙：西周建國前的周族，還是脫離原始社會不太久的一股社會勢力，因此在其建國後所建立的制度——周禮，必然是既有君主專制的成分，又有原始軍事民主制的遺存。⋯⋯這種民主遺存表現很多，僅就君臣關係，可以看出如下幾點。

第一，輔貳制的存在。就是設立第二個君主以約束君主行為的制度。⋯⋯

第二，「輔貳」有駁議或否決君主錯誤政令的職權。⋯⋯

第三，「輔貳」必要時有代替君主執掌政事的權力，甚至可以臨時稱王。⋯⋯

第四，在君主被逐外逃時，「輔貳」更有權攝政。⋯⋯

⋯⋯如前所述，周王室是保存了很多民主遺俗的，那麼按照周禮辦事的魯國，也必然有這種遺俗，周王室的「輔貳」制也必然在魯國有所貫徹。

事實也證明在魯國有貴族民主制的殘存，如魯君之下有正卿（實際上就是「輔貳」），正卿之外的其他大夫也有參與政治的權力。⋯⋯

魯昭公和季平子的關係，是君主與「輔貳」的關係。在兩者發生意見不一致時，按照舊制規定季平子有權表達自己的看法。事情的發展，兩者矛盾激化，魯昭公就聯合其他勢力攻伐季氏，開始時季平子一再退讓，請求「待於沂上以察罪」；再請求到自己的費邑去；又請求給五輛車逃亡國外；等等，均被拒絕。最後兩方開戰，昭公兵敗。此後，季平子幾次請昭公回來而不得，在這樣的情況下，作為「輔貳」的季平子，主持國政和主持祭祀就是自然的事了，這裏並沒有違背周禮「輔貳」制的規定。無怪乎當時晉國的史墨對季

平子的攝政，作了如下的評論：「天生季氏，以貳魯侯……民之服焉，不亦宜乎！」〔註1〕季平子的行為包括「八佾舞於庭」，是周禮所允許的，是和「周禮盡在魯矣」的評論一致的。〔註2〕

　　黎千駒、黎哲：按，「八佾」，即八佾之舞。何晏《論語集解》引馬融曰：「佾，列也。天子八佾，諸侯六，卿大夫四，士二。八人為列，八八六十四人。魯以周公故受王者禮樂，有八佾之舞。季桓子僭於其家廟舞之，故孔子譏之。」邢昺疏：「此章論魯卿季氏僭用禮樂之事……《禮記·祭統》云：『昔者周公旦有勳勞於天下，成王、康王賜之以重祭，朱干玉戚以舞《大武》，八佾以舞《大夏》。此天子之樂也，重周公，故以賜魯。』又《名堂位》曰：『命魯公世世祀周公以天子之禮樂。』是受王者禮樂也。然王者禮樂唯得於文王、周公廟用之，若用之他廟，亦為僭也。」由此可見，季氏「八佾舞於庭」，這是僭越禮制的行為，是冒天下之大不韙。這種行為不存在是否忍心或狠心做的問題，而是敢不敢做的問題。

　　「是可忍也，孰不可忍也」，這是孔子對季氏「八佾舞於庭」所作的評論，即表明自己對此事的態度。季氏居然膽大妄為，這對於以維護與恢復西周禮制為己任的孔子來說，當然是堅決不能容忍的，因此孔子旗幟鮮明地表示不能容忍季氏這種僭越禮制的行為。孔子絕不會因為自己當時沒有討伐季氏的條件就不敢譴責季氏；也絕不會因為魯昭公的悲慘結局而害怕譴責季氏。〔註3〕

　　蔡英傑：檢索先秦文獻發現：「忍」用作狠心義時，受事通常是人。如：
　　（1）對曰：「人將忍君。」（《左傳·成公十七年》）
　　（2）野人之無聞者，忍親戚、兄弟、知交以求利。（《呂氏春秋·節喪》）
　　（3）君無忍親之義。（《穀梁傳·襄公三十年》）
　　如受事為事，則用其否定形式。如：
　　（4）欲終而釋之，而不忍百姓之無天也。（《莊子·田子方》）

〔註1〕原註：《左傳·昭公三十二年》。
〔註2〕李啟謙：《從西周的君臣關係再釋「八佾」》，《學術月刊》1983年第9期，第68～69頁。
〔註3〕黎千駒、黎哲：《〈論語〉「為政」和「八佾」疑難詞語札記》，《畢節學院學報》2011年第3期，第92～93頁。

「忍」用作容忍義時，受事通常是事。如：

（5）乃廢天之命，詀文考之功緒，忍民之苦，不祥。（《逸周書・大開武解》）

（6）孰為盾而忍弒其君者乎？（《穀梁傳・宣公二年》）

（7）今吾刑外乎大人，而忍於小民，將誰行武？（《國語・晉語六》）

如受事為人，則用其否定形式。如：

（8）夫國之疑二三子，莫忍老臣。（《管子・大匡》）

「孔子謂季氏：『八佾舞於庭，是可忍也，孰不可忍也？』」一句中，「忍」的受事是「季氏八佾舞於庭」這一件事情，用的又是肯定形式，當為容忍義，非「狠心」義。〔註4〕

3.2 三家者以《雍》徹。子曰：「『相維辟公，天子穆穆』，奚取於三家之堂？」

黃懷信：《雍》為《周頌》之篇，原詩作：「有來雍雍，至止肅肅。相維辟公，天子穆穆。於薦廣牡，相予肆祀。假哉皇考，綏予孝子。宣哲維人，文武維後。燕及皇天，克昌厥後。綏我眉壽，介以繁祉。既右烈考，亦右文母。」此詩《序》以為是「禘太祖」，後世多以為是武王祭文王。今以詩中稱「皇考」、稱「予孝子」及「文武為〔註5〕後」等觀，愚謂當是周公相成王祭文王、武王之歌。詩中「辟公」，舊釋諸侯，愚謂當指周公。周公攝政，故謂之「辟公」，「辟」是君義。「天子」，即成王。《尚書・立政》記周公致政之時告成王曰：「拜手稽首，告嗣天子王矣！」說明「天子」在此之前不為王。世言周公攝政稱王，當為事實。既如此，自可以稱為「辟公」。《雍》詩言「相維辟公，天子穆穆」而三家者以之撤，無以對應，所以孔子曰「奚取於三家之堂」，言其無所取，以見其僭越。〔註6〕

〔註4〕蔡英傑：《〈論語〉訓詁疑案的文獻學分析》，《中國語言文學研究》2017年第1期，第227頁。

〔註5〕原文作此，作者上文引作「維」字，程俊英《詩經譯注》中亦作「維」字，故疑此處錯誤。

〔註6〕黃懷信：《〈論語〉引〈詩〉解（四則）》，《詩經研究叢刊》2011年第1期，第54頁。

3.4 林放問禮之本。子曰：「大哉問！禮，與其奢也，寧儉；喪，與其易也，寧戚。」

劉精盛、吳青峰：《禮記·檀弓上》記載子路之言：「吾聞諸夫子：喪禮，與其哀不足而禮有餘，不若禮不足而哀有餘也。」楊伯峻《論語譯注》認為子路的話可以看作「與其易也，寧戚」的最早的解釋。但楊先生認為：「『易』有把『事情辦妥』的意思，如《孟子·盡心上》：『易其田疇』，因此這裏譯為『儀文周到』。」這就值得商榷了。「易其田疇」之「易」，趙歧〔註7〕注：「治也。」〔註8〕易通乂。乂，刈的古字，本義為芟草（像芟草的工具之形）。芟草，治草也，故引申泛指治理。《書·堯典》：「有能俾乂。」孔安國《傳》：「乂，治也。」〔註9〕「易其田疇」是對統治者而言，故易的句中臨時義是管理，言管理好耕地。如果把「與其易」之「易」也如此理解，謂管理好喪事，則易與奢不類，一為動詞，一為形容詞；且管理好喪事或「儀文周到」，並不為過，而奢，遭人物議，是過也，過猶不及，故曰「與其」。易字按楊先生的理解，與「與其」不搭配，與下句「寧戚」不相應。楊先生認為「易」有把「事情辦妥」的意思，故翻譯為「儀文周到」，不免有偷換概念之嫌。「易」的周到義也缺乏根據，有悖於語言的社會性原則。我們認為，奢與易相對為文，「禮，與其奢也」是總言之，「喪禮，與其易也」是就禮之一「喪禮」而言，則易也是奢的意思，即鋪張浪費的意思，如果用一中性詞就是子路所說的「足」。我們認為，「與其易也」之「易」與《詩經·小雅·甫田》「禾易長畝，終善且有」之「易」同。《毛傳》訓「易」為「治」，「禾易長畝」正如「與其易也」之「易」訓為「治」一樣令人費解，「易」當為禾盛之貌，馬瑞辰《毛詩傳箋通釋》：「易與移一聲之傳。《說文》：『移，禾相倚移也。』倚移讀若阿那，為禾盛之貌。」阿那即婀娜，透迤（委蛇）與婀娜為一聲之傳，《鄘風·君子偕老》「委委佗佗，如山如河」，委委佗佗寫宣姜表面上的威儀之盛，于省吾《新證》：「『委委佗佗』，應做『委佗委佗』，即《羔羊》之『委蛇委蛇』。委佗古人連語。」〔註10〕委佗即委蛇，是同一詞的不同書寫形式。俞樾《群經平議》：「易當讀為施，古施、易二字通用。禾易長畝，

〔註7〕原文作此，實當為「趙岐」。
〔註8〕原註：《十三經注疏》，上海古籍出版社，1997年7月，第2768頁。
〔註9〕原註：《十三經注疏》，上海古籍出版社，1997年7月，第122頁。
〔註10〕原註：向熹：《詩經詞典》，四川人民出版社，1997年7月第2版，第668頁。

言禾連綿竟畝耳。」〔註 11〕俞訓易為延，禾連綿一片，見其盛也。俞說與馬
說是相通的，意思大體相同。因為移與施同源，移言禾之逶迤，施言旗之逶
迤。《說文・㫃部》：「施，旗旖施也。」段玉裁《說文解字注》：「《大人賦》
說旌旗曰『又旖旎以招搖』。施字俗改為旎，從尼聲，殊失音理。式支切，古
音在十七部……《毛傳》曰：『施，移也。』（這說明馬、俞二說是相通的）
此謂施即延之假借。」我們認為，移、施、延與一般假借不同，有同源關係。
《說文》：「旖，旖旎，旗貌。」段玉裁《說文解字注》云：「許於旗曰旖旎，
於木曰橋施，於禾曰倚移，皆讀如阿那。」〔註 12〕

綜上所述，「與其易也」之「易」通「移」或「施」，有盛大之義，喪禮
搞得盛大，則不免奢侈。古人治國以禮，孔子把禮擺在很高的地位，這無庸
贅言，自然，他不會反對把喪禮辦好（儀文周到）。……從孔子的一貫言行來
看，他反對的只是人們在禮儀上流於形式，奢侈浪費，暴殄天物，而無哀敬
之心，故曰：「禮，與其奢也，寧儉；喪，與其易也，寧戚。」〔註 13〕

3.5 子曰：「夷狄之有君，不如諸夏之亡也。」

劉育林：《春秋》內諸夏而外夷狄，自西周被犬戎滅國，平王東遷以來，中
原諸侯國皆有強烈的攘夷意識，齊桓公更是打著「尊王攘夷」的旗幟，北討孤
竹，南征蠻楚，建立了春秋第一代霸業。然而到了春秋末世，周道既衰，綱常
壞亂，弒君殺父，層出不窮，下之僭上，習以為常，魯、衛、晉、宋等中原大
國日漸勢〔註 14〕微，已無禮義盛大的氣象。相反，隨著各國交往的擴大和民族
融合的加速，中原的禮樂文化在當時所謂的蠻夷國卻得到了傳承和光揚，吳公
子季札四讓王位與中原諸國弒君僭禮形成鮮明的對比；季札對周代禮樂典章制
度的精通，也幾乎無人能望其項背，況且其時吳楚之強，孔子或得耳聞目睹，
若為「重中國，賤蠻夷」之說則與當時情勢已大不相符，皇侃、邢昺之解恐未
得孔子真義。歧解二和歧解三皆解為孔子因中原諸國君道不行，心憂時亂而嘆
之，卻是從兩個不同的角度來解析的，陳天祥將「有君」釋為懷有君之心，此

〔註 11〕原註：向熹：《詩經詞典》，四川人民出版社，1997 年 7 月第 2 版，第 800 頁。

〔註 12〕原註：段玉裁：《說文解字注》，上海古籍出版社，1988 年 2 月第 2 版，第 311
頁。

〔註 13〕劉精盛、吳青峰：《楊伯峻先生〈論語譯注〉三則商榷》，《學術界》2007 年第
2 期，第 110～111 頁。

〔註 14〕原文作此，疑當作「式」。

「君」可釋為君主，亦可抽象為國家的君道，即君臣之禮，是權臣僭禮以致君道不行；楊樹達將「有君」釋為有賢明的君主，當時吳越有賢君闔閭、勾踐等，而魯國昭公奔逃，定哀衰微，衛靈公又不事君道，孔子此語以贊吳越君賢而傷魯宋君衰。觀《八佾》篇多談季氏僭禮，愚以為陳氏所解更近本旨。〔註15〕

　　黎千駒、黎哲：西周時期，天子保持著「天下宗主」的威權，禁止諸夏各諸侯國之間相互攻戰兼併。自周平王東遷，王室衰微，不再具有控制諸侯的力量與威望。諸侯之間相互兼併，先後出現了楚、齊、秦、晉、吳、越等大國，從而打破了諸侯並列、王室獨尊的局面；後來大夫相互兼併，並且陸續產生了強大的宗室，從而打破了宗族並列、公室獨尊的局面。孔子將這種社會現象概括為「天下有道，則禮樂征伐自天子出。天下無道，則禮樂征伐自諸侯出。……陪臣執國命。」（《論語・季氏》16.2 章）以魯國而言，孔子感嘆說：「祿之去公室，五世矣；政逮於大夫，四世矣。」（《論語・季氏》16.3 章）意思是「魯國失去國家政權已經五代了；政權落到大夫手裏已經四代了。」由此可見，春秋時代，禮崩樂壞，禮樂征伐出自諸侯；諸侯之國，則出自大夫。這是目無天子、目無君主的僭越禮制之行為。社會現實已是「君不君、臣不臣、父不父、子不子」，所以，當齊景公問政孔子時，孔子回答道：「君君、臣臣、父父、子子。」景公曰：「善哉！信如君不君，臣不臣，父不父，子不子，雖有粟，吾得而食諸？」（《論語・顏淵》12.11 章）因此，孔子所謂「夷狄之有君，不如諸夏之亡也」是說夷狄之國尚有君主統屬，而不似諸夏已目無天子、目無國君。所謂「無君」，是指目中無君，君主的威權已衰微。這是針對當時禮崩樂壞的社會現實而發出的感嘆。〔註16〕

　　馬文增：筆者斷句、釋義如下：

　　子曰：夷狄之有君，不如諸——夏之亡也。

　　「夷狄」者，荒蠻地區之民族、國家。

　　「之」，助詞，取消句子獨立性。

　　「君」，君主。

〔註15〕劉育林：《〈論語〉歧解成因類析及選例辨正》，曲阜師範大學，2009 年碩士學位論文，第 29 頁。

〔註16〕黎千駒、黎哲：《〈論語〉「為政」和「八佾」疑難詞語札記》，《畢節學院學報》2011 年第 3 期，第 93 頁。

「諸」,「之乎」合音。

「夏」,夏朝。

「亡」,滅亡。

白話譯文如下:

子曰:「即便是夷狄之國也有君主。夏桀所作所為連夷狄之君都不如——這是夏亡的原因。」

值得特別指出的是,清華簡《尹誥》曰:「尹念天之敗西邑夏,曰:『夏自絕其有民,亦惟厥眾。非民亡與守邑。厥辟作怨於民,民復之用離心。』」筆者認為這段文字可直接用作「夏桀不如夷狄之君」之注腳。〔註17〕

桂珍明:自周室東遷以後,王室漸衰,春秋時期諸侯勢力崛起,五霸迭興。此期之內,中央與地方之間實力對比發生變化,這種變化在思想上的反映就是:禮崩樂壞。在諸侯國層面,國君大權旁落,大夫執掌國政,整個社會權力下移,故魯國季孫氏僭越而用八佾舞、旅祭泰山,行禮不盡心,政出私門、目中無君,故僭亂隨之而來。孔子此篇宣明自己的禮樂觀念,意在恢復周禮代禮制〔註18〕,重現三代禮樂文明,而季孫氏的作為正於〔註19〕此背道而馳,夷狄之人質樸,尚有上下君臣之位,而諸夏僭亂不堪,因而結合春秋時期歷史文化背景和《論語‧八佾》全篇說理之要旨,「夷狄之有君,不如諸夏之所亡」的實際意涵當是:夷狄尚有君長(有尊君之禮義,君臣上下正位而行),不像華夏(君臣失位,諸侯、大夫競相僭亂)已無君長。〔註20〕

劉強:孔子此言,蓋以華夏之禮樂文明遠勝於夷狄之「被髮左衽」。也即是說,如果僅有君主卻無道(即禮樂文明),照樣是未開化的蠻貊之邦!〔註21〕

〔註17〕馬文增:《〈論語〉六章新解》,《孔廟國子監論叢》2016年第00期,第139~140頁。

〔註18〕原文作此,疑當為「周代禮制」,即「周禮代禮制」前一「禮」字為衍文,當刪。

〔註19〕原文作此,疑當為「與」。

〔註20〕桂珍明:《〈論語〉「夷狄之有君,不如諸夏之所亡」辯證》,《貴州文史叢刊》2017年第3期,第59頁。

〔註21〕劉強:《〈論語‧微子篇〉「不仕無義」新詮——兼論儒學「君臣之義」的人學意涵與現代價值》,《中山大學學報(社會科學版)》2018年第3期,第102頁。

3.7 子曰：「君子無所爭，必也射乎！揖讓而升，下而飲。其爭也君子。」

崔海東：「揖讓而升，下而飲」當依漢魏王肅《論語義說》：「射於堂，升及下皆揖讓而相飲。」〔註22〕故句讀作：揖讓而升下，而飲。

……因為此處有一個「揖讓而……而……」的結構，表示均須揖讓。古代射禮例分三耦（耦指同時射箭的兩個人，分為上射和下射，三耦即上中下三組選手）。以上耦為例，《儀禮·大射儀》云：「出次，西邊揖進。上射在左，並行。當階北面揖，及階揖。上射先升三等，下射從之，中等。上射升堂，少左。下射升，上射揖，並行。皆當其物，北面揖，及物揖……卒射，右挾之，北面揖，揖如升射。」〔註23〕由此可見，射手兩人射時上下臺階要揖讓，同樣地，坐下飲酒也要揖讓。〔註24〕

3.8 子夏問曰：「『巧笑倩兮，美目盼兮，素以為絢兮。』何謂也？」子曰：「繪事後素。」

曰：「禮後乎？」子曰：「起予者商也！始可與言《詩》已矣。」

黃廣華：「巧笑」就是美的笑。巧訓美，巧笑為美的笑的用例是很多的：張衡《思玄賦》：「欲巧笑以干媚兮，非余心之所嘗。」《古詩十九首·凜凜歲云暮》：「願得常巧笑，攜手同車歸。」陸云：《為顧彥先贈婦詩》之一：「雅步擺纖腰，巧笑發皓齒。」等等。「巧笑倩兮」就是美的笑是倩那個樣的，也就是出現倩的狀態的笑才是美的。那麼「倩」又是什麼樣子的呢？《詩經》毛傳：「倩，好口輔也。」孔穎達疏：「《左傳》曰：輔，車相依。服虔云：輔，上頷車也，與牙相依。則是牙外之皮膚，頰下之別名也。故《易》云：『咸其輔，頰、舌。』明輔近頰也，而非頰也。笑之貌美在口、輔，故連用之也。」從孔穎達的疏我們知道，輔就是牙齒及其周圍的形狀，口輔就是以嘴為中心，包括白的牙齒，紅的嘴唇，以及頰上的酒窩、笑紋等組成的一水勻稱、和諧的美的口形。正像劉寶楠說的：「人笑則口頰必張動也，倩以言巧，巧即好也。」

〔註22〕原註：邢昺. 論語注疏〔M〕//四庫全書（第195冊）. 上海：上海古籍出版社，1987：552.

〔註23〕原註：彭林注譯. 禮記〔M〕. 長沙：嶽麓書社.2001：180-181.

〔註24〕崔海東：《楊伯峻〈論語譯注〉句讀商榷》，《江蘇科技大學學報（社會科學版）》2013年第3期，第27頁。

也就是笑得很好看。單是一張嘴，兩排牙齒或一絲笑紋構不成笑的美，只有這些東西和諧地、勻稱地組合在一起，以口為中心，才顯出其美來。「美目盼兮」就是形成「盼」這種狀態的眼睛才是美的。什麼樣的眼睛為「盼」呢？《說文》：「盼，白黑分也。」就是白眼珠與黑眼珠非常分明，兩者相處勻稱而和諧。「素以為絢兮」中的「絢」，馬融釋為「文貌也」。劉寶楠《論語正義》謂「采成文曰絢」。那麼，「素以為絢兮」的意思就是各種色采、花紋在白色地子〔註25〕上排列起來，顯出的勻稱與和諧、斑爛奪目的美。這是詩人以繪畫的勻稱、和諧之美，總結說明莊姜這個美人的眼神和笑貌的和諧美的，子夏沒理解到這一點，不知道何以用「素以為絢兮」來說明人的「巧笑倩兮，美目盼兮」，於是問孔子，孔子便以「繪事後素」來回答，對「素以為絢兮」作了進一步解釋。

「繪事後素」就是繪畫是以白色作為質地、背景或後襯，各種采飾只有在這個素地上組成勻稱的整體，才顯出它的和諧之美來。這個白色的質地很重要，沒有它就沒有一個總的襯托，沒有一個完整統一的東西把各種采飾組成一個整體，一個系統，因而也就顯示不出它的勻稱、和諧與美來。這樣，就不能說這個「素」是毫無用處的空白，而是整個繪畫之所以顯得勻稱、和諧以至美的關鍵。這如同禮，在孔子看來是衡量社會現象美醜即善惡的關鍵、標準一樣。劉寶楠說：「白立而五色明，禮立而五德純」，可謂得孔子之用心。因而子夏由「繪事後素」悟及「禮後乎」，是有道理的。〔註26〕

王璜生：「素以為絢兮」，「素」的解釋見上文，我認為在此處應作「後布白素」的白色顏料解；「絢」鄭云〔註27〕注為「采成文曰絢」（《儀禮‧聘禮記》）和「文成章曰絢」（《論語‧八佾》）。也即是「絢，絢爛，有文采貌」（《辭海》）。

「素以為絢」句式與「楚國方城以為城，漢水以為池」（《左傳‧齊恒〔註28〕公伐楚》）句式同，即是「以素為絢」。這種句式的目的在於強調「以」的賓語「素」。「以」在此處為「憑藉」的用或拿解，「為」則是表示目的。整句的解釋為「運用白色顏料使紋繪更加絢爛多彩。」從與上下文的關係看，孔子強調人

〔註25〕原文作此，疑當為「底子」。
〔註26〕黃廣華：《「繪事後素」辨解》，《山東師大學報（哲學社會科學版）》1985年第1期，第43～44頁。
〔註27〕原文作此，疑當為「鄭玄」。
〔註28〕原文作此字，實當為「桓」字。

不僅要有「天生麗質」即「倩盼美質」，而且還必須「素以為徇〔註29〕」、「禮後」，
——再加以「禮」使之「盡善盡美」。此即鄭玄所說「雖有倩盼美質，仍須以禮
成立」的意思。

那麼，以這樣的分析，「繪事後素」的意思即「繪畫之事，後素功」，繪
畫的最後是由施加白色來使畫面色彩絢爛、響亮、協調的，無論畫面原先的
色彩圖繪得如何精彩，但如果沒有這最後一道工序——「布施白彩」，以產生
襯托對比定型的作用，色彩及內容的效果就無法呈現出來。孔子正是借用這
種繪畫表現手法來說明「禮」與「仁德」的關係，他指出「禮」就如同這「素」
的作用一樣，是施於後，使本質內容煥發神采，使「仁德」有外在形式並呈
現風韻的。

我認為，「繪事後素」，如葛路等所指出的，是指「本質與其外在表現形
式」「質與文」關係的問題。但是，關鍵之處在於孔子並無意於抑「文」而揚
「質」，也就是說並沒有認為「禮」是「仁德」之裝飾物，而恰恰相反，孔子
以「禮」作為「仁德」的準繩和目的，禮是仁德的最高表現，……〔註30〕

趙代根：其實，對此句之解釋，古代訓詁家向來就有兩種理解。一派以
鄭玄注為代表。何晏《論語集解》引鄭玄注云：「繪，畫文也。凡繪畫先布眾
色，然後以素分布其間，以成其文。喻美女雖有倩盼美質，亦須禮以成之也。」
皇侃疏亦云：「如畫者先雖布眾采蔭映，然後必用白色以分間之，則畫文分明，
故曰繪事後素。」此其一。另一派則以朱熹注為代表。朱熹於其《論語集注》
中另出新解：「繪事，繪畫之事也。後素，後於素也。《考工記》曰：『繪畫之
事後素功』，謂先以粉地為質，而後施五采，猶人有美質然後可加文飾。」近
代以來，學者解《論語》一般多偏向於朱注。……我仍然認為鄭注更符合孔
子原意。〔註31〕

李尚儒：《說文》云：「素，白致繒也。」《廣雅・釋詁三》云：「素，本
也。」「素」的本義是沒有被染色的生帛，引申為本質、樸素、不加裝飾的意

〔註29〕原文作此，疑當為「絢」。
〔註30〕王璜生：《「繪事後素」辨》，《南京藝術學院學報（美術與設計版）》1989年第
　　　　1期，第30～31頁。作者研究生專業為美術系中國畫論，其對繪畫過程及繪
　　　　畫技巧當更為了解，此章涉「繪事」，故錄此文。
〔註31〕趙代根：《〈論語〉「繪事後素」辨》，《安徽教育學院學報（哲學社會科學版）》
　　　　1996年第4期，第64頁。

思。《周易·履卦》云：「初九：素履，往無咎。」《周易折中》引胡炳文曰：「『素』者無文之謂，蓋『履』，禮也。《履》初言『素』，禮以質為本也。」此即是講：「素」是「禮」之本。而《論語》此章之中心正是討論「素」與「禮」的關係問題。孔子熟讀《周易》，韋編三絕，足見孔子對《周易》推崇備至。古人云：「議論皆有實見，學問皆有根本」，孔子師徒之所以在討論「素」時自然而然地聯繫到「禮」，實乃是本於《周易》而為言者也。

在儒家文化中，「素」具有崇高而神聖的尊嚴。《中庸》云：「君子素其位而行，不願乎其外。素富貴，行乎富貴；素貧賤，行乎貧賤；素夷狄，行乎夷狄；素患難，行乎患難。君子無入而不自得焉。」《漢書·董仲舒傳》云：「孔子作《春秋》，先正王而繫萬事，見素王之文焉。」《論衡·超奇》云：「孔子之《春秋》，素王之業也。」可見「素」之為義大矣哉。

領悟了「素」在儒家文化中的神聖地位，就不難理解「素以為絢兮」的真正含義。「素」為純真質樸、不加裝飾的意思，「絢」為文采燦爛、多彩多姿的樣子。《碩人》描寫莊姜：「手如柔荑，膚如凝脂，領如蝤蠐，齒如瓠犀，螓首蛾眉。巧笑倩兮，美目盼兮。」皆是自然麗質，天成之美，不假胭脂粉黛，無須簪花冠飾，此正是「素」之謂也。然而其巧笑之倩、美目之盼，不假虛飾而自成絕色，此正是「絢」之謂也。「素以為絢兮」乃是崇尚純真自然的天成美質，引申為質樸純真的本質才是最為可貴的，勝過任何虛偽矯飾。

《說文》云：「繪，五采繡也。」「繪事後素」，其「繪」應為五彩之繡帛。「繪事後素」就是要先有素帛，然後才能繪畫文飾以加工成五彩的繡帛，旨在說明繡帛以素帛為根本，產生於素帛之後。

子夏問：「禮後（素）乎」，即是問「禮」也是以「素」為本嗎。在儒家文化中，人之「素」就是忠信仁義等美德。儒家文化非常注重禮，而其禮必須以忠信仁義為本。《禮記·禮器》云：「先王之立禮也，有本有文。忠信，禮之本也；義理，禮之文也。無本不立，無文不行。」〔註32〕

張昌紅：朱熹在其《論語集注》中引用《周禮》這些文字時將其解釋為「畫繢之事後於素功」，即先有「素功」後再為「畫繢之事」，以符合其對《論語》中「繪事後素」的注解。這裏需要說明的有兩點：一是朱熹的這種行為

〔註32〕李尚儒：《〈論語〉「素以為絢」、「繪事後素」新解》，《理論學刊》2003年第4期，第141頁。

恰恰證明了《周禮》的這段文字與《論語》中的「繪事後素」在意思上是必須相通的，只有這兩者的翻譯一致了，才能更令人信服。二是朱說解「素」為做畫之「粉地」也有可商榷之處。《儀禮・鄉射禮》講到畫「侯」時說「凡畫者丹質」，即以紅色為底。翻一下歷代畫集、敦煌壁畫集以及一些陶畫照片，我們不難看出，古人作畫用底色極少是白色的，而大多用紅、黃以及介於紅黃之間的其它眾多色彩為底色，退一步來講，若仍依朱說解「素」為在其上做畫用的「素色材料（布、帛、絹、木片陶片等）」的話，底色即為材料本身的顏色，那它取之既來，置之可用，則又何「功」之有。既然《周禮》中稱「功」，總要費一番功夫的。再者，古代繪畫的載體主要是布與帛，每次作畫前先要在布帛上打一層粉底，然後再做畫，顯然較為繁瑣，也沒有必要，更不合情理。現代畫法也有「作底反襯之法」，一般也以深色重色作底，以適應表現各種色彩的需要。

這裏的「素」應指白色，「素功」則為畫白色的過程。

現代繪畫仍有「後素」的遺習，如「填法」、「醒法」等技術。……正類似於上文提到的「後素」即先畫其它色彩再畫白色，使其它各色絢然分明。

從文言虛詞的用法上來看，「繪事後素」的「後」是先後的「後」，在這裏是「然後」、「接下來」的意思，是個時間副詞。在古籍中「後」字的這種用法是普遍的。下面舉數例：

　　……

從《論語》所講的「禮」與「仁」的關係上來看，朱注將「繪事後素」譯為「繪事後於素」，下句「禮後乎？」譯為「禮樂產生於仁義之後嗎？」，將省略的內容補充為仁義，顯然是以「素」喻「仁」，以「禮」為「繪事」。也就是說要先有「仁」才能有「禮」，若無「仁」在先，則無「禮」可講。而事實並非如此，在先秦時代，統治者很早就非常重視禮，禮樂往往被看成定國安邦的重要基礎。《左傳》昭公二十六年，晏嬰就對齊景公說過如下的話：「禮之可以為國也久矣，與天地並。」在先秦的儒家經典中，講禮的次數遠遠超過講仁的次數。孔子一生在講禮，以一個懂禮的人自居，他本人也是因為懂禮而受到當時社會的尊重，他把合禮與否作為品評人物與事件的基礎，把建立一個理想的以禮為約束的社會作為自己一生的追求。而孔子生活時代的現實卻與他的理想有不小的差距，大小諸侯及貴族等上層人士僭禮的現象十分普遍，他已不能恢復完全意義上的古禮了，所以只能採取變通的手法，

不重禮的具體形式而重禮的關鍵內容與目的即仁。可見禮不是產生在仁之後，而是產生在仁之前。「仁」是「禮」的精華與目的。循禮而動方為仁。……

若將「繪事後素」解為「繪事，後畫素」，下句「禮後乎？」譯為「禮也在某某之後嗎？」則是以「素」喻「禮」，省略的內容是什麼呢？先看下面的引文：

……

不難看出省略的內容應為「文、行、忠、信、義、知、恭」等內容。有了文行忠信等，還須以禮節之，方能達到更高境界即仁。

綜合以上觀點，現對本文開頭所引的文字做如下翻譯：

子夏問道：「『有酒窩的笑使漂亮的臉蛋更好看呀，美麗的眼睛顧盼流轉起來更加嬌媚呀，白色使其它顏色更加豔麗呀。』說的是什麼意思呀？」

孔子道：「（繪畫）先畫其它眾色，後畫白色。」

子夏道：「禮是不是也在（文行忠信）之後以節之呢？」

孔子道：「你卜商真會啟發我呀，（以後）可以與你討論《詩》了。」〔註33〕

黎千駒、黎哲：「起」一般解釋為「啟發」。楊伯峻《論語譯注》：「卜商呀，你真是能啟發我的人。」李澤厚《論語今讀》：「啟發我的是你呀。」錢穆《論語新解》：「起，啟發義。」

按，這裏的「起」不宜作「啟發」解。第一，讓我們來解讀此章，看看究竟是誰啟發了誰。

第一步：是子夏問而孔子答。子夏問曰：「『巧笑倩兮，美目盼兮，素以為絢兮』何謂也？」「素」是「沒有染色的絹」，這裏指繪畫的白色質地。「絢」是「彩色；絢麗」，這裏指絢麗的圖畫。孔子答道：「繪事後素。」意思是「先有白色質地，然後繪畫」。……這裏不是子夏啟發孔子，而是向孔子請教。

第二步：子夏提出第二個問題。……這裏是子夏深受孔子教育的啟發而舉一反三。

第三步：孔子對子夏能夠提出「禮後乎？」這一問題大加讚賞：「起予者商也，始可與言《詩》已矣。」孔子讚賞的是子夏舉一反三的悟性，而不是子夏對他的啟發。如果說子夏啟發了孔子，那麼對孔子有何啟發？難道孔子不知「禮後」的道理嗎？

〔註33〕張昌紅：《「繪事後素」辨》，《船山學刊》2006年第1期，第68～69頁。

第二，《論語》裏兩次記載孔子稱贊弟子「始可與言《詩》已矣」。另一次是：……（《論語・學而》1.15章）

此章同樣分三步進行：

……

其實何晏早就發現了「起」不是「啟發」，而是「發明」的意思。何晏《論語集解》引包咸曰：「孔子言子夏能發明我意，可與共言《詩》。」因此「起予者商也，始可與言《詩》已矣」意思是「能夠闡發我的思想的是卜商啊，可以開始與你討論《詩經》了」。起：闡發；發揮。〔註34〕

陳曉娟、楊賢宗：本文綜合多方面的因素，認為「達於素」在釋義上應該更貼近孔子原意，更符合先秦的文法習慣，以及當時的織繡工藝過程。

簡寫的「后」字在古代的最初的含義是作為人稱名詞，表示天子、諸侯或帝王的妻子。在《論語》出現如「夏后氏」（《八佾》）、「皇皇后帝」（《堯曰》），「以防求為后於魯」（《憲問》）等3處。而繁寫的「后」（後）字，《說文解字》解釋為「遲也」，除「繪事後素」以外，「後」字在《論語》中在〔註35〕的使用情況大致有如下幾種：

……

綜上，《論語》中除「繪事後素」一句外，「后」（後）字共出現 34 處。其中第1、2項，作為方位名詞或不及物動詞使用，共有9處，解釋為「後面」或「在後面」，只出現「＊＊後」的句式，不會出現「後＊＊」的結構。而第3～6項，均出現「後＊＊」的結構，共有25處，都可以解釋為「然後＊＊」或「後來的＊＊」的意義。

按照這個使用規律，來分析「繪事後素」的釋義。 如果是僅出現「＊＊後」結構，如「繪事後」，則「繪事」必然是一件放在後面做的事情，但事實上出現「後素」，即「後＊＊」的結構，依照《論語》中的用法，只能解釋為「後來＊＊」、「以＊＊為後」，「繪事後素」，則應釋為「繪事以用素為後」。要解釋為「繪事要後於素色的底子」，在《論語》全文中，找不到語法根據。

從商周的畫繢工藝過程，推測「繪事後素」的所指。

〔註34〕黎千駒、黎哲：《〈論語〉「為政」和「八佾」疑難詞語札記》，《畢節學院學報》2011年第3期，第93～94頁。

〔註35〕原文如此，疑此「在」字衍，當刪。

1.「繪」即指絲帛上的彩色紋飾。《說文解字》中說,「繪,會五采繡也」,又說「繡,五采備也」。段玉裁注:「古者(繪、繡)二事不分,統謂之設色之工而已。」因此,繪與繡相通,指的是在絲帛形成的五彩的紋飾,是由「設色之工」來負責的。《周禮·考工記》提到,「設色之工」分為五種,「畫、繢、鐘、筐、㡛」,其中的「鐘、筐、㡛」,可能分別指染色、印花、練絲帛三個工種。「畫繢」則是指繪染或織繡彩色紋飾圖案,賈公彥《周禮疏》云:「畫繢二者,別官同職,共其事者,畫繢相須故也」,畫與繢的關係十分密切,畫的本義是指畫出界限、輪廓,後引申為畫出圖案花紋,而繢則是指將畫的形式表現到絲帛上來。

周朝的儀禮制度對服飾、旌旗等上的紋飾要求十分細緻,顏色之間如何相配,配成哪種圖案,都帶有嚴格的貴賤等級的象徵意義,其考究程度非同一般。……

2. 衣帛一般都要染色後進行繪繡,很少以素帛做地〔註36〕。先秦時,色彩具有很強的象徵意義,即使百姓們穿的麻布也以染色後的為「吉服」,《禮記·深衣》:「具父母、大父母,衣純以繢;具父母,衣純以青;如孤子,衣純以素」,可見只要父母或祖父母在世,衣服的邊緣一定要用彩色布料來裝飾,只有孤子的情況下,才用素絹來做深衣的鑲邊。

從出土文物來看,我國新石器時代已經出現了染色的絲織品,在河南榮陽青臺遺址 164 號墓出土的淺絳色羅,是迄今史前考古發掘中發現時代最早、帶有色澤的絲織物。至商周時期,人們已經能熟練使用多種礦物顏料和植物顏料進行染色。……根據考古研究,「殷墟婦好墓出有朱染絲絹織物。中等權貴墓出土織物,有紅色施底,在獸面紋圖案間敷黃黑色。……可見商代以來,織品彩繪的底子出現了是紅底或白黃相間的彩色底子,而素色的織物則一般是平民所用,往往很少會有彩繪。

湖北江陵馬山一號戰國楚墓是一座小型的貴族墓,共出土各類衣物 35 件,其中有刺繡的衣物有 21 件。這些絲織品的色彩,以紅色、棕色為主,這與楚人尚火的風俗語〔註37〕是相關的,也與楚地的以紅、黑二色為主的漆器互為映證。除此以外,織品也還有黃、鈷藍、紫紅、灰白、深褐、黑等數十不同色彩。……

〔註36〕原文作此,疑當作「底」。
〔註37〕原文如此,疑此「語」字為衍文,或當刪去。

從一些文獻記載中也能看出，三代彩繪的布帛，往往事先經過一種或多種的染色，很少以素色織物為底。《詩經・豳風・七月》中說「七月鳴鵙，八月載績，載玄載黃，我朱孔陽，為公子裳」，可見玄、黃、朱色是當時人們推崇的色彩。事實上，根據《禮記》、《淮南子・天文訓》等文獻，「青赤白玄黃」是五種與四時五行相對應的正色，因此是正規場合的服裝主色調，五色以外的顏色則只能被看作間色。正色象徵高貴，間色則被認為卑賤。從這一點來說，「繪事後素」的釋義，如果作為「在白色或素色的底子上作畫」，是講不通的。……

3.「繪」事的過程中，與其他顏色相比，最後才上素色（淡色）勾描點醒。《周禮・考工記》中提到「凡畫繢之事後素功」，與《論語》中「繪事後素」的說法相似，說明最後用素是很有道理的。從出土實物看，我國首次發現的較完好的彩繪絲織品實物，是馬王堆一號漢墓中印花和彩繪相結合的綿袍和衣衾殘片。分析這些印花敷彩紗的工藝過程，就可以找到繪事「後素功」的實物證據。印花敷彩的綿袍有棕黃地彩墨花紋和絳紅色地紋兩種，說明紗是經過染色之後再進行繪繡，顯得十分尊貴〔註38〕。……

除去衣衾上的彩繪以外，先秦以來帛畫的形式也有多處出土。帛畫應該是來源於遠古時期的旌旗衣飾的彩繪，戰國以來多以葬禮旗幡的形式出現在墓葬中。山東省臨沂金雀山漢墓出土的帛畫，內容構成與馬王堆帛畫十分相似，人物造型及用線施彩沿襲了戰國時代楚國的繪畫風格。繪製方法是用淡墨和朱砂線勾出物象後，用不同的色彩罩染，再用朱砂或白粉線作部分勾勒，造成了畫中的線與色互滲互壓的效果。

這些絲綢彩繪實物的繪製年代都在西漢時期，但都能說明，在先秦以來的布帛彩繪工藝中，有著最後勾線，最後用素色的傳統。在對底稿進行塗色的過程中，很容易將底稿的輪廓浸漬模糊，因此最後都有一個重新補勾線的過程，而越是淺的顏色就越容易被其它的顏色浸漬掩污，因此上色時素色是最後使用的，最後用素，才能保證彩繪的最終效果。

綜上，「繪事後素」與「凡畫繢之事後素功」，從繪事的實際操作過程來看，可以解釋為：彩繪的最後一道工序是用素色，進行點畫或勾勒。

〔註38〕原註：上海市紡織科學研究院組. 長沙馬王堆一號漢墓出土紡織品的研究〔M〕. 北京：文物出版社，1980：80.

　　孔子提到「繪事後素」，是用畫繪之事中勾素線是上色、定形直到完工的關鍵，與莊姜不事修飾，「素以為絢」的美相類比，說明本色的輪廓結構比五彩的顏色修飾，意義更為重要。子夏從這一類比中，又引出了「禮後」的結論，也就是說人的修身養性的過程，也是一個「博我以文，約我以禮」（《論語‧子罕》）的過程，禮是用來規定次序高下，進退出處，立事做人的最終關鍵，「不學禮，無以立」（《論語‧季氏》），「道之以德，齊之以禮，有恥且格」（《論語‧為政》），因此說，「禮」與「素」一樣，都是在最後起約束作用的。〔註39〕

　　楊新勳：其中「繪事後素」主要有兩種解釋，一以鄭玄為代表，「凡繪畫，先布眾色，然後以素分佈其間，以成其文」〔註40〕，一以朱熹為代表，「繪事，繪畫之事也。後素，後於素也。……謂先以粉地為質，而後施五采」〔註41〕，詞訓略有不同，而「繪事」和「素」的次序卻恰好相反。要弄清「繪事後素」，需聯繫《周禮‧考工記‧畫繢》「凡畫繢之事，後素功」語來理解，邢昺已看到了這一點。《說文》：「素，白致繒也，從糸巫（垂），取其澤也。」段玉裁注：「繒之白而細者也……鄭注《雜記》曰『素生帛也』，然則，生帛曰素，對湅繒曰練而言，以其色白也，故為凡白之偁，以白受采也，故凡物之質曰素。」〔註42〕又劉熙《釋名‧釋采帛》：「素，樸素也。已織則供用，不復加巧飾也。又物不加飾皆自謂之素，此色然也。」「素」本義是生帛，即未經漂煮加工和上色的絲織品，《古詩‧為焦仲卿妻作》「十三能織素」正用此意。「素功」即作素的工作〔註43〕。可見，鄭、朱解「素」均未是。《說文》：「後，遲也。從彳幺夊者，後也」，「彳，小步也，象人脛三屬相連也」，「夊，行遲曳夊夊，象人兩脛有所躧也」，「幺」為「糸」的初文，此處為繫的意思，示人脛有所羈絆。可見，「後」是會意字，本義指行走遲慢、落後，

〔註39〕陳曉娟、楊賢宗：《「繪事後素」辨義》，《北京理工大學學報（社會科學版）》2011年第4期，第133～135頁。
〔註40〕原註：《十三經注疏‧論語注疏》第10頁。
〔註41〕原註：《四書章句集注‧論語集注》第63頁。
〔註42〕原註：段玉裁《說文解字注》第十三篇上，中華書局1998年版。
〔註43〕原註：《小爾雅》：「功，事也。」《六書故‧人九》：「功，沽紅切，庸也。若所謂庸功、田功、土功，凡力役之所施是也。功力既施，厥有成績，因謂之功。《周禮》曰『王功曰勳，國功曰功，民功曰庸，事功曰勞，治功曰力，戰功曰多』。」《詩經‧豳風‧七月》：「上入執宮功。」

動詞，由此引申為時間落後或次序排後，恰與此處「繪事後素」和「禮後」相合〔註44〕。《說文》：「繪，會五采繡也。」既包含刺繡，也包括彩繪，重在使用色彩的豐富。可見，「繪事後素」字面指多彩繪繡的事情落後於素之織成，即在生帛織成之後再來設色繪繡，此亦「素以為絢」之意。「繪事後素」的前後次第在形式上類似於孔子先庶富後教之順序，一是先有物質基礎然後進行藝術加工，一是先有物質滿足然後進行精神教化，故而被孔子用來設喻。子夏問《詩經》「巧笑倩兮，美目盼兮，素以為絢兮」意在明瞭其中寄寓的社會道理，孔子用「繪事後素」作了一個形象的說明，以此來啟發子夏，子夏立馬悟到「禮後」，孔子對子夏伶俐反應表示贊嘆，遂有「起予」之喟。〔註45〕

　　黃懷信：「素以為絢兮」一句，舊皆與上二句同觀，以為詩句。如《論語集解》引馬曰：「此上二句（按：指「巧笑倩兮，美目盼兮」二句）在《衛風・碩人》；其下一句（「素以為絢兮」）逸也。」皇侃《論語義疏》曰：「素，白也。絢，文貌也。謂用白色以分間五采，使成文章也。言莊姜既有盼倩之貌，又有禮，自能結束如五采，得白分間，乃文章分明也。」邢昺《論語疏》曰：「子夏讀《詩》至此三句不達其旨，故問夫子何謂也。」周子醇《樂府拾遺》曰：「孔子刪《詩》有刪一句者，『素以為絢兮』是也。」朱子《或問》曰：「此句最有意義，夫子方有取焉，而反見刪，何哉？且《碩人》四章，章皆七句，不應此章獨多此一句而見刪，必別自一詩而今逸矣。」楊伯峻《論語譯注》亦以為「第三句可能是逸句」。可見無一例外。愚謂「素以為絢兮」一句是孔子解詩之辭，而非詩句。孔子之意是《碩人》「巧笑倩兮，美目盼兮」二句，採用的是「素以為絢」的表現手法。子夏不解，故問。「素以為絢」，即以素描為絢麗。「倩」——酒窩與「盼」——黑白分明，豈非素描乎？「巧笑倩」、「美目盼」，豈不絢乎？正所謂「素以為絢」。因為是以素描表現絢麗，素描在先，絢麗在後，所以孔子又解以「繪事後素」——上彩晚於素描，而子夏

〔註44〕原註：「後」此義項前後連接兩個事物時，表義上遠不如「後」前只有一個事物清晰，這是「後」此義項的一個明顯不足：這和「敗」後連接賓語有點類似，而詞義淆亂更甚。為此，人們在「後」後用介詞「於」引進比較對象，孰先孰後的詞義表述十分明確，從而使「後」的上述用法退出了歷史。

〔註45〕楊新勳：《〈論語〉詁解五則》，《古籍整理研究學刊》2011 年第 5 期，第 73 頁。

亦悟出「禮後」的道理。後人不解，見有「兮」字，故與上二句同觀，以為詩句；又見今詩所無，故以為逸詩。讀詩不精，可見一斑。〔註46〕

郝雨、路陽：事實上，這段對話是一場師徒間心照不宣的、觸及思想層面的深度交流。二人都是話裏有話，假論「詩」而實言「禮」，所言超出字面意思又能相互理解；……

我們分析對話情景應該是這樣的： 由於孔子對自己的「禮」思想高度認同，並將其置於安邦治國的首要位置，並作為整個儒家思想的核心部分。而子夏在日常學習思考中對孔子「禮」的思想產生了疑惑，特別是孔子將「禮」放在極為重要的位置上就更讓他想不通，但是對老師心存敬畏的子夏又不能直接提出對這一重大命題的質疑。於是就用《詩經》裏可以用來發揮的幾句詩來提問。當然，就子夏而言，「巧笑倩兮，美目盼兮，素以為絢兮」這三句詩他並非不理解，以子夏的學識不至於不能理解這樣的幾句詩。他只是巧妙地作為引子而已。孔子聽到後便大致明白了子夏的意圖。這裏我們也可以推想，孔子之前也對子夏的疑問進行了思考，因此順著其意作出了「繪事後素」（先有白色的底子，然後才能作出絢麗的畫作）的回答。而當子夏的一句「禮後乎？」（禮就是這個底子嗎？）提出時，孔子明白問題還是在「禮」上。這一疑問非常重大而且不無啟發，孔子又早有思考，於是，其回答看上去與所問無關，卻暗含了對於子夏問題的肯定。

通過補充，該對話的語言空白也大致明瞭，那麼這段話是否應該這樣理解：

子夏問道：「『巧笑倩兮，美目盼兮，素以為絢兮』是什麼意思？」孔子說：「得先有白色的底子，然後才能作出絢麗的畫作。」子夏說：「那『禮』，（是絢麗畫面之前的那個「底子」呢？）還是『底子』之後的那個絢麗畫面呢？」（質疑孔子過分重「禮」）孔子說：「啟發我的人是你啊，現在我可以與你討論詩了。」（不正面作答，卻充分肯定子夏的質疑精神與思考能力）。〔註47〕

張念：筆者認為，在搞清楚「繪事」與「素」孰先孰後之前，先要搞清楚「繪事」與「素」的具體所指。《說文》中對「繪」的解釋為：「會五采繡

〔註46〕黃懷信：《〈論語〉引〈詩〉解（四則）》，《詩經研究叢刊》2011年第1期，第55～56頁。

〔註47〕郝雨、路陽：《〈論語・八佾〉新解》，《平頂山學院學報》2013年第4期，第56、57頁。

也。」又言：「繡為五采備也。」段注曰：「古者（繪、繡）二事不分，統謂之設色之工而已。」據《周禮・考工記》，設色之工可分為畫、繢、鐘、筐、㡛五種。可見在古代，繪事不是單指繪畫之事，諸如染色、刺繡、印花等皆可屬於繪事範疇。對於「素」的解釋，《說文》曰：「素，白緻繒也，從糸也〔註48〕，取其澤也。」段玉裁注云：「繒之白而細者也……鄭注《雜記》曰：『素，生帛也。』然則，生帛曰素，對涷〔註49〕繒曰練而言，以其色白也，故為凡白之偁，以白受采也，故凡物之質曰素。」可見「素」的本義是生帛，生帛是白色的，所以「素」亦有白義。

按照目前出土的文物來看，若依朱熹所說認為「繪事」是作於「素」之後，與已經出土的文物不符。目前出土的先秦時期的繪畫作品主要是漆畫和帛畫。從出土的文物上可以看出，漆畫大都是在黑色或者紅色底子上作畫的，再以其他顏色繪上花紋。迄今發現最早的帛畫實物為戰國時代的帛畫，共兩幅：一幅為湖南長沙陳家大山楚墓出土的《人物龍鳳帛畫》，一幅為長沙子彈庫楚墓發現的《人物御龍帛畫》。對於帛畫的底色，除了發掘報告對後者「整個畫幅因年久而呈棕色」的簡單描述之外，並無其他敘述，當應是在帛之本色上作畫，不能說明一定是在白素上為之。郭若虛的《圖畫見聞志》有記載：「舊稱周穆王八駿，日馳三萬里。晉武帝所得古本，穆王時畫，黃素上為之」，則可說明《八駿圖》其古本是在黃素上作畫的。

......

其次，從出土文物可以看出，「繪事」之後再用「素」色進行勾勒或者點染的文物證據有不少，可為鄭玄「然後以素分佈其間」「後施白采」提供可靠的實物印證。1979 年在江西貴溪仙巖一帶的春秋戰國崖墓中出土了一件用印花版印花的雙面印花苎麻布（這是迄今為止發現的最早的印花織物），就是在染成深棕色的麻布上印有銀白色的花紋。……另外，根據《周禮・天官・內司服》記載，周代王后所穿的衣服中，有一種稱之為「褘〔註50〕衣」的服飾，漢鄭司農釋曰：「褘衣，畫衣也。」漢代《釋名》曰：「王后之上服（祭服）曰褘衣，畫雉之文於衣也。」……以上都是可以證明「繪事後素」是於「繪事」後描繪上「素」色的出土文物的實例。

〔註48〕原文作此，《說文》作「素，白致繒也，從糸𡨄，取其澤也」。
〔註49〕原文作此，疑當為「涷」。
〔註50〕原文作此，疑當為「褘衣」，下同。

綜上所述，根據出土的文物實物，我們可以有這樣的判斷：朱注對「繪事後素」的解釋包含的主觀臆斷的成分較多，與出土的文物實物情況不大相符；鄭注相對於朱注較為合理，但也有一些值得商榷的地方。「繪事後素」當是在進行了各種「繪事」之後，再用白色或者其他醒目的顏色進行勾勒。〔註51〕

張敏娜、陸衛明：釋義分歧存於以東漢文獻家鄭玄和南宋理學家朱熹為代表的兩派。

綜觀兩派之間關於「素」是「素功」還是「粉地」，「後」是「後」還是「後於」的分歧，以及各派內部邏輯上的諸多支離，如有一種解釋能夠消除所有問題，並使整個句群以至意群一氣貫通，須滿足兩個條件。一是內容上的統一，即同類同解：「素」不能在「素以為絢兮」中解為「美質」，而在「繪事後素」中又解為文飾「美質」的「素功」。二是形式上的一致，即同位同解：「繪事後素」與「禮後乎」中的兩個「後」字，要麼都作「後」解，要麼都作「後於」解，而不是鄭玄的「後」和「後於」，以及朱熹的「後於」和「後」。

《說文解字》解「素」為「白緻繒也」，〔註52〕即未經染色的絲，有本色的意思。《道德經》「見素抱樸」的「素」，陳鼓應認為與「樸」同義，〔註53〕亦是本性的意思。《莊子‧刻意篇》裏說「純素之道，惟神是守……能體純素，謂之真人」，〔註54〕「素」有本真的意思。《廣雅‧釋詁三》裏解「素，本也」。《列子‧天瑞第一》有言「太素者，質之始也」。〔註55〕綜以上釋義之共性，「素」字應該是描述事物不加矯飾的本來樣子，譯作「本真」「本色」「本性」為好。

再回到具體語境。《碩人》描寫了一位既美且貴且賢的王室女子。所謂美，是天然本真不加矯飾之美；所謂貴，是出身高貴，集齊侯女兒、衛侯之妻、

〔註51〕張念：《從出土文物再看「繪事後素」注解》，《名作欣賞》2015年第29期，第157〜158頁。本文所舉的一些出土文物的例子，已見於陳曉娟、楊賢宗《「繪事後素」辨義》（《北京理工大學學報（社會科學版）》，2011年8月第4期）一文，故不復引，只引其不同者。

〔註52〕原註：許慎：《說文解字》，中華書局，2015年第279頁。

〔註53〕原註：陳鼓應：《老子今注今譯》，商務印書館，2003年，第147頁。

〔註54〕原註：周莊：《莊子》，雲南人民出版社，2011年，第206頁。

〔註55〕原註：孫愛琪：《「繪事後素」新解》，《江蘇開放大學學報》2015年第1期。

齊太子妹妹與邢侯小姨多重尊崇於一身；所謂賢，從詩的題目《碩人》可窺一斑：方玉潤《詩經原始》中說：「《碩人》，頌莊姜美而賢也」「夫所謂碩人者，有德之尊稱也。曾謂婦之不賢而可謂之碩人乎？」〔註56〕就是說，「碩」字輕不用以形容女子，除非著意於本質心地的刻畫，特指品行人格的高大威儀。那麼由此確定，「素以為絢兮」中的「素」就是指「天然、賢良與高貴的本真」，「素以為絢兮，何謂也」之問，就是說「德修賢良與心性高貴的本真之美，就是文采奕奕的樣子，這怎麼理解呢？」

「繪事後素」之「素」：鄭玄說是「素功」，朱熹以為「粉地」。如前所述，先秦出土實物並不支持朱熹「繪事必以素粉為先」之說，倒證明了鄭玄的「凡繪畫，然後以素分佈其間」。然而，「素功」與「素以為絢兮」中的「素」之「美質」是修飾與被修飾的動賓關係，難以類比解釋「素以為絢」。因此，惟有賦「繪事後素」之「素」以「本真」「本色」的本體意蘊，才能貫通前後解釋「素以為絢」，即以「繪畫須基於本色」來喻解「文采奕奕的樣子須基於本真」。

……按照前述「素」字同類同解、「後」字同位同解的原則，結合「素」作「本真」「本色」「本性」理解，「後」字應該解釋為「以……為基礎」的空間意義，「繪事後素」就是「繪畫須以本色為基礎」的意思。……

「禮後乎」之「後」：基於「後」在「繪事後素」中解作「以……為基礎」的邏輯起點，「禮後」的「後」必然同解為「以……為基礎」，只不過，「禮後乎」中「後」字，並不是表達「禮」的位置，而是在描述被省略掉的「素」的位置。或者說，「禮後乎」應該是「禮事後素乎」的省略句：略去了與「繪事後素」相重複的同位語「事」和賓語「素」，而留下作為主語的「禮」和作為問題需要求證的「後」。據此，「素以為絢兮，何謂也」「繪事後素」「禮後乎」這三個關鍵句在範式上就可統一為「絢事後素」「繪事後素」「禮事後素」；在釋義上，則可一以貫通為：「修養賢德、心性高貴的本真之美，就是文采奕奕的樣子，其中的道理何在呢？」，「繪畫技術須建立在把握本色的基礎之上」，「為人之禮也是要建立在自然本性的基礎之上麼？」如此，就在統一的邏輯規則下實現了整個意群從句式、內容到意蘊的自然順暢與和諧統一。〔註57〕

〔註56〕原註：周振甫：《詩經譯注》，中華書局，2010年，第77頁。
〔註57〕張敏娜、陸衛明：《〈論語〉「繪事後素」新解及其當代價值》，《人文雜誌》2018年第10期，第28、29、31、32頁。

3.11 或問禘之說。子曰：「不知也；知其說者之於天下也，其如示諸斯乎！」指其掌。

楊逢彬、蔣重母：這一句有兩說。一為何晏《集解》引包咸說：「言知禘禮之說者，於天下之事如指示掌中之物，言其易瞭也。」一為《禮記‧中庸》「明乎郊社之禮、禘嘗之義，治國其如示諸掌乎」之鄭玄注：「『示』讀如『寘諸河干』之『寘』。寘，置也。物而在掌中，易為知力者也。」前說意為：「有人向孔子請教禘祭的理論，孔子說：『我不知道；知道的人對於治理天下，就如同展示在這裏一樣！』一邊說，一邊指著自己的手掌。」後說中孔子所說意為：「我不知道；知道的人對於治理天下，就如同把東西擺在這裏一樣。」我們以為前說較為可靠。示諸斯，示之於斯。「之」即包咸所說「掌中之物」。孔子時代的典籍中，「示之」較為常見。示之，就是將某物展示、指示給人看。所示於人的，也往往是人體的部位。如：「費曰：『我奚御哉！』祖而示之背，信之」（《左傳》莊公八年）；或比較小的東西，如：「既入焉，而示之璧，曰：『活我，吾與女璧』」（哀公十七年）。正因為如此，故而往往伴隨著「指」的動作：「戎人見暴布者而問之曰：『何以為之莽莽也？』指麻而示之。」（《呂氏春秋‧先識覽‧知接》）〔註 58〕「曾子指子游而示人曰……」（《禮記‧檀弓上》）所以《爾雅‧釋言》說：「觀、指，示也。」這至少說明「示」和「指」兩個動詞的關係是密切的。由於「指」和「示」兩個動詞經常連用，後來成為連動結構：「上目送之，召戚夫人指示四人者曰……」（《史記‧留侯世家》），「然既已貴如負言，又何說餓死？指示我」（《絳侯周勃世家》），〔註 59〕「璧有瑕，請指示王」（《廉頗藺相如列傳》）。這大約是現代漢語「指示」一詞的源頭。鄭玄所注的《禮記‧中庸》：「明乎郊社之禮、禘嘗之義，治國其如示諸掌乎？」同書《孔子燕居》一篇有類似文字：「明乎郊社之義，嘗禘之禮，治國其如指諸掌而已乎。」一為「示諸掌」，一為「指諸掌」，可知《禮記》這兩處文字分別對應《論語》此章的「示諸斯」和「指其掌」。因此，包含所謂「言知禘禮之說者，於天下之事如指示掌中之物」，是有道理的。「置諸」於《左傳》中共 16 見，其它典籍罕見。其賓語多為處所，共 11 見。……「置」由其詞義所限，它的賓語不能是面

〔註 58〕原註：許維遹. 呂氏春秋集釋〔M〕. 北京. 中華書局，2009：345.
〔註 59〕原註：司馬遷. 史記〔M〕. 北京：中華書局，1959.

積體積較小的場所或物體，也即不大可能為「掌」。從「示」和「置」帶賓語的情況看，也顯然以「示」如字讀較為恰當。〔註60〕

3.12 祭如在，祭神如神在。子曰：「吾不與祭，如不祭。」

于扶仁：《譯注》〔註61〕譯作：「我若是不能親自參加祭祀，是不請別人代理的。」

今按：此句意思，前人解釋頗相徑庭。包咸曰：「孔子或出或病，而不自親祭，使攝者為之，不致肅敬其心，與不祭同。」也有人解作：「有公事，不能使人攝祭，則廢祭也。」〔註62〕楊譯係取後說。但以上兩說都與上文的「祭如在，祭神如神在」毫不相干，後者更是不顧「如」字的意思，而曲為之說。竊以為，本章上下文間有密切聯繫，上文的「如在」「如神在」，是「門人記孔子祭祀之誠意」，〔註63〕「吾不與祭，如不祭」，則是孔子對自己上述行為的說明，進一步強調祭祀應當誠心誠意，嚴肅認真（敬），意思是：祭祀時，如果缺乏誠意，不是全身心投入，那麼，祭了和不祭沒有兩樣。「與」不僅僅是「參加」的意思，而且是「全身心地投入」，「全神貫注地參加」；「不與祭」就是心不在焉，徒具形式，走過場。這樣解釋，可使全章中心明確，上下貫通，避免了在是否請人代祭的問題上懸空猜測，糾纏不清的毛病；更符合孔子及後來儒者對祭祀的一貫態度，即強調「誠」「敬」。如《禮記·祭義》曰：「祭之日，入室，優然必有見乎其位；周還（旋），出戶，肅然必有聞乎其容聲……」「事死者如事生。」《祭統》曰：「夫祭者，非物自外至者也，自中出，生於心也。」「賢者之祭也，致其誠信與其忠敬。」「敬盡然後可以事神明。」以上引文正可與《論語》本章相印證。〔註64〕

3.14 子曰：「周監於二代，郁郁乎文哉！吾從周。」

崔海東：愚以為，本章之義是孔子欲立體地翻上去，效法周損益二代之

〔註60〕楊逢彬、蔣重母：《〈論語〉詞語考釋五則》，《上海大學學報（社會科學版）》2011 年第 5 期，第 129 頁。

〔註61〕指楊伯峻先生的《論語譯注》，于文中下同。

〔註62〕原註：《論語正義》

〔註63〕原註：《四書集注》

〔註64〕于扶仁：《〈論語譯注〉商兌》，《煙臺師範學院學報（哲學社會科學版）》1994 年第 4 期，第 74 頁。

舉，開出新制來。一則「監」當為「鑒」義。《左傳·昭公二十六年》引《詩》「我無所監，夏后及商」之「監」同於《詩經·大雅·蕩》「殷鑒不遠，在夏后之世」之「鑒」可為證。二則「文」即禮樂制度。其同於《論語》的「文章」，如「子貢曰：『夫子之文章，可得而聞也』（《公冶長》），「子曰：『大哉，堯之為君也……煥乎，其有文章』（《泰伯》），而非文質之文。三則「從」當如宋儒楊時所解「『吾從周』，非從其文也，從其損益而已」〔註65〕，言周制乃借鑒損益夏商而來，言下之義，則吾亦當從周之損益而創新制。〔註66〕

杜文君、許瑾：《論語譯注》：孔子說：「周朝的禮儀制度是以夏商兩代為根據，然後制定的，多麼豐富多彩呀！我主張周朝的。」

這裏面有兩點需要注意，首先，周朝的文化、制度是在夏商二代「損益」的基礎上形成的，而僅解釋成「周朝的禮儀制度是以夏商兩代為根據制定的」，不夠準切，不能體現出文化、制度的變化過程。其次，「郁郁乎文哉」形容的是「至周代，關於禮的典籍與制度已相當完備，達到了一種極致的狀態」，此處的「文」不僅是指禮儀的「制度」而且還包含關於禮儀的「典籍」，並不僅僅是指「周朝的禮儀制度內容豐富，形式多樣」。

……

從文意上看，因為周代「批判性吸收」前代的成果，形成了「禮法完備，文章繁榮」盛世局面，所以孔子遵從周的禮文典制。故「郁郁乎文哉」形容的不僅是制度的完美，也是形容禮文的繁多。〔註67〕

3.20 子曰：「《關雎》，樂而不淫，哀而不傷。」

崔海東：清劉臺拱《論語駢枝》云：「《詩》有《關雎》，《樂》有《關雎》，此章特據《樂》言之也。古之樂章，皆三篇為一。……《樂》亡而《詩》存，說者遂徒執《關雎》一詩以求之，豈可通哉？『樂而不淫』者，《關雎》、《葛覃》也。『哀而不傷』者，《卷耳》也。」〔註68〕可知，此《關雎》非詩名，

〔註65〕原註：楊時. 龜山語錄〔M〕//四庫全書：第1125冊. 上海：上海古籍出版社，1982：214.

〔註66〕崔海東：《〈論語〉「吾從周」、「吾從先進」兩章舊詁辨誤》，《江南大學學報（人文社會科學版）》2015年第4期，第13頁。

〔註67〕杜文君、許瑾：《〈論語譯注〉辨正三例》，《南昌教育學院學報》2018年第5期，第110～111頁。

〔註68〕原註：劉寶楠. 論語正義〔M〕. 北京：中華書局，1990：117.

而是樂名。春秋時詩樂合一，孔子根據當時的通例，以《關雎》一首音樂之名代同組樂曲裏的《關雎》、《葛覃》、《卷耳》三首，故此章乃是孔子自述聽音樂時之感受。

故此章義為：《關雎》之樂一組三首，其旋律恰到好處，使人聽了高興、哀傷均不過度。〔註69〕

3.21 哀公問社於宰我。宰我對曰：「夏后氏以松，殷人以柏，周人以栗，曰，使民戰栗。」子聞之，曰：「成事不說，遂事不諫，既往不咎。」

單承彬：此章文字今、古文《論語》有作「問主」、「問社」的分歧。清人臧琳曰：「《古論語》哀公問社於宰我，《魯論語》哀公問主於宰我。」〔註70〕按唐陸德明《經典釋文》曰：「問社，如字，鄭本作主，云：主，田主，謂社。」這就是臧琳所謂《魯論》作「問主」的依據。因為魏何晏《論語集解敘》稱：「漢末大司農鄭玄就《魯論》篇章，考之《齊》、《古》，為之注。」《經典釋文敘錄》也說：「鄭玄就《魯論》張、包、周之篇章，考之《齊》、《古》，為之注。」故後世多以鄭玄《論語》注本屬《魯論》。《釋文》既云「鄭本作主」，則臧氏據以斷定《魯論語》此章作「問主」，而《古論語》作「問社」，蓋無疑也。

但是，鄭玄之《論語注》，篇章順序屬於《魯論》，而字句全從《古論》。理由如下：一九六九年出土於新疆吐魯番阿斯塔那三六三號墓之《論語鄭氏注》唐寫本（即著名的卜天壽寫本）此章作「哀公問主於宰我」，注曰：「主，田主，謂社。」〔註71〕與陸氏《釋文》所引全同。可以斷言，此即陸德明所見之「鄭本作主」者也。該寫本題「孔氏本，鄭氏注」，與羅振玉、王國維諸先生本世紀早期所見的日本人得之於中亞細亞、法國人得之於敦煌千佛洞之《論語鄭氏注》唐寫本殘卷，雖非一帙而紛失散落者，但無疑屬於同一版本系統。據王國維先生考證，「鄭氏所據本固為自《魯論》出之《張侯論》，及以《古論》校之，則篇章雖仍《魯》舊，而字句全從《古》文。《釋文》雖云

〔註69〕崔海東：《楊伯峻〈論語譯注〉義理商榷》，《合肥師範學院學報》2014年第1期，第55～56頁。
〔註70〕原註：《經義雜記》，見清潘維城《論語古注集箋》所附之《論語考》。
〔註71〕原註：見王素《唐寫本論語鄭氏注及其研究》，文物出版社1991年版，第21頁和附錄圖版四。

鄭以《齊》、《古》正讀凡五十事，然其所引二十四事及此本所存三事，皆以《古》正《魯》，無以《齊》正《魯》者。知鄭但以《古》校《魯》，未以《齊》校《魯》也。又鄭於《禮經》，或從古文改今文，或從今文改古文，而正《論語》讀五十事中所存二十七事，皆以《古》改《魯》，無以《魯》改《古》者。故鄭注《論語》以其篇章言，則為《魯論》，以其字句言，實同孔本。鄭氏容別有以《齊》校《魯》之本，然此本及陸氏《釋文》所見者，固明明以《古》校《魯》之本，非以《齊》、《古》校《魯》之本也。」則此本字句實屬於《古文論語》系統。〔註72〕因此，臧琳據鄭本作「問主」而斷定《魯論語》作「問主」，《古論語》作「問社」，是不夠確切的。「鄭本作主」，恰恰說明的是《古論語》作「問主」不作「問社」。

　　既然《古論語》作「問主」而非「問社」，那麼《魯論語》又如何呢？據《論語集解》邢疏：「張、包、周本以為『哀公問主於宰我』，先儒或以為『宗廟主』者，杜元凱、何休用之以解《春秋》。」杜元凱（即晉代杜預）以此章解《春秋》，見於《左傳·文公二年》，其注文云：「主者，殷人以柏，周人以栗。」孔穎達疏：「《論語》：『哀公問主於宰我。宰我對曰：夏后氏以松，殷人以柏，周人以栗。』先儒舊解或有以為『宗廟主』者，故杜注依用之。」何休用之解《春秋》，見於《公羊傳·文公二年》，《傳》曰：「虞主用桑，練主用栗。用栗者，藏主也。」何注：「夏后氏以松，殷人以柏，周人以栗。」這都是何、杜引《論語》以解釋「主」的顯例。何氏、杜氏是依據漢代張禹、包咸、周氏諸《論語》版本來注解《春秋》的，據此可知漢代何休、晉代杜預所見《論語》張、包、周諸本均作「問主」，而張、包、周三家皆屬《魯論》系統。另外，一九七三年出土於河北定州西漢墓中之竹簡本《論語》亦作「問主」〔註73〕，據我們考證此本當屬《魯論》（具體論證另文發表）。那麼，就目前所知漢代可考之《魯論》各本均作「問主」不作「問社」。由此，我們推斷：《論語》無論《古》、《魯》，此章原來皆作「問主」，無作「問社」者。

　　然而，如何解釋《釋文》作「問社」呢？我們知道，陸德明《論語釋文》所依據的底本是何晏《論語集解》。它說明：至遲在唐代，何氏《集解》此章已經作「問社」，這不僅有《釋文》為證，敦煌伯二九〇四號《論語集解》唐

<hr>

〔註72〕原註：王國維《書〈論語鄭氏注〉殘卷後》，見《觀堂集林》卷四，1940年商務印書館石印《海寧王靜安先生遺書》本。

〔註73〕原註：見定州漢墓竹簡本《論語》，文物出版社1997年排印本，第17頁。

寫本殘卷和梁代皇侃《論語義疏》本亦可證之（二本均作「問社」）。因此，只要我們能夠解決何氏《集解》作「問社」之謎，則庶幾乎可以解釋《論語》經文如何由「問主」誤作「問社」。

我們認為，何晏《集解》依據孔安國《古文論語訓解》而作「問社」的說法理由不足。因為儘管《集解》對此章的解釋徵引的是孔安國的意見，但孔注曰：「凡建邦立社，各以其土所宜之木，宰我不本其意，妄為之說，因周用栗，便云使民戰慄。」〔註74〕依據這樣一條注文，根本無法斷定孔安國《古文論語訓解》本是作「問社」還是作「問主」。我們只能借助其他材料。《左傳・文公二年》孔穎達疏云：「案《古論語》及孔（安國）、鄭（玄）皆以為『社主』，社為木主者。《古論》不行於世，且『社主』，《周禮》謂之『田主』，無單稱『主』者，以張、包、周等並為『廟主』，故杜所依。」原來《古論》、《魯論》的分歧實際在於對「主」的訓解不同：《古論》訓「主」為「社主」，《魯論》則訓為「廟主」。對此，我們不妨再參證以唐代徐彥《公羊傳・文公二年》的一條疏文：「解云出《論語》也。鄭氏注云謂『社主』，正以《古文論語》『哀公問社於宰我』故也。今文《論語》無『社』字，是以何氏以為『廟主』耳。」似乎徐彥持《古文論語》作「問社」的觀點。不過，這條疏文是有問題的。因為照徐疏的說法，既然《古論語》作「哀公問社於宰我」，而今文《論語》無「社」字，則今文《論語》作「哀公問於宰我」，這顯然是不可能的。所以，清阮元《公羊傳注疏卷十三校勘記》引浦鏜曰：「『社』下脫『主』，非《古論語》作『問社』，《魯論語》作『問主』。」再據我們前文的考證，《古論語》並不作「問社主」而作「問主」，則此「社」字為衍文。而所謂《古論》作「問社」，實則是由作「問社主」而誤；而把「問主」誤作「問社」，則是由於《古文論語》訓「主」為「社主」，並誤以注文竄入經文而致。這就是何晏《集解》把「問主」誤作「問社」的根本原因。

總之，在發現更確鑿、更有力的證據之前，我們暫時只能認定：（1）《論語・八佾》「哀公問社於宰我」，「社」字當作「主」字；（2）把「問主」誤作「問社」，最早見於魏何晏的《論語集解》；（3）導致這一誤字的原因是誤將注文竄入經文。〔註75〕

〔註74〕原註：轉引自清・潘維城《論語古注集箋》，光緒七年江蘇書局刻本。
〔註75〕單承彬：《〈論語〉校證一則》，《孔子研究》2000年第1期，第113～115頁。

3.22 子曰：「管仲之器小哉！」

或曰：「管仲儉乎？」曰：「管氏有三歸，官事不攝，焉得儉？」

「然則管仲知禮乎？」曰：「邦君樹塞門，管氏亦樹塞門。邦君為兩君之好，有反坫，管氏亦有反坫。管氏而知禮，孰不知禮？」

三歸

劉興林：我們將以上「繁瑣」的考證加以歸納，要點不外乎此：三歸是齊國農、工、商基本社會經濟成分向國家貢納之稅租。春秋時代，公室獨攬工商之利，並對大夫采邑例徵部分農業稅。齊桓公稱霸以後，在禮廢樂壞的形勢下，出於種種考慮，對功績卓著的管仲破例封賞，使其盡有邑地農工商之稅利，不兼官稅，這便是管仲的三歸。〔註76〕

李衡眉：綜上所述，可見《論語》等古籍中所說的「三歸」當是三處或多處封邑。筆者的這一新解，一可與《論語》孔子所指斥管子「官事不攝，焉得儉」一事相一貫。因為每一處封邑都需要邑宰或家臣管理該邑事務，這便形成了「官事不攝」的局面，也就稱不上「儉」了。二可與《晏子春秋》所屢屢言及的「澤及子孫」之制度相符合。三可與《韓非子》所說的「泰侈偪上」和《漢書‧公孫弘傳》所說的「侈擬於君」的觀點一致。四與《戰國策》所載管仲築三歸之臺的目的是為桓公「宮中七市，女閭七百」分謗的說法亦無牴牾之處。〔註77〕

耿振東：《管子‧山至數》曰：「則民之三有歸於上矣。」《輕重乙》曰：「君直幣之輕重以決其數，使無券契之責，則積藏困窌之粟皆歸於君矣。」這裏的「歸」可釋為徵、斂。有時，「歸」也可釋為納、繳，如《管子‧輕重丁》曰：「功臣之家，人民百姓，皆獻其穀菽粟泉金，歸其財物，以佐君之大事。」總之，這裏的「歸」代表了統治者與臣民之間的租稅關係。而所謂的「三歸」，就是統治者向人民徵斂或人民向統治者繳納的三種租稅。「歸」是作「徵斂」講還是作「繳納」講，要看具體的語境。從文獻所載的「使子有三歸之家」、「賞之以三歸」、「故為三歸之家，以掩桓公非，自傷於民」、「故築三歸之臺，以自傷於民」來看，是管仲向人民徵斂。那麼，為什麼又說是「三種」呢？因為國家的租稅主要由農、工、商三種人負擔，所以租稅主要

〔註76〕劉興林：《管仲「三歸」考》，《江蘇社會科學》1992年第2期，第65頁。
〔註77〕李衡眉：《〈論語〉「三歸」另解》，《孔子研究》1992年第3期，第128頁。

就是農稅、工稅和商稅三種。關於三種租稅，古代文獻中有明確記載：「大農、大工、大商，謂之三寶。農一其鄉則穀足，工一其鄉則器足，商一其鄉則貨足。三寶各安其處，民乃不慮，無亂其鄉，無亂其族……三寶完則國安。」（《六韜·文韜》）不過，在這裏我們還要進一步追問，這租稅的直接徵斂者是以諸侯為代表的統治者，還是以卿大夫為代表的統治者呢？《左傳·昭公五年》載：「四分公室，季氏擇二，二子各一，皆盡徵之，而貢於公。」又《國語·晉語四》載：「公食貢，大夫食邑。」這些記載告訴我們，采邑中的農稅、商稅和工稅，先是由卿大夫徵斂，而後再由卿大夫把徵斂上來的部分租稅上繳國庫、納貢於公。「三歸」的直接徵斂者既然是采邑的主人——卿大夫，則「三歸」之實就是卿大夫在自己采邑內徵斂上來的農、工、商三種租稅。〔註78〕

楊逢彬、李瑞：我們認為，所謂「三歸」，與管仲所封的采邑有關。根據如下：

《晏子春秋》的《外篇》與《內篇》的 6 篇內容多有重複者。如《外篇》的《景公有疾梁丘據裔款請誅祝史晏子諫》之與《內篇諫上》的《景公病久不愈欲誅祝史以謝晏子諫》，《外篇》的《景公築長庲臺晏子舞而諫》之與《內篇諫下》的《景公為長庲欲美之晏子諫》，《外篇》的《晏子再治東阿上計景公迎賀晏子辭》之與《內篇雜上》的《晏子再治阿而見信景公任以國政》，內容幾乎一模一樣。而《外篇》的《景公置酒泰山四望而泣晏子諫》之與《內篇諫上》的《景公登牛山悲去國而死晏子諫》一為泰山，一為牛山，內容也差不多。因此，我們認為，《外篇》中的《景公稱桓公之封管仲益晏子邑辭不受》與《內篇雜下》中的《晏子老辭邑景公不許致車一乘而後止》記敘的事極其相似，有可能是說的一件事：

> 晏子相景公，老辭邑。……公不許曰：「昔吾先君桓公，有管仲恤勞齊國，身老，賞之以三歸，澤及子孫。今夫子亦相寡人，欲為夫子三歸，澤至子孫，豈不可哉？」對曰：「昔者管子事桓公，桓公義高諸侯，德備百姓。今嬰事君也，國僅齊於諸侯，怨積乎百姓，嬰之罪多矣，而君欲賞之，豈以其不肖父為不肖子厚受賞，以傷國民義哉！且夫德薄而祿厚，智惛而家富，是彰污而逆教也，不可。」

〔註78〕耿振東：《〈論語〉「三歸」考辨》，《諸子學刊》2013 年第 1 期，第 45～46 頁。

公不許。晏子出，異日朝，得間而入邑，致車一乘而後止。（《內篇雜下》）

　　景公謂晏子曰：「昔吾先君桓公，予管仲狐與穀，其縣十七，著之於帛，申之以策，通之諸侯，以衛其子孫賞邑。寡人不足以辱而先君，今為夫子賞邑，通之子孫。」晏子辭曰：「昔聖王論功而賞賢，賢者得之，不肖者失之，御德修禮，無有荒怠。今事君而免於罪者，其子孫奚宜與焉。若為齊國大夫者，必有賞邑，則齊君何以共其社稷，與諸侯幣帛，嬰請辭。」遂不受。（《外篇上》）

　　上面所引，上段以管仲「賞之以三歸」「澤及子孫」為先例，下段則言「予管仲狐與穀，其縣十七，著之於帛，申之以策，通之諸侯」「以衛其子孫賞邑」；上段言「欲為夫子三歸，澤至子孫」，下段言「今為夫子賞邑，通之子孫」。上段「三歸」用了動詞「賞」，下段也說是「賞邑」；上段言：「得間而入邑，致車一乘而後止」，下段言：「嬰請辭，遂不受。」何其相似乃爾！此其證一。

　　我們再從《內篇雜下・晏子老辭邑景公不許致車一乘而後止》這一章內部來看：此章首言「晏子相景公，老辭邑」，景公乃言「自吾先君定公至今用世多矣，齊大夫未有老辭邑者。今夫子獨辭之，是毀國之故，棄寡人也，不可」。遂引起晏嬰一段議論，但是「公不許」，且說「昔吾先君桓公，有管仲恤勞齊國，身老，賞之以三歸，澤及子孫。今夫子亦相寡人，欲為夫子三歸，澤至子孫，豈不可哉？」如此看來，豈非三歸與封邑有絕大關係？此其證二。

　　《荀子・仲尼》：「齊桓公有天下之大節焉，……倓然見管仲之能足以託國也，……立以為仲父，而貴戚莫之敢妒也；與之高、國之位，而本朝之臣莫之敢惡也；與之書社三百，而富人莫之敢距也。」對照《韓非子・外儲說左下》：「管仲相齊，曰：『臣貴矣，然而臣貧。』桓公曰：『使子有三歸之家。』曰：『臣富矣，然而臣卑。』桓公使立於高、國之上。曰：『臣尊矣，然而臣疏。』乃立為仲父。」這兩段中，「與之書社三百，而富人莫之敢距也」與「『臣貴矣，然而臣貧。』桓公曰：『使子有三歸之家』」適相對應。荀況和韓非是師生，《荀子》、《韓非子》上述兩章的對應，不是比《韓非子》、《說苑》的對應更有說服力嗎？此其證三。

　　綜上，「書社三百」和「狐與穀」的封邑，都是和「三歸」對應的，至少是類似的。因而「三歸」與封邑有絕大關係，殆無疑義。《晏子春秋・內篇雜下》的第十八章也說：「景公謂晏子曰：『昔吾先君桓公，以書社五百封管仲，

不辭而受，子辭之何也？」」《內篇諫上》的第十二章又說：「昔吾先君桓公，以管子為有力，邑狐與穀。」都可證。〔註79〕

3.23 子語魯大師樂，曰：「樂其可知也：始作，翕如也；從之，純如也，皦如也，繹如也，以成。」

侯乃峰：其中「翕如」之解，綜括起來大致有三種主要說法〔註80〕：

（一）盛也。何晏《論語集解》：「翕如，盛也。」皇侃《論語集解義疏》從之。楊伯峻先生《論語譯注》「始作，翕如也」譯文為「開始演奏，翕翕地熱烈」〔註81〕，當是源自於此解。

（二）變動之貌。鄭玄注主此說。錢穆《論語新解》云：「翕如，謂鐘聲既起，聞者皆翕然振奮，是為樂之始。」方驥齡《論語新詮》引前人之說，亦主「（聞者）變動」之義。

（三）合也。朱熹《四書章句集注》：「翕，合也。」而對「合也」的具體解釋，似乎又分成兩途：（1）、取「（樂聲）和合」之義。如朱熹《四書章句集注》引謝氏曰：「五音六律不具，不足以為樂。翕如，言其合也。五音合矣，清濁高下，如五味之相濟而後和，故曰純如。合而和矣，欲其無相奪倫，故曰皦如，然豈宮自宮而商自商乎？不相反而相連，如貫珠可也，故曰繹如也，以成。」又如蔣沛昌《論語今釋》：「翕如也——和合一致的意思。」（2）、將「合也」之義與《說文》「翕，起也」之義貫通，解釋為「合起、收斂」之義。段玉裁《說文解字注》於「翕，起也」下云：「《釋詁》、毛傳皆云：『翕，合也。』許云『起也』者，但言『合』則不見『起』，言『起』而『合』在其中矣。『翕』從『合』者，鳥將起必斂翼也。」如清黃式三《論語後案》：「……是『翕』乃合起之貌。《說文》：『翕，起也。』《玉篇》：『翕，合也。』字從羽，謂鳥初飛而羽合舉也。」何新《論語新解——思與行》：「翕如，……收斂曰『翕然』。」

〔註79〕楊逢彬、李瑞：《〈論語〉「三歸」考》，《上海大學學報（社會科學版）》2016年第2期，第139～140頁。

〔註80〕原註：以下所引前人說法，除單獨注明出處者外，皆轉引自：黃懷信《論語彙校集釋》，第287～295頁，上海古籍出版社，2008年8月第1版；高尚榘《論語歧解輯錄》，第133～138頁，中華書局，2011年6月第1版。編者按：作者「以下所引前人說法」一語是就整篇文章而言的。

〔註81〕原註：楊伯峻：《論語譯注》，第32頁，中華書局，1980年12月第2版。

此外，錢穆《論語新解》於「翕如，謂鐘聲既起，聞者皆翕然振奮」之前云：「古者樂始作，先奏金，鼓鐘。翕，合義。」似乎錢氏亦同意「翕，合也」之解釋，然不知其緣何從中推衍出後文「聞者皆翕然振奮」之意。

仔細體味上述諸說，第一種「盛也」之說似有不通。——作為「始作」之樂音，以「盛」來形容，即相當於說樂音剛開始演奏就進入高潮，恐於理難安。第二種說法「變動之貌」，贊同此解者皆謂樂音使得聽聞者如何如何，恐怕也不符合原文本義。——因為原文中孔子談論的明顯是樂曲的演奏進程，故「翕如」所形容的對象自然應當是樂音，而非聽聞樂音之人。

由此看來，三種說法中只有第三種「合也」最為可取。而對「合也」的兩種具體解釋，第一種取「（樂聲）和合」之義恐亦不可信。——蓋演奏樂曲無不欲其和合諧調，和諧原則應該是貫穿於整個演奏過程之中的，孔子之語似乎無由專門強調「始作」階段需要和合諧調。

綜上，筆者以為「翕」解釋成「合起、收斂」之義最為允當。孔子之意當是謂樂曲剛開始演奏的階段，樂音尚未完全鋪張擴展開來，給人的感覺似乎是聚合斂縮在一起，故以「翕如」形容之。〔註82〕

3.24 儀封人請見，曰：「君子之至於斯也，吾未嘗不得見也。」從者見之。出曰：「二三子何患於喪乎？天下之無道也久矣，天將以夫子為木鐸。」

侯乃峰：其中「木鐸」具體是指何物？細究起來，頗為耐人尋味。觀古人注釋，可考見其相因沿襲之迹。

何晏《論語集解》引孔曰：「木鐸，施政教時所振也，言天將命孔子制作法度以號令於天下。」由此僅可知「木鐸」為施政教時所敲擊的響器。

皇侃《論語集解義疏》：「鐸用銅鐵為之，若行武教，則用銅鐵為舌，若行文教，則用木為舌，謂之木鐸。將行號令，則執鐸振奮之使鳴，而言所教之事也。故《檀弓》云：『宰夫執木鐸以命於宮曰：捨故而諱新。』又《月令》云：『奮木鐸以令兆民曰：雷將發聲。』是其事也。」

陸德明《經典釋文》：「木鐸，金鈴木舌，施政教之所振也。」

〔註82〕侯乃峰：《〈論語‧八佾〉詞語札記二則》，復旦大學出土文獻與古文字研究中心網，2013 年 11 月 25 日，http://www.gwz.fudan.edu.cn／Web／Show／2182

　　邢昺《論語注疏》:「云『木鐸，施政教時所振也』者，禮有金鐸、木鐸，鐸是鈴也，其體以金為之，明舌有金、木之異，知木鐸是木舌也。《周禮》教鼓人『以金鐸通鼓』，《大司馬》『教振旅』、『兩司馬執鐸』，《明堂位》云『振木鐸於朝』。是武事振金鐸，文事振木鐸。此云『木鐸，施政教時所振』者，所以振文教是也。」

　　朱熹《四書章句集注》:「木鐸，金口木舌，施政教時所振，以警眾者也。」

　　也即，傳統上解釋「木鐸」幾乎都不出「金口木舌」之說。

　　求此說之源起，劉寶楠《論語正義》云:「『木鐸』者，《周官・小宰、小司徒、小司寇、士師、宮正、司烜氏、鄉師》皆有『木鐸』之徇。鄭注《小宰》云:『古者將有新令，必奮木鐸以警眾，使明聽也。木鐸，木舌也。文事奮木鐸，武事奮金鐸。』疏云:『以木為舌，則曰木鐸；以金為舌，則曰金鐸。』案:《鼓人》:『以金鐸通鼓。』注:『鐸，大鈴也。振之以通鼓。』《司馬職》曰:『司馬振鐸。』是武用金鐸也。《說文》:『鐸，大鈴也。』與鄭同。《法言・學行篇》以木鐸為金口木舌，其字從金，則木鐸亦是金口，惟舌用木，與金鐸全用金不同。」

　　觀劉寶楠之引文，似乎最早以「木鐸」為「金口木舌」者當是西漢揚雄《法言・學行篇》。而查《學行篇》原文作:「天之道不在仲尼乎？仲尼駕說者也，不在茲儒乎？如將復駕其所說，則莫若使諸儒金口而木舌。」——揚雄並沒有明確說「金口而木舌」是指「木鐸」。至唐代柳宗元注文才明確指出:「金口木舌，鐸也。使諸儒駕孔子之說如木鐸也。」（參《全唐文》卷五八三）由此可知，此說實不始於揚雄。《學行篇》「使諸儒金口而木舌」如果理解成使諸儒口舌堅固，能說會道，同樣也可以講通原文。

　　可見，對「木鐸」最早作出解釋的當屬東漢鄭玄「木鐸，木舌也」。後來諸家多承襲其說並加以發揮，將「木鐸」形制解釋成「金口木舌」。現當代注釋《論語》者亦大多採用此說。如楊伯峻先生《論語譯注》注釋「木鐸」云:「銅質木舌的鈴子。古代公家有什麼事要宣佈，便搖這鈴，召集大家來聽。」〔註83〕錢穆《論語新解》:「鐸，大鈴。金口木舌，故稱木鐸。古者天子發佈政教，先振木鐸以警眾。」〔註84〕李零先生:「木鐸，是帶木舌的金屬鈴鐺。」〔註85〕

〔註83〕原註:楊伯峻:《論語譯注》，第33頁，中華書局，1980年12月第2版。
〔註84〕原註:錢穆:《論語新解》，第81頁，三聯書店，2005年3月第2版。
〔註85〕原註:李零:《喪家狗——我讀〈論語〉（修訂版）》，第101頁，山西人民出版社，2007年5月第1版。

　　結合考古發現的青銅鐸形制，將「木鐸」解釋為「金口木舌」之物殊不可信。如現藏北京故宮博物院的戰國時期「外卒鐸」，方柄中空，柄內有橫樑，內舌已不可見，究竟是木製還是金製今已不可考。

　　然而，即使此鐸之「舌」確實是用木製作，也並不妨礙將其稱作「金鐸」的。——因為鐸的主體部分是用青銅製作的，其中木製的「舌」哪怕非常關鍵，因在整個器物中佔居很小的一部分，古人在命名此器時恐也不可能捨大而取小將其稱作「木鐸」的。

　　或許是由於這個原因，有學者已經對《論語》此處的「木鐸」提出新的解釋。如蔣沛昌《論語今釋》：「古注：以木為舌的大銅鈴。我認為也可能是將木頭內部掏空製成的木梆。」黃懷信先生《論語新校釋》：「『木鐸』，徇行時手中所持，用以宣教的梆子。」〔註86〕據上所說，將「木鐸」解釋為「木梆子」顯然要優於舊注以「木鐸」為「金口木舌」之器物。

　　筆者認為，將「木鐸」解釋為「木梆子」是正確的，然如此說解仍未能使人明瞭「木梆子」在古代為何被稱作「木鐸」。

　　今案：循此思路，筆者以為「鐸」當讀為「柝」。古音「鐸」屬定母鐸部，「柝」屬透母鐸部，音近可通。「柝」或作「欜」。《說文》：「柝，判也。《易》曰：『重門擊柝。』」「欜，夜行所擊者。《易》曰：『重門擊欜。』」段玉裁注此二字以為「欜」為本字，「柝」為借字，又云「（欜）從橐者，蓋虛其中則易響，今之敲梆是也。」說皆可信。——青銅鐸的形制，很可能最初就是起源於木製的「柝（欜）」，是對木柝形狀的仿製。

　　考諸家對《周易・繫辭下》「重門擊柝，以待暴客，蓋取諸《豫》」一句中「柝」字的注解，皆將其釋作木梆之屬。先秦典籍中，「柝」字用此義項者常見。如《周禮・天官・宮正》：「夕擊柝而比之。」《左傳・哀公七年》：「魯擊柝聞於邾。」《孟子・萬章下》：「抱關擊柝。」《荀子・榮辱》：「抱關擊柝，而不以為寡。」

　　至於《左傳・襄公十四年》引《夏書》「遒人以木鐸徇於路」，《禮記》中的「木鐸」（如「宰夫執木鐸以命於宮」、「奮木鐸以令兆民」、「振木鐸於朝」），以及《周禮》一書中多見的「木鐸」（如「徇以木鐸」、「春秋以木鐸脩火禁」、「以木鐸徇於市朝」、「令以木鐸」、「皆以木鐸徇之於朝」、「以木鐸修火禁於國中」等），其中的「木鐸」皆當讀為「木柝」，指木梆而言。而《左傳》、《禮

〔註86〕原註：黃懷信：《論語新校釋》，第68頁，三秦出版社，2006年9月第1版。

記》、《周禮》中單言「鐸」、「金鐸」或與「鐲鐃」字並列的「鐸」字，才應當是指青銅鐸。

前人在注釋《論語》中「木鐸」時，當是拘泥於「鐸」字從「金」則必是金屬製器的偏見，因而將「木鐸」理解為「金口木舌」之物。實則先秦古籍中的「木鐸」皆當讀為「木柝」，都應該是指木柝而言。——先秦時期宣布政令要用響器，若將這些響器都製作成金屬質地的「鐸」，恐無此必要；而用木材製作成的「柝」，不惟可以就地取材，而且簡單易成，只需將一段木頭鑿挖成中空即可，自然應當較金屬質地的「鐸」使用更為普遍。故《論語》中儀封人用當時人極為常見的「木鐸（柝）」來喻指周遊列國四處布道的孔子。

最後附帶提及，若以上論述不誤，我們再回顧「木鐸」的注釋史，就可以發現，將「木鐸」理解為「金口木舌」之物這種說法，很可能是源自對鄭注的誤解。鄭注《小宰》云：「木鐸，木舌也。」其中的「舌」字，原本當作從口、氒聲的形聲字，字形可寫作舌〔註87〕、吒。「氒」字古音在透母鐸部，與「柝」字古音全同，故鄭注云「木鐸，木舌也」，其意原本或當是說「舌（舌）」應讀為「柝」，指木柝而言。賈疏因不明鄭注之意，疏解云：「以木為舌，則曰木鐸；以金為舌，則曰金鐸。」則似是將「舌」字就字為訓理解成「口舌」之「舌」，誤解為鐸腔體內的舌（錘），從而產生將「木鐸」理解成「金口木舌」之物這種說法。其中相因而誤的軌迹大致還可以考見。〔註88〕

〔註87〕原註：趙平安：《續釋甲骨文中「氒」、「舌」、「袥」——兼釋舌（舌）的結構、流變以及其他古文字資料中從舌諸字》，《新出簡帛與古文字古文獻研究》，第37～41頁，商務印書館，2009年12月第1版。

〔註88〕侯乃峰：《〈論語・八佾〉詞語札記二則》，復旦大學出土文獻與古文字研究中心網，2013年11月25日，http://www.gwz.fudan.edu.cn／Web／Show／2182